LE GUIDE DU CV
et de la lettre de MOTIVATION

DOMINIQUE PEREZ

LE GUIDE DU CV
et de la lettre de MOTIVATION

NOUVEAU ! Rendre sa candidature visible sur le Net

SOLAR EDITIONS

Sommaire

Le guide du CV et de la lettre de motivation

Introduction

Les cadres, qu'ils soient fraîchement diplômés ou plus expérimentés, sont confrontés à des questions spécifiques, qui font de leur CV et leur lettre de motivation un véritable casse-tête. Abreuvés d'avis divers et variés, ou tout au contraire très solitaires dans leur démarche, ils ont besoin du regard des professionnels, ceux qui rédigent des offres d'emploi, ceux qui reçoivent des candidatures spontanées, ceux qui sélectionnent en cabinet de recrutement ou en entreprise. Pour réaliser cet ouvrage, nous avons sollicité l'avis de ces responsables de recrutement et directeurs des ressources humaines, mais aussi de cadres ayant recherché un emploi. Aucun ne détient de recette toute faite ou de solution prête à l'emploi. Mais, dans tous les cas, tous ont une pratique et une expérience qui légitiment leurs commentaires.

Nous avons rassemblé au total dans ce guide plus de 150 CV et lettres de motivation réalisés par des candidats aux profils très différents, jeunes diplômés ou cadres justifiant de plusieurs années d'expérience, ingénieurs, commerciaux, juristes, créatifs, gestionnaires... Les idées que chacune de ces candidatures apporte sont toujours à considérer. Car il ne devrait pas y avoir d'idées reçues dans ce domaine, mais des idées que l'on reçoit et que l'on peut faire siennes, en les adaptant. C'est ce que nous vous proposons de faire dans cet ouvrage.

Dominique Perez

PARTIE 1

Préparer sa candidature

Indétrônables, le CV et la lettre de motivation ? La lecture des offres d'emplois le prouve : on n'a pour le moment, de l'avis des recruteurs, rien trouvé de mieux pour se présenter qu'un document synthétique et des phrases bien tournées pour présenter ses compétences et son envie de travailler dans une entreprise. Mais à l'heure où la très grande majorité des recruteurs utilisent le Web pour repérer les candidats dont ils ont besoin et effectuer une première sélection, vous devez vous adapter. Mail, blogs, réseaux sociaux... les moyens de vous faire remarquer sont désormais légion.

Étape par étape, voici comment élaborer sa candidature, et savoir l'introduire.

SOMMAIRE

Comment rendre visible sa candidature sur Internet

La Toile est une opportunité formidable pour se faire remarquer et diffuser son CV, mais elle est aussi un piège : celui de la facilité. Se contenter d'envoyer des dizaines de candidatures sur un simple clic, ce que permettent certains sites, est souvent aussi utile que de ne rien faire. De même, clamer à tout vent que l'on recherche un emploi, utilisant tous les moyens à disposition pour ce faire, ne sert pas à grand-chose, à part vous placer dans la situation du quémandeur, non de celui qui cherche un emploi. L'avantage d'Internet est de proposer des outils d'identification des offres d'emploi et de mise en relation qui vous permettent d'élaborer une stratégie, de cibler et de « tracer » l'envoi de votre CV. Profitez-en.

Se faire repérer

Comment vous distinguer parmi les innombrables candidatures présentes sur le net ? Comment surtout favoriser la rencontre avec un recruteur ? Partez du postulat que justement, n'y étant pas seul, les possibilités de brouillage sont nombreuses. Le premier conseil, simple, est d'ajouter une nouvelle rubrique à votre CV électronique, quel que soit votre profil.

« Il faut inclure un maximum de mots clés dans votre candidature, conseille Jacques Froissant, P.-D.G. du cabinet de recrutement Altaïde. Et ne pas hésiter même à en faire une rubrique, en haut ou en bas du CV. » Des mots clés qui peuvent concerner votre métier et/ou le secteur d'activité concerné. Par exemple, pour un commercial, cela peut être « ingénieur commercial, grands comptes, chef de secteur, GMS... » Chaque recruteur ou entreprise a son propre champ lexical, qui ne correspondra pas obligatoirement au vôtre. En incluant des termes assez divers, vous augmenterez vos chances d'être repéré.

Rédiger une phrase courte « d'appel »

Si vous envoyez votre candidature à un recruteur en particulier, spontanément ou suite à une annonce, vous devez vous mettre à sa place. En ouvrant un courrier contenant une candidature, il cherche à ce que l'information principale lui soit donnée de manière très rapide, c'est en quoi la phrase d'accroche est primordiale. Sur Internet, cette exigence est renforcée. En plus du CV et de la lettre de motivation courte mais assez « traditionnelle », prévoyez quelques phrases d'introduction accrocheuses mais surtout résumant très précisément la raison de votre mail. « Ingénieur (nom de l'école et/ou de la spécialité), je maîtrise (compétences essentielles précises), veuillez trouver ci-joint ma candidature. » Ensuite, il suffit d'un clic pour accéder au CV, et cette phrase introductive suffit.

Attention aux envois en nombre

« Envoyez votre CV à X entreprises de manière ciblée »... Les sites offrant soi-disant une couverture nationale, voire internationale du marché de l'emploi se multiplient, proposant des services difficilement vérifiables, et l'illusion d'une personnalisation de votre recherche d'emploi. Le principe ? Vous remplissez un formulaire précisant votre domaine et lieu de recherche et attachez votre CV en pièce jointe.

Ensuite, votre CV est envoyé sans que vous puissiez connaître les destinataires. Résultat ? Inondées de candidatures mal ciblées et évidemment peu motivées, les entreprises réagissent rarement. Pire, de par l'envoi en nombre, votre CV risque d'aller dans les spams et vous avez peut-être manqué l'opportunité de l'intéresser. « La multiplication de ce type d'outils a beaucoup tué la réflexion des candidats, estime Jacques Froissant, et a brouillé le marché en incitant à répondre de manière standard, d'un simple clic, à des centaines d'entreprises. » Conséquence : un même CV peut atterrir dans une direction logistique, commerciale ou autre dans une même entreprise, et personne ne peut plus connaître le vrai projet et la vraie demande du candidat. « Le problème d'Internet est d'avoir pu laisser croire que, grâce à l'envoi en nombre, on n'était plus obligé de personnaliser les candidatures », souligne-t-il.

OFFRES D'EMPLOI – PRENDRE LE TEMPS DE RÉPONDRE

« Cherche poste d'ingénieur de production » : en tapant cette phrase sur un moteur de recherche, vous aurez des centaines de pages à consulter. C'est satisfaisant au premier abord : votre profil est recherché. Sur certains sites, vous trouverez le nom de l'entreprise qui recrute et des précisions sur le poste. Votre CV et lettre de motivation sont sur le bureau de votre ordinateur ou votre tablette et prêts à être envoyés ? Attendez ! Vous avez la chance d'avoir le nom de l'entreprise, la localisation de l'offre, les compétences demandées : prenez le temps de personnaliser votre envoi ! Car, si la simplicité de la démarche vous permet de répondre rapidement, sachez que le recruteur, lui, a les mêmes critères de choix qu'avant Internet et prendra autant de temps qu'auparavant pour sélectionner les candidats. Éventuellement même, il imprimera votre candidature : vous entrerez dans un circuit « classique » de recrutement. Pour vous, deux secondes pour adresser votre candidature. Pour le recruteur, quelques minutes pour la distinguer ou non parmi les dizaines de CV reçus.

Utiliser Internet pour prendre des renseignements

Les candidats n'ont plus d'excuses, et pourtant : disposant d'un vivier important d'offres d'emploi, ils ont également une manne d'informations sur les entreprises, qui ont quasiment toutes un site Internet. Certaines y ont ajouté une entrée RH, avec présentation détaillée des postes, de la procédure de recrutement... Pourtant, même en connaissance de cause, il n'est pas si rare pour certains consultants en recrutement de recevoir des candidats non informés. « Lors du premier entretien téléphonique avec les personnes dont les CV ont été présélectionnés, j'indique le nom de l'entreprise, explique Martine Lardin, directrice du cabinet de recrutement ML Conseil. Quand je les reçois, certains n'ont même pas cliqué sur le site de l'entreprise, arguant par exemple qu'ils n'ont pas eu le temps. » Un argument qui ne peut pas être entendu quand on recherche un emploi et que normalement, on est prêt à y consacrer un minimum de temps... Histoire aussi, au-delà de ses produits, services et profils de poste, de découvrir un peu de sa culture. Exemple : certaines proposent des *serious game* pour attirer les jeunes diplômés, permettant de connaître les métiers et les parcours dans l'entreprise... le fait d'avoir pris même quelques minutes pour naviguer dans ce genre d'univers vous permettra de le préciser dans votre lettre de motivation. Et donc de la personnaliser.

Transmettre sa candidature sur le site de l'entreprise

« Nous attirons votre attention sur le fait que seules les candidatures envoyées selon la procédure recommandée seront examinées. En particulier, les CV transmis par e-mail ne pourront pas être traités. »

Clairement affiché sur son site de recrutement, l'avertissement de L'Oréal, une des entreprises les plus cotées sur le marché de l'emploi, est sans ambiguïté : certaines grandes entreprises ont ainsi choisi Internet comme principale source de « recueil » des candidatures. Une tendance qui s'explique aisément : les recruteurs peuvent ainsi classifier les profils, en les intégrant directement dans des fichiers et, pour les grands groupes, les adresser de façon ciblée à leurs implantations en France et à l'étranger. En plus de consulter les offres d'emploi, vous pouvez donc souvent remplir un formulaire, démarche administrative qui vous prend quinze à vingt minutes et que vous devez soigner. On vous demande de choisir postes et fonction : ciblez au maximum votre profil pour montrer que vous êtes sûr de votre projet professionnel. Par exemple, si vous êtes débutant et souhaitez intégrer un service marketing, postulez sur une fonction d'assistant marketing ou de chef de produit junior, pas directeur. Vous pourrez détailler votre ambition dans une lettre de motivation mais restez en phase avec les propositions de premier job offertes par l'entreprise !

Deuxième possibilité : adresser par le biais du site des entreprises une candidature spontanée. Les deux options sont d'ailleurs parfois offertes : profitez-en, vous gagnerez en visibilité car votre candidature restera consultable et pourra être « repérée » par les recruteurs en cas de recherche par mots clefs. Soignez bien l'accroche, en indiquant par exemple : « cherche un poste en ingénieur de production. » Si l'entreprise vous semble privilégier une école ou université par rapport aux autres, indiquez-la aussi dans l'accroche : « Diplômé de "nom de l'école" cherche poste de "nom du poste". »

Certaines entreprises ou job-boards vous proposent de créer un compte, sur lequel vous pouvez recevoir des « alertes » si un job correspondant à votre profil est proposé. Inscrivez-vous à une seule condition : celle de consulter régulièrement les informations de ce compte, et d'y être actif, en faisant vivre votre CV. Nouvelle expérience, formation complémentaire ? Réactualisez régulièrement les informations. N'oubliez pas aussi de fermer le compte si vous avez trouvé un job qui vous convient. Il n'est rien de plus néfaste qu'une candidature « fantôme ».

Réseaux sociaux : l'art et la manière

« Il ne faut pas perdre de vue que le réseau est la première source de recrutement aujourd'hui. Internet permet justement de le travailler et de personnaliser sa candidature, précise Jacques Froissant. Il faut travailler à l'inverse de la méthode industrielle, voire tayloriste, et personnaliser au maximum votre profil et votre recherche d'emploi. » Dans ce cadre, les réseaux sociaux sont devenus quasi incontournables en particulier pour les cadres, quels que soient leur âge et leur secteur d'activité. Un profil bien soigné et repérable, des amis ou relations choisis non au hasard mais avec du sens, vous assureront cette visibilité.

Choisir son réseau. Être visible ne signifie pas être partout : sélectionnez deux à trois réseaux sociaux si vous estimez qu'ils ont un intérêt pour vous. Pour résoudre la difficile équation vie professionnelle/vie personnelle, segmentez votre présence : vous pouvez par exemple ouvrir un compte sur Facebook pour y publier des informations personnelles. Veillez bien, c'est possible, à assurer la confidentialité de votre profil, réservé aux amis. Ce qui évitera au recruteur potentiel de vous voir apparaître dans des situations qui ne vous montrent pas forcément à votre avantage. Identifiez un ou deux autres réseaux à usage professionnel, généralistes, comme Viadeo ou Linked-in, habituellement réservés à cet usage, et éventuellement un ou deux réseaux spécialisés (par exemple aux ingénieurs, aux chercheurs, aux métiers du spectacle...).

Envoyer des invitations. Vous avez alors la possibilité de « fouiller » dans votre carnet d'adresses mail pour inviter des relations professionnelles choisies, qui elles-mêmes pourront vous mettre en relation avec leur propre réseau, ce qui démultiplie potentiellement les contacts. Envoyez des invitations ciblées, en les accompagnant d'un petit mot d'accompagnement. Par exemple, « nous nous sommes rencontrés à telle occasion, je vous invite sur "nom du réseau" afin que nous puissions échanger et mettre en commun nos centres d'intérêts sur "..." » , ou bien « untel m'a conseillé de vous inviter sur "nom du réseau" car il pense que nous avons des centres d'intérêt en commun ». Les réseaux sociaux se positionnent de plus en plus sur le domaine de l'emploi. Pensez d'emblée à rechercher la présence de recruteurs ou de responsables ressources humaines et à les inviter, sans préciser de but en blanc que vous cherchez un emploi. Trouvez encore une fois un centre d'intérêt commun : secteur d'activité, produit, voire passion plus personnelle qui vous donnerait un moyen d'échanger sur un domaine d'intérêt commun : voile, photographie, marathon, voitures de collection, peinture flamande... vous pouvez aussi échanger sur des thèmes qui sont importants pour vous.

Communiquer à bon escient. Une fois la confiance établie avec les membres de votre réseau, vous pourrez peu à peu avancer vos pions si vous êtes à la recherche d'un emploi. N'hésitez pas à faire « bouger » votre profil : placer systématiquement une photo « neutre » ou prise dans un contexte professionnel, que vous pourrez changer, et modifier votre statut : indiquer le nom de votre métier, fonction, entreprise, et éventuellement votre situation dans votre job : « à la recherche de nouvelles opportunités dans tel domaine », ou bien « en mobilité professionnelle ». Linked-in et Viadeo vous proposent de détailler votre profil à la manière d'un CV. Résumez les éléments clés (si vous cherchez un emploi dans un autre domaine que celui dans lequel vous exercez actuellement, choisissez de présenter une expérience significative dans ce domaine, et le diplôme ou la formation complémentaire correspondants).

Twitter : à utiliser avec précaution. Votre présence sur Twitter n'est pas obligatoire aujourd'hui dans le cadre de la recherche d'un emploi, mais fortement conseillée pour certains profils (nouvelles technologies, communication...). Cependant, « twitter » ne convient pas à tous, et il est inutile de se forcer à ouvrir un compte si vous n'avez pas l'habitude de communiquer régulièrement par ce biais. Première consigne : vous identifier clairement, en plaçant une photo plutôt à votre avantage et un profil précis, et/ou un de vos centres d'intérêts, lié de préférence à votre domaine professionnel : ressources humaines par exemple, aéronautique ou passionné de nouvelles technologies... Il est aussi possible de mettre le lien sur votre CV, ce qui laisse le choix aux lecteurs de le consulter en toute liberté.

Sélectionner ceux que l'on désire suivre. L'avantage de cet outil de « micro-blogging » est de permettre une communication rapide, conviviale, et non dénuée d'humour éventuellement. L'inconvénient est la masse d'informations divulguées en continu, qui suppose une certaine faculté à la lecture rapide. Si vous recherchez un emploi, le plus efficace dans un premier temps est de repérer, en inscrivant des mots clefs (recrutement, DRH, offres d'emploi, job, ou le nom d'un secteur ou d'entreprises qui vous intéressent) en passant par l'outil de recherche. Vous pourrez ainsi identifier des utilisateurs de Twitter qui diffusent des offres d'emploi et/ou les relaient (les retwittent). Vous pourrez ainsi les « suivre » et être ainsi en veille active. Certaines entreprises ont créé des comptes Twitter spécial recrutement, pas toujours évidents à repérer : ajoutez « recrutement », ou « careers » pour les multinationales, au nom de l'entreprise, vous accéderez ainsi aux offres et aux sites dédiés.

Partager les informations. Comme pour les autres réseaux, ne clamez pas de but en blanc que vous cherchez un emploi, mais tâchez de vous faire remarquer par un autre biais : une enquête intéressante sur un domaine qui vous intéresse ? Publiez un twit avec le lien et un petit commentaire personnel. Un avis, un point de vue sur un débat en cours ? Apportez votre grain de sel, une information supplémentaire, un commentaire argumenté. N'oubliez pas non plus de remercier de manière personnalisée ceux qui ont donné des informations intéressantes... votre présence devrait être « récompensée » rapidement, par le nombre de vos abonnés, qui augmentera en fonction de l'intérêt de vos twits. En établissant ainsi des liens avec votre réseau, il vous sera légitime de faire part de votre recherche d'emploi, et/ou de renseignements ou de contacts sur une entreprise. Pour vous, ou quelqu'un de votre réseau. L'entraide est toujours appréciée. Résumez alors votre recherche et votre profil dans les 160 caractères qui vous sont réservés, et mettez en lien CV et lettre de motivation. En espérant qu'ils soient « retwités » au maximum...

Leur avis sur... l'opportunité d'une lettre de motivation

« On reçoit environ 300 CV par semaine, il est évident que l'on n'a pas le temps de tout lire. La lettre de motivation vient en second. » • Le responsable du recrutement de GIST, société de Conseil, d'Études et d'Ingénierie en Hautes Technologies.

« Quand on reçoit un CV qui a priori nous intéresse, mais non accompagné d'une lettre de motivation, nous envoyons un e-mail au candidat pour lui demander de nous adresser une lettre. » • La responsable de recrutement du cabinet de conseil en management Mille Alliance.

19 questions/ réponses pour bien commencer

Prendre une feuille blanche ou ouvrir un nouveau fichier sur son ordinateur pour rédiger un CV et une lettre de motivation, chacun a vécu cette épreuve, depuis qu'il a quitté les bancs de l'école ou de la fac jusqu'à... la retraite. Vous devez l'envisager non plus comme un pensum mais comme l'opportunité de faire le point, non pas seulement comme un outil pour se vendre mais comme la preuve écrite de votre identité professionnelle. Voici 19 questions préalables dont les réponses vous aideront à franchir le pas.

QUAND FAIRE SA CANDIDATURE?

À cette question basique, il n'existe pas une seule réponse. « Parce qu'on y est obligé » en est une qui vient assez naturellement, mais elle est loin d'être suffisante. Rédiger son CV est d'abord un moyen de faire régulièrement le point sur son parcours et de disposer d'un outil à jour quand on désire trouver un emploi ou en changer. Il peut, comme on le verra, être légèrement modifié en fonction de l'entreprise auprès de laquelle vous postulez, mais pas fondamentalement. Vous devez le rédiger en ayant en tête qu'il est avant tout un moyen de communication avec l'extérieur, un recruteur. Il est votre carte de visite et non un simple inventaire de vos connaissances et expériences dans lequel les employeurs pourront faire leur marché. Rédiger sa lettre de motivation ne procède pas tout à fait de la même démarche. Elle est presque inverse : il ne s'agit pas de l'avoir « sous le coude » déjà toute prête, au cas où l'occasion se présente. Au contraire, il est important de prendre le temps de la retravailler à chaque fois en fonction de l'entreprise et d'un poste déterminé. Car on ne réalise pas sa candidature pour soi, mais pour quelqu'un et, surtout, pour décrocher un entretien… La lettre de motivation et surtout le CV seront des « points d'appui » lors de ce moment crucial.

CV ET LETTRE DE MOTIVATION SONT-ILS INDISPENSABLES ?

Certains recruteurs affirmeront avec aplomb ne jamais lire les lettres de motivation. Quand vous leur demandez pourquoi, ils vous répondent presque invariablement qu'ils n'en éprouvent pas le besoin, car ils en connaissent déjà le contenu. Fade et peu convaincante motivation, effectivement, que celle qui s'exprime à chaque fois de la même manière…

Cependant, demandez aux mêmes professionnels d'imaginer recevoir, par courrier, un CV seul. La plupart reconnaissent qu'il leur manquerait quelque chose. Conclusion ? Accompagnez toujours votre CV de cette missive, dont la présence n'est pas toujours essentielle, mais dont l'absence sera remarquée. Et, mieux, soignez-la. Les recruteurs commencent la lecture d'une candidature par le CV, mais lisent la lettre seulement si celui-ci correspond à leurs attentes. À moins d'être bourrée d'incohérences et de fautes de français, elle ne pourra être qu'un atout supplémentaire. Mal préparée et mal présentée, elle peut vous desservir.

Faut-il adapter sa candidature en temps de crise ?

Si les CV et lettres de motivation ne sont pas à modifier dans ces périodes difficiles, parce qu'un parcours professionnel et une envie de travailler dans une entreprise plutôt qu'une autre restent les mêmes, votre recherche doit être plus « offensive », et votre volonté montrée de manière plus forte. « Les candidats font preuve d'une certaine frilosité, constate Yves Razafi, associé du cabinet Confidentium Associates. Les personnes en poste, qui en temps ordinaire auraient cherché ailleurs ont tendance à se replier sur elles-mêmes, à être dans une position défensive. » Or, il est justement judicieux d'être attentif et non attentiste. « Les organisations sont fragiles actuellement, personne n'est à l'abri d'une restructuration, de changements de tête. Soyez actif sur le marché, restez en veille, et n'adoptez pas une attitude de soumission, mais de choix vis-à-vis des entreprises. Il faut malgré tout montrer une exigence par rapport aux postes. »

Si vous êtes en recherche active, la tentation est grande d'arroser le marché de l'emploi de candidatures, Internet permettant sans frais des envois massifs. C'est encore moins conseillé en période de crise, où l'on peut supposer que les entreprises reçoivent plus de CV qu'à l'habitude.

Autre tentation si vous êtes en recherche depuis quelques mois, voire un an : mentir sur votre CV, pour cacher cette période sans emploi. Ne craignez rien : les recruteurs sont tous au cœur et au fait de la situation, qui les affecte souvent eux-mêmes. Les cabinets de recrutement vivent par exemple des moments difficiles, et personne ne vous reprochera de vivre une période délicate. Soyez franc.

Se distinguer est crucial. « Vous n'avez rien à perdre, conseille Laurent Hyzy, dirigeant du cabinet de recrutement Alterconsult. S'il n'est pas conseillé de faire n'importe quoi, vous avez le droit de montrer une certaine audace dans votre recherche. Être présent sur les réseaux sociaux est d'autant plus intéressant pour vous : il faut y être, conseille le consultant. Allez dans les endroits où " l'on discute " sur les blogs ou forums. Échangez des points de vue, montrez votre professionnalisme et vos avis éclairés dans votre domaine d'activité par exemple... et personnalisez votre identité : mettez votre photo, il faut personnaliser au maximum vos apparitions et interventions. Si vous ne le souhaitez pas, choisissez une image un peu attractive, il n'est rien de pire qu'un carré blanc avec un buste impersonnel à l'intérieur. Optez pour une illustration qui représente votre métier, un livre, un stylo, une calculatrice scientifique si vous travaillez en recherche et développement par exemple. »

Attirer l'attention, c'est aussi utiliser les possibilités d'Internet pour manifester son intérêt. « Qu'est-ce qui peut attirer l'attention d'un recruteur ? Le message doit être court, accrocheur et percutant sans être contraignant ni dérangeant, affirme le consultant. Il doit être offensif et audacieux (bien entendu les personnes qui ne sont pas à l'aise avec la démarche ne doivent pas se forcer), mettre en avant des valeurs et qualités recherchées par un dirigeant comme l'initiative, l'implication, l'engagement à long terme, la compétence, l'efficacité. »

Exemple : « *Bonjour, je suis peut-être l'un de vos futurs meilleurs collaborateurs pour les 5 à 10 ans à venir alors n'hésitez pas et prenez la petite minute nécessaire pour découvrir mon profil.* »

La phrase doit se lire d'un trait et entraîner naturellement le clic sur la fiche CV sans donner l'impression de forcer la main.

Faut-il écrire une lettre quand on postule par Internet ?

De plus en plus souvent transmise par mail, la lettre a certes un peu perdu de sa « solennité ». L'écriture manuscrite, longtemps exigée, est pratiquement devenue un vieux souvenir. Cependant, l'envoi « sec » d'un CV par mail ne passera pas mieux par ce biais que par courrier. Exploitez les possibilités de la candidature électronique en faisant en sorte de placer d'emblée sous les yeux du recruteur quelques phrases accrocheuses résumant votre parcours et votre demande. Cette façon d'attirer l'attention n'exclut pas la présence d'une candidature classique. Il lui suffira alors de cliquer...

Peut-on postuler à partir de son lieu de travail ?

On peut ne pas cacher que l'on est « en veille », par exemple en déposant son CV sur un site emploi mais laisser ostensiblement des traces de sa recherche sur son ordinateur au bureau n'est pas la manière la plus franche de procéder. L'entreprise pourra vous le reprocher et vous accuser d'avoir commis une faute professionnelle. Vous avez tout intérêt à laisser CV et lettre de motivation sur votre ordinateur personnel et à ne pas, non plus, envoyer vos candidatures en utilisant le service courrier de votre entreprise. Attention à ce que la flamme de votre société n'apparaisse pas sur l'enveloppe ou qu'une publicité ne soit pas jointe à un mail.

La recherche d'emploi sur son lieu de travail n'est, de plus, pas garante de sérénité. La consultation des sites emplois sur Internet comme des petites annonces dans la presse ne peuvent se faire que dans le calme. Comment réaliser une lettre de candidature motivée dans un environnement dans lequel on n'est pas (plus) à l'aise ? Profitez du soir et du week-end pour le faire de manière détendue…

L'ORIGINALITÉ EST-ELLE NÉCESSAIRE ?

Si vous décidez d'envoyer votre candidature par voie postale, autant y apporter la touche d'originalité que permet le papier : grammage un peu épais, couleur marquant les éléments importants tels que les noms des entreprises à la rubrique « expériences professionnelles »… et n'hésitez pas à coller un beau timbre. Mais attention : qu'il s'agisse d'un envoi par courrier ou par Internet, trop d'originalité nuit. Fascinés par les possibilités de l'outil, certains ont encore tendance à réaliser des CV animés. Évitez les « feux d'artifice », utilisez ces plus uniquement si cela apporte vraiment des informations supplémentaires, sur votre maîtrise de l'outil ou sur vos compétences et vos connaissances.

FAUT-IL JOINDRE UNE PHOTO ?

La photo n'est souvent pas obligatoire. Cependant, l'utilisation d'Internet et des réseaux sociaux où la photo doit apparaître, fait que le recruteur qui souhaite voir à quoi vous ressemblez aura sûrement l'information… Mais attention : la photo peut parfois avoir un effet négatif sur la personne qui reçoit la candidature. Soit le cliché n'est pas assez avantageux : visage triste, bras tombants… et le candidat ne donne pas envie au recruteur de le rencontrer. Soit au contraire, il est « trop » vendeur : œil de velours, fond de teint... ; certains mêmes n'hésitent pas à prendre des poses de mannequin pour séduire, ce qui déplaît souvent. Des services de ressources humaines reçoivent ainsi des candidatures accompagnées de photos dignes d'un « book » de comédien !

Leur avis sur... la photo

« La photo est une bonne publicité si elle est de bonne qualité, si par exemple on a pris soin de la scanner. » • Le responsable de recrutement de Sopra.

« Une photo, si elle est de bonne qualité, si la personne est photogénique, si elle a le sourire, c'est bien, cela apporte un plus à la candidature, c'est une bonne accroche. On se fait une première impression en cinq minutes et, quand la candidature nous intéresse, on mettra une heure à une heure trente pour la valider. La photo fait partie de cette impression. Mais attention à ne pas attacher trop d'importance à l'image par rapport au reste de la candidature. » • Le service recrutement de Manpower.

« Je n'aime pas les photos. C'est encourager les gens à juger sur la tête du client. On peut être très laid sur une photo et avoir un charme fou en entretien. » • Olivia Venner, responsable de la gestion des carrières de Faurecia.

UNE, DEUX, TROIS PAGES... JUSQU'OÙ PEUT-ON ALLER ?

Plus on a d'expérience, plus le CV doit être court et synthétique, telle est la position radicale de certains recruteurs. La plupart cependant admettent que l'on puisse décrire son expérience sur plusieurs pages quand on est très expérimenté. Ce sujet est donc l'un de ceux qui occasionnent le plus de discussions entre les professionnels du recrutement. « Un CV sur deux pages me semble tout à fait normal, estime pour sa part Martine Lardin, directrice du cabinet ML Conseil. Pour chaque poste, on doit détailler ce que l'on a fait avec des termes techniques. »

Une longueur variable selon les métiers et les secteurs. En fait, la longueur du CV dépend autant du secteur d'activité dans lequel on postule que de la durée de l'expérience professionnelle. Certains

Leur avis sur... la longueur du CV

« Ça ne me dérange pas que la candidature fasse deux voire trois pages, mais les phrases "à la Proust" font peur, car quand on recrute un consultant, on a certaines exigences à la fois sur son esprit de synthèse et sur la façon dont il détaille ses expériences. » • Le responsable de recrutement de GIST.

« Quand on approche de la cinquantaine, on peut mettre son CV sur deux pages, cela nous semble normal. En revanche, pour un débutant, ce n'est pas justifié. » • Le service recrutement de Manpower.

métiers, celui de contrôleur qualité par exemple, supposent que l'on s'étende suffisamment sur chaque expérience pour décrire une méthodologie, énumérer toutes les techniques utilisées et montrer qu'on maîtrise toutes les étapes de la procédure.

Il en est de même pour les chercheurs qui postulent dans les laboratoires ou les services recherche et développement : ils sont contraints de détailler leurs expériences. En revanche, les postes de manager de très haut niveau ne nécessitent pas toujours de longs comptes-rendus d'expérience fastidieux. Savoir aller à l'essentiel pour les candidats à ce type de fonction est un des critères importants de recrutement.

L'important, en règle générale, est toujours de mettre en valeur dans votre CV des « points d'accroche » et des mots clés. Que ceux-ci apparaissent en évidence sur une ou sur deux pages est finalement secondaire.

Quel format choisir ?

Le format que doit revêtir votre candidature dépend des circonstances dans lesquelles vous la réalisez, du mode de transmission et du poste que vous convoitez.

Candidature papier : format A4. Si vous choisissez la voie postale, un CV et une lettre de taille normale (A4) sont d'usage. Certains candidats s'arrangent pour imprimer leurs documents sur un format un peu plus grand que les autres, ce qui doit permettre au recruteur de les distinguer. Cela ne provoque pas l'enthousiasme des entreprises que nous avons rencontrées, sauf éventuellement pour les candidatures de créatifs dans la publicité ou le marketing.

Les CV cartes de visite. Votre candidature doit être repensée en certaines circonstances. Par exemple, si vous allez sur un salon professionnel, sans qu'il s'agisse aucunement d'un salon de recrutement, vous pouvez également imaginer un CV carte de visite, que vous laisserez aux professionnels que vous aurez rencontrés. De même, les cadres très confirmés peuvent adresser à des entreprises ciblées ou des cabinets de recrutement des CV très courts, où ils se présentent brièvement, et proposent un rendez-vous au responsable de recrutement ou au directeur des ressources humaines.

PEUT-ON ENVOYER UN CV EN ANGLAIS ?

Oui, à condition de vous être renseigné sur la vocation internationale de l'entreprise ou du groupe auquel vous allez l'envoyer. Attention, ce n'est pas parce que vous adressez une candidature à un employeur anglo-saxon que vous devez la rédiger en anglais. L'important est de savoir si le recrutement de l'entreprise se fait à l'échelle mondiale ou reste au niveau franco-français.

Vous pouvez aussi choisir d'envoyer votre CV dans les deux langues, vous ne risquez rien. Vous trouverez dans la deuxième partie de ce guide des exemples de candidatures en anglais et en français pour des postes à vocation internationale.

Leur avis sur... les candidatures en anglais

■ « C'est ridicule de nous adresser un CV et une lettre en anglais sous prétexte que nous sommes une entreprise américaine. Nous avons un recrutement local. » • La directrice des ressources humaines d'une SSII spécialisée en informatique des marchés financiers.

■ « Nous avons une culture internationale et sommes aujourd'hui plus anglais que français. De plus, nous travaillons dans le secteur de la pharmacie, où tout se joue à l'échelle mondiale. La langue officielle du groupe est aujourd'hui l'anglais. Je préfère donc les CV en anglais, car je peux les envoyer dans le monde entier. » • Le directeur des ressources humaines d'Aventis-Pharma.

FAUT-IL APPELER L'ENTREPRISE APRÈS L'ENVOI DE SA CANDIDATURE ?

Si vous avez adressé votre CV par Internet, assurez-vous qu'il a été reçu en demandant un accusé de réception délivré par votre service de messagerie. Si vous l'avez envoyé par la poste, attendez un délai raisonnable avant de « relancer » le service recrutement. À partir de quinze jours suivant l'envoi d'une candidature, votre demande de nouvelles sera bien perçue. Enfin, si vous avez en ligne une assistante faisant « barrage » entre vous et le service recrutement, n'insistez pas trop. Demandez-lui de laisser votre message au destinataire de votre CV. Vous pouvez également adresser un message électronique au service recrutement pour demander des nouvelles de votre candidature.

Toutes les entreprises ne répondent pas aux candidats, surtout quand ils postulent spontanément. Pour être plus sûr d'obtenir un responsable des ressources humaines, appelez tôt le matin ou tard le soir, et/ou tentez votre chance pendant les vacances scolaires.

À QUI ENVOYER SA CANDIDATURE ?

Les candidats ne font pas toujours l'effort de personnaliser l'envoi de leur CV. Or, même si des professionnels du recrutement existent dans la majorité des entreprises, mieux vaut tenter de viser au plus juste pour atteindre une personne ou un service en particulier.

À son associé futur. Les candidats qui ont un projet professionnel extrêmement bien défini et qui briguent un poste de management de haut niveau ou d'expertise pointue ont intérêt à s'adresser directement à leur responsable ou associé futur.

À la filiale et à la DRH du siège. Dans les très grands groupes, le recrutement des cadres est souvent centralisé. Mais il faut bien reconnaître que les informations ne circulent pas toujours avec une grande fluidité entre les services. Assurez-vous d'être écouté. Adressez votre candidature au responsable de la filiale ou du service que vous convoitez et, parallèlement, à la direction des ressources humaines du groupe. Au pire, une même personne aura deux fois en main votre CV.

Après recommandation. Vérifiez tout d'abord l'intérêt et la nature de la recommandation, en tentant de joindre au téléphone, « de la part de... », la personne à laquelle vous destinez votre envoi. Si vous parvenez à l'avoir en ligne, demandez-lui précisément la procédure à suivre pour que votre CV soit pris en considération. Vous pouvez demander à être mis en relation avec lui, par le biais d'un réseau social, de façon à engager un lien avant de lui adresser votre candidature.

Leur avis sur... le destinataire de la candidature

« Il est préférable d'adresser et d'envoyer sa candidature à une personne en particulier dans l'entreprise. Quand on envoie une candidature spontanée, c'est bien de l'adresser à celui qui sera votre supérieur hiérarchique, qui est parfois plus au courant que le service des ressources humaines des postes vacants et des profils recherchés. Personnellement, je lis de manière plus attentive une lettre qui m'est adressée nominativement qu'une lettre anonyme. » • Christophe Brücker, responsable du cabinet de recrutement Saint James Consulting.

À QUELLE PÉRIODE DE L'ANNÉE ENVOYER SA CANDIDATURE ?

Les périodes de pointe ou d'engorgement dans les services recrutement sont bien connues : les mois de septembre, décembre et mai/juin sont les périodes les plus chargées. À l'automne, les forums écoles-entreprises et salons de recrutement reprennent après la trêve estivale, tandis que les jeunes fraîchement diplômés se préoccupent de leur avenir professionnel.

Deux politiques sont envisageables : procéder comme le gros des troupes, ou se distinguer en adressant sa candidature « hors saison ». Bien entendu, on ne choisit pas toujours le moment où survient un accident professionnel, un différend avec son supérieur, un licenciement...

Moins de concurrence pendant les vacances. Cependant, si une telle mésaventure vous arrive pendant les vacances scolaires par exemple, n'hésitez surtout pas à postuler durant cette période. Au contraire. Vous risquez moins de subir la concurrence et le recruteur, souvent plus disponible, pourra prendre le temps de consulter plus tranquillement votre candidature.

PEUT-ON RELANCER UNE ENTREPRISE QUI A REJETÉ UNE PREMIÈRE CANDIDATURE ?

Il est inutile d'envoyer indéfiniment des nouvelles à une entreprise qui n'a montré qu'indifférence à votre ou vos proposition(s) de collaboration. En revanche, archivez bien les réponses du type « nous n'avons pas de poste aujourd'hui susceptible de correspondre à vos compétences, cependant, nous conservons votre candidature... ».

Quand l'entreprise vous signale qu'elle garde votre candidature en réserve, elle ne l'écrit pas pour vous faire plaisir. Vous l'intéressez vraiment, mais soit elle n'a pas de poste à pourvoir sur le moment, soit elle attend que vous « mûrissiez » professionnellement avant de vous contacter à nouveau. Si elle ne le fait pas elle-même, vous pourrez la relancer, même après un ou deux ans, en lui rappelant la réponse qu'elle vous a faite un jour. Internet permet plus aisément l'archivage et la réactualisation de vos candidatures sur les sites des grandes entreprises.

PEUT-ON OCCULTER CERTAINS ÉPISODES DE SA VIE PROFESSIONNELLE ?

Le mensonge par omission ou la tromperie pure et simple ne sont évidemment pas conseillés. Dans certaines limites, un léger flou peut être accepté, à condition toujours que vous vous sentiez capable de vous expliquer par la suite (soit au téléphone, soit lors de la première rencontre avec le recruteur). On pourra vous pardonner, par exemple, de ne pas vous attarder sur deux ou trois mois d'inactivité entre deux contrats ou juste après une formation. Mais une personne qui a pour profession de sélectionner des candidats, et qui a des comptes à rendre auprès des responsables de l'entreprise, ne peut admettre des failles béantes ou des mensonges dans une candidature.

L'occultation est sans doute plus courante que la déformation « franche » de la réalité. Mais attention, les entreprises peuvent vérifier ou faire appel à un vérificateur de CV. De même, n'essayez pas de « grossir » inconsidérément certaines expériences (stage d'un mois par exemple), la réputation de votre école ou l'importance de vos loisirs. Erreurs de débutants, ces travers se retrouvent parfois aussi chez des candidats plus expérimentés.

UN CV PEUT-IL ÊTRE VÉRIFIÉ ?

Entre le mensonge par omission et la volonté nette de mentir, que pourra supporter un recruteur qui décide de vérifier certaines données de votre CV ? Certaines entreprises se sont spécialisées dans ce domaine, faisant une enquête minutieuse sur tous les éléments d'un CV (l'employeur est tenu de vous informer de la démarche). L'une d'elles propose même aux candidats une « certification » de leur CV : elle en vérifie toutes les informations et délivre une sorte de label, ce qui prouve aux employeurs potentiels que vous ne mentez pas. Le mieux est de ne pas mentir sans avoir besoin de le prouver et débuter par une relation de confiance. Attention aussi aux éléments qui vous concernent sur Internet et sont accessibles à tous !

La « qualification » par téléphone. Sans toujours faire appel à une société extérieure, les responsables de recrutement peuvent aussi vous appeler directement pour vérifier un point avec vous, aller plus loin pour comprendre votre démarche, le poste que vous cherchez, avoir des détails sur votre formation si l'information n'est pas complète, vérifier vos facultés d'expression en français... C'est ce qu'ils appellent « la qualification par téléphone ». Certains, imitant en cela des pratiques anglo-saxonnes, n'hésitent pas à appeler assez tôt le matin, risquant ainsi de vous surprendre au saut du lit. Un conseil : dans ce cas, laissez votre répondeur téléphonique branché si vous n'êtes pas sûr d'être prêt à répondre de but en blanc à des questions précises. Vous risquez de ne pas vous montrer sous votre meilleur jour !

FAUT-IL ÉCRIRE SUR RECOMMANDATION ?

Toutes les entreprises font fonctionner leur réseau relationnel pour recruter leurs collaborateurs, en particulier pour les postes de cadres et de managers. Certaines ont même érigé la cooptation en principe et accordent des primes aux salariés qui servent « d'entremetteurs » entre elles et les cadres à fort potentiel ou disposant d'un profil rare ; des sites Internet proposent également ce service. En dehors de ce système organisé et « officiel », soyez prudent avant de solliciter ou d'utiliser une recommandation. Vous devez en effet être sûr qu'il va s'agir d'une véritable aide. Avant de solliciter un appui, posez-vous les questions suivantes : à quel niveau hiérarchique se situe la personne qui peut vous aider à intégrer l'entreprise ? Dans quel service, direction, travaille-t-elle ? Peut-elle vous recommander directement ou vous faudra-t-il rencontrer par la suite d'autres personnes dans l'entreprise ? Est-elle prête à vous aider par pure politesse vis-à-vis d'un tiers ou bien a-t-elle la conviction que votre profil peut être intéressant pour l'entreprise ?

Il faut que vous puissiez répondre très vite à ces questions pour éviter de perdre du temps et savoir si vous pouvez indiquer dès le début de votre lettre que vous êtes recommandé.

COMMENT POSTULER SUR INTERNET ?

Déposer son CV dans une CVthèque, répondre à des annonces, envoyer sa candidature sur un site d'entreprise... tout est possible sur Internet, sans qu'une méthode soit préférable à une autre ; l'essentiel étant, comme pour une candidature transmise par un autre biais, qu'elle soit ciblée et motivée. Mais le plus important aujourd'hui est d'y être visible, et bien visible.

Les recruteurs aujourd'hui chassent sur le Web, font des investigations sur votre nom avec les moteurs de recherche, scrutent vos « apparitions » sur la toile, sur les réseaux sociaux, regardent votre blog s'il existe... Dans ce cadre, votre CV est un outil stratégique.

Mots clés, présentant votre profil sur un réseau social, création d'un blog mettant en avant votre expertise dans un domaine, ou interventions pertinentes sur un sujet professionnel... tout ce qui peut vous faire découvrir sous votre meilleur jour professionnel est bon à prendre. (Lire aussi « Comment rendre visible sa candidature Internet » p. 10.)

COMMENT RÉPONDRE À UNE ANNONCE ?

La réponse à une offre d'emploi est souvent plus « confortable » que l'envoi d'une candidature spontanée. Même quand on ne connaît pas le nom de l'entreprise proposant un poste, le texte de l'offre donne des indications utiles et permet d'adapter ainsi plus aisément sa candidature.

Même si votre CV correspond point pour point aux exigences du poste proposé, ne faites pas l'économie d'une lettre de motivation.

Les « perles » des recruteurs

LES SERVICES DE RECRUTEMENT ne manquent pas d'anecdotes concernant des candidatures étranges et décalées... Florilège de quelques perles reçues par les recruteurs.

- Un lacet de chaussure dans une enveloppe : « Si vous voulez que mes chaussures viennent jusqu'à vous, voici déjà mes lacets », a traduit, perplexe, le recruteur...
- « Je vous écris à la place de mon mari, car il n'ose pas le faire... »
- « Vous avez gagné le droit... de me rencontrer ! »
- Une lettre de motivation du mari jointe au CV de l'épouse. Ils avaient sans doute effectué leur recherche d'emploi ensemble.
- « Je vous envoie mon CV parce que je suis très motivé par les activités de votre entreprise », explique ce candidat, qui a envoyé son CV et sa lettre de motivation par Internet. Problème : en liste de diffusion visible apparaissent les adresses électroniques de plus de cent autres entreprises réceptrices du même courrier hautement motivé !
- Une candidature au nom d'Isabelle Adjani. « J'avais reçu une première candidature qui ne comportait pas de nom de star, à laquelle je n'avais pas donné suite, raconte un recruteur. J'ai reçu exactement la même quelque temps plus tard, au nom d'Isabelle Adjani. J'ai souri, mais je n'ai pas non plus donné suite. »
- Les photos sont l'occasion de beaucoup de variantes : photos en pied, sur une pleine page, en vacances à la mer en tenue de plongée, en famille, ou extraite, par grossier découpage, d'une photo de groupe prise à l'occasion d'une soirée...

Essayez de faire correspondre au maximum votre offre et celle de l'entreprise. Raccrochez-vous aux quelques éléments dont vous disposez (taille de l'entreprise, secteur d'activité concerné, compétences demandées...) pour mettre en parallèle des éléments de votre CV et de l'annonce. *A contrario,* vous pouvez aussi répondre à une offre qui ne vous était pas directement destinée, à condition qu'au moins deux critères correspondent à vore profil (connaissance d'une langue et formation, par exemple). Vous trouverez des exemples de réponses à des annonces à la fin de cette première partie et dans la deuxième partie de ce guide.

Un travail de bilan et d'enquête

Vous avez tout intérêt à effectuer seul le travail préparatoire de rédaction de votre CV et de vos lettres de motivation. Cet ouvrage a notamment pour but de vous y aider. Votre entourage, vos proches pourront être sollicités pour donner un avis sur le document final, que vous aurez vous-même produit. Mais faire confiance de A à Z à quelqu'un pour réaliser son CV reviendrait à l'envoyer passer les entretiens d'embauche à sa place. La première étape doit donc s'effectuer en solitaire, et dans une grande concentration. Y passer plusieurs jours, laisser mûrir, y revenir, paraît indispensable. Étape par étape, nous vous conseillons une méthode qui s'apparente à celle utilisée pour réaliser un bilan de compétences. Avec une constante, tout au moins au début de la réflexion : ne pas trop se préoccuper de la forme, pour privilégier l'analyse et la description de vos expériences. L'aide que peut vous apporter l'extérieur se situe plus, à notre avis, dans votre recherche d'emploi elle-même, notamment par l'activation de votre réseau.

Le CV d'abord

Pour éviter toute confusion et clarifier sa candidature, il faut commencer avant tout par la rédaction du CV. Seul ce document permet de cadrer les choses ; il peut ensuite aider à trouver les mots pour rédiger une lettre de motivation. La mise au point du CV demande un travail d'analyse de ses expériences, puis de synthèse.

Quand on a peu d'expérience professionnelle, on a l'impression que la réalisation de son CV n'est pas une sinécure. Il faut occuper l'espace de la page blanche, quitte à « gonfler » un peu ses stages et sa formation, afin de ne pas laisser une impression de vide. Mais la rédaction du CV n'est pas beaucoup plus aisée pour les cadres plus expérimentés. Pour synthétiser une vie professionnelle en quelques paragraphes bien ordonnés, il faut souvent noircir des pages et des pages.

Faire son bilan

La démarche du bilan de compétences avant de réaliser son CV est à conseiller. Certains candidats indiquent d'ailleurs dans leur candidature qu'ils ont effectué un bilan au cours de leur vie professionnelle, en plaçant cette expérience dans la rubrique « Formation ».

En structurant ses expériences et en faisant émerger ses compétences et désirs professionnels, la démarche du bilan permet parfois d'être plus au clair au moment de se présenter à un employeur. Elle est à conseiller surtout aux personnes qui ont connu des expériences diverses au cours de leur vie, sans lien apparent entre elles. Un bon bilan laisse souvent apparaître le fil conducteur, que vous pourrez ensuite dérouler jusqu'à atteindre votre projet professionnel.

Analyser ses expériences. Mais tout le monde ne peut ou ne veut pas se lancer dans cette démarche. Vous pouvez ainsi entamer, seul, un travail moins long en analysant par vous-même vos expériences professionnelles.

• Placez d'abord « en vrac » toutes vos expériences professionnelles, bonnes, mauvaises, longues ou courtes, récentes ou anciennes, en laissant courir votre plume, c'est-à-dire en les décrivant au maximum, très précisément. Situez ces expériences dans le temps en les replaçant dans l'ordre chronologique et en indiquant leur durée.

• Sur une feuille (ou un fichier ouvert sur votre ordinateur) à part, extrayez de chacune de ces expériences ce que vous en avez appris, dans un état d'esprit positif. Même si on a mal vécu une expérience, on peut toujours en tirer un bénéfice ou une « leçon ». Exemple : si vous avez gardé un souvenir mitigé de votre passage dans une grande entreprise ayant un fonctionnement hiérarchique pyramidal, vous pourrez en déduire que vous serez plus à l'aise dans une organisation transversale.

• Réunissez les éléments essentiels concernant les entreprises dans lesquelles vous avez vécu ces expériences. Indiquez le nom de l'entreprise, sa taille, son activité principale, sa localisation géographique...

• Notez ce que vous-même estimez avoir apporté à chacune des structures dans lesquelles vous êtes passé. Au sens large : en termes de résultats (que vous soyez commercial ou non) suite à une expérience de management, de production d'études, de documents, d'amélioration d'un process, de développement d'un logiciel... Veillez à bien détailler chaque point minutieusement. Nous verrons par la suite qu'une expérience mal vécue apparaît immédiatement sur un CV. En « positivant » vos expériences, et quelle que soit la façon dont vous allez les présenter de façon définitive sur votre CV, vous serez déjà dans un état d'esprit favorable.

Si vous avez seulement quelques années d'expérience, vous pouvez également réaliser ce travail de décryptage avec les stages que vous avez effectués, en dégageant toujours précisément ce qu'ils vous ont appris et ce que vous avez apporté aux entreprises dans lesquelles vous les avez réalisés.

Analyser sa formation. Vous pouvez ensuite passer en revue, de la même manière, votre formation initiale et/ou professionnelle, en allant très loin dans la description, comme nous le faisons ci-dessous, en indiquant cette fois chaque année d'études, pour mieux élaguer par la suite, au moment de la rédaction finale.

Exemple de présentation de formation initiale

2006	Télécom INT, école d'ingénieurs, option systèmes et techniques micro-ondes et optiques. Master 2 de recherche systèmes de télécommunications hautes fréquences (détailler les thèmes de recherche).
2004	Master 1 de physique fondamentale à l'université de Paris-Sud-Orsay (détailler les options, principaux travaux et thèmes de recherche...).
2003	Licence de physique fondamentale, à l'université de Paris-Sud-Orsay (options, principaux travaux).
1999-2001	Classe préparatoire (nom du lycée, ville).
1998	Baccalauréat S, mention bien (nom du lycée, ville).

Exemple de présentation de formation professionnelle

	Conservatoire national des arts et métiers, département Travail et entreprise, chaire administration et gestion du personnel. Séminaire de management de l'entreprise et gestion des ressources humaines. Diplôme obtenu : DESA administration et gestion du personnel.

2003-2007	Conservatoire national des arts et métiers, département Travail et entreprise, chaire formation des adultes. **Séminaire d'ingénierie de la formation.** Diplôme obtenu : DESA formation des adultes (conception et mise en œuvre).
1995-2003	Conservatoire national des arts et métiers, département Travail et entreprise, chaire formation des systèmes d'organisation. **Séminaires d'organisation du travail et de l'entreprise, droit du travail et nouvelles technologies de l'information et de la communication.**
1984	Chambre de commerce et d'industrie de Paris. Matières : **organisation de l'entreprise; gestion du personnel; droit social; économie.**

Toutes les informations détaillées au cours de ce travail de bilan n'intéresseront peut-être pas les recruteurs. Nous verrons par exemple qu'il est inutile de remonter jusqu'au bac, voire à la classe prépa quand on a connu une expérience professionnelle. Mais la description précise de vos études vous permettra, à vous, de voir apparaître l'essentiel.

Analyser ses motivations. C'est le moment, également, d'analyser longuement ce qui vous fait « avancer » en dehors du travail : les activités associatives, les voyages, les loisirs culturels ou sportifs,les centres d'intérêt au sens large. Passez en revue toutes les informations personnelles qui influent plus ou moins sur vos activités professionnelles, et qui pourront vous inciter à choisir un travail en intérim, à temps partiel ou plutôt sédentaire... Vous occuper de vos enfants, faire du judo en compétition, prévoir un tour du monde à la voile, vous investir dans une action humanitaire... toutes ces informations qui ne regardent pas forcément l'entreprise vous concernent au premier chef.

Un projet professionnel peut être aussi dépendant d'un projet personnel. « Nous avons reçu un jour un candidat avec lequel nous aurions voulu tout de suite signer un contrat à durée indéterminée, explique une directrice des ressources humaines. Mais il ne désirait obtenir qu'un contrat de quelques mois, car son projet était de partir effectuer une mission humanitaire au Tibet. C'était important qu'il soit au clair sur ce projet, qu'il en soit sûr, avant de s'engager ou non avec nous. »

Le travail sur votre CV vous permettra aussi de dégager vos « lignes de force » personnelles, et de choisir vos priorités. Au moment de l'entretien de recrutement, vous saurez plus précisément présenter les choses en vous appuyant sur ces lignes de force. Une fois ce travail fait vous avez devant vous l'essentiel de la matière pour réaliser concrètement votre CV.

Organiser les rubriques de son CV

Il faut ensuite classer, synthétiser, organiser tous les éléments que vous avez réunis. Les nombreux exemples présentés dans cet ouvrage montrent qu'il existe mille et une manières de procéder. Il n'en existe pas de parfaites, en revanche certaines sont carrément mauvaises, en particulier quand les rubriques n'apparaissent pas de façon claire. Les rubriques du CV, le choix de leur titre, la place prise par chacun des paragraphes sont des indices très importants pour le recruteur.

Deux ou trois grandes rubriques. Rester classique est la consigne générale à suivre. Les grandes rubriques les plus efficaces et sans risques restent :

- expérience(s) professionnelle(s) ;
- formation(s) ;
- centres d'intérêt (éventuellement).

Les deux premières rubriques sont celles que le recruteur doit identifier immédiatement, car tous les professionnels que nous avons rencontrés (à une ou deux exceptions près) commencent par regarder le CV, et, sur le CV, l'expérience professionnelle, en particulier des candidats expérimentés. Pour ces derniers, ce paragraphe doit être plus conséquent que les centres d'intérêt ou la formation.

Si ces deux ou trois rubriques apparaissent bien distinctement, le recruteur va probablement pouvoir se concentrer sur des éléments beaucoup plus intéressants que leurs titres. Par exemple, le nom des entreprises dans lesquelles vous avez travaillé, et/ou les missions que vous y avez effectuées, les résultats que vous avez obtenus... Sortir de cette grande tradition, c'est prendre plusieurs risques : celui de lasser le lecteur qui, s'il ne trouve pas immédiatement l'information qu'il recherche, va chercher ailleurs des informations, ou celui de paraître original, ce qu'en général les entreprises ne vous demandent pas.

De nombreux recruteurs disent préférer voir apparaître les compétences ou connaissances dans le cœur du CV, directement en relation avec les expériences professionnelles plutôt que de les trouver dans une rubrique à part. Cependant, elles pourront être présentes sur un CV web ou en tête de votre profil sur les réseaux sociaux. Les recruteurs effectuant des recherches par mots clés pourront les identifier rapidement.

Mettre en valeur sa formation dans son CV

Cette rubrique qui intéresse particulièrement les recruteurs n'est pas la plus simple à présenter. Soit parce qu'on estime ne pas avoir une formation suffisamment qualifiée ou de haut niveau par rapport au poste et à l'entreprise convoités, soit à l'inverse quand on a cumulé les formations ou les diplômes.

Même si vous n'avez pas de diplôme de l'enseignement supérieur, placez toujours une rubrique formation dans votre CV. Son absence pourrait laisser croire que vous cachez quelque chose à ce sujet. Comme pour les expériences professionnelles, il est conseillé de les présenter par ordre chronologique inversé (de la plus récente à la plus ancienne).

Est-il utile de présenter son premier diplôme ?

Il n'est pas toujours utile de mentionner son premier diplôme, sauf quand vous êtes jeune diplômé et dans quelques cas particuliers :
• si vous avez préparé et (ou) passé un diplôme dans un autre pays que la France, cette expérience peut, par exemple, prouver votre maîtrise d'une langue et une capacité d'adaptation (y compris un bac obtenu dans un lycée français à l'étranger) ;
• si vous avez préparé une option assez rare, ou en relation avec votre projet professionnel et le poste que vous briguez ;
• si vous avez passé votre bac après un cursus scolaire non « classique », par exemple après un BEP. Les preuves d'une volonté de (et d'une capacité à) progresser sont toujours bonnes à montrer.

Exemple :

Formation

2008 : BTS Force de vente au lycée V

2006 : Bac STT au lycée F

2005 : BEP et CAP communication administrative et secrétariat

Jeunes diplômés : pensez à mettre en valeur vos stages

De même, les jeunes diplômés ne doivent pas négliger la présentation des stages en entreprise, qui font partie intégrante de leur formation. Il est inutile de présenter dans la rubrique expérience professionnelle un stage d'une semaine effectué dans le cadre de votre formation initiale. Si vous voulez mettre en valeur vos stages, détaillez-les en relation avec le diplôme obtenu.

Exemple :

Formation

1997 : Licence administration économique et sociale à l'université X

Options :

- Audit d'organisation des entreprises
- Audit comptable

Travaux :

- Mémoire sur le thème de la gestion de l'assurance maladie
- Étude sur la question de l'endettement des ménages

Stages :

- Assistant du responsable du service des prêts à la banque X (un mois)
- Assistant au service comptabilité de la société d'assurances Y (deux mois)

(...)

Le cas particulier des « missions »

Certaines expériences en entreprise effectuées lors de votre formation initiale s'apparentent plus à des « missions », menées pendant plusieurs mois en application pratique d'un programme de formation. Vous avez tout intérêt à les présenter comme telles, en précisant bien leur durée et leur nature. Elles peuvent faire l'objet d'une rubrique particulière.

Exemple :

> **Stage professionnel (ou mission professionnelle)**
>
> **2008 :** Chargé d'études à la direction des ressources humaines de la société X (six mois) : rédaction d'un rapport sur (....) ; conception et réalisation de tableaux de bord sur (...) ; élaboration d'un guide destiné aux collaborateurs ; comptes rendus de réunions et de commissions.

Le poids des formations en alternance

Si vous avez obtenu un diplôme grâce à l'apprentissage ou sous contrat de professionnalisation, vous devez mettre les deux en valeur dans votre CV. Cependant, il est conseillé de placer d'abord l'expérience professionnelle car il ne s'agit plus d'un stage mais d'un contrat de travail. Précisez dès le début du CV la nature de votre contrat. Vous pourrez également, au besoin, mettre en référence le contact de votre tuteur en entreprise ou maître d'apprentissage.

Exemple :

> **Expérience professionnelle**
>
> **2005-2008 :** Assistant commercial dans la société X - Sous contrat d'apprentissage. (détails des activités)
>
> **2003-2004 :** Vendeur dans la société Y – Sous contrat d'apprentissage
>
> **Formation**
>
> **2005 :** Diplôme d'ingénieur (nom de l'école et de l'entreprise)
>
> **2008 :** DUT mécanique et productique (nom de l'organisme de formation)
>
> **Options :** ....
>
> **2006 :** Bac

Les stages en formation continue

Les stages de formation continue peuvent être inclus dans la rubrique formation, au même titre que la formation initiale, essentiellement s'il s'agit de formations longues, diplômantes ou qualifiantes.

Exemple :

> **Formation**
>
> **2004-2005 :** Spécialisation Export international (niveau II, nom de l'organisme de formation)
>
> **2000-2001 :** Licence professionnelle d'ingénierie en génie électrique
>
> **1990-1993 :** BTS électronique

Si *a contrario* vous avez essentiellement suivi des stages de perfectionnement, ou d'acquisition de nouvelles connaissances dans un domaine que vous maîtrisez déjà, vous pouvez lier ces stages à la rubrique expérience professionnelle en créant une rubrique formation continue. Indiquez l'essentiel des formations, pas obligatoirement toutes. L'intérêt est de montrer une volonté de progresser, et de se perfectionner tout au long de sa carrière, en parallèle avec des changements de postes par exemple.

Exemple 1 :

> **Formation continue**
>
> **Stages de management :**
>
> **2009 :** Management des hommes et des organisations (cinq jours), nom de l'organisme de formation
>
> **2008 :** Management de projet (trois jours), nom de l'organisme de formation
>
> **Stage de vente :**
>
> **2007 :** Explorer de nouveaux marchés (trois jours), nom de l'organisme de formation

Exemple 2 :

Formation

Une formation professionnelle spécialisée

- Master 2 de ressources humaines
- Diplôme professionnel en gestion de la formation

Une formation générale en sciences humaines

- Master 2 d'histoire
- Diplôme de l'école des hautes études internationales
- Classes préparatoires, lettres modernes

Des compétences informatiques

- Maîtrise de l'environnement Windows et NT : Word, Excel, Publisher, Access...

FAIRE ÉMERGER SON PROJET PROFESSIONNEL

Votre projet professionnel, dans votre vie en général et dans l'entreprise à laquelle vous adressez votre candidature en particulier, ne doit pas fatalement apparaître au sein d'une rubrique particulière, mais être sous-jacent. La lettre de motivation est, *a priori*, faite pour le présenter. Cependant, les recruteurs se fondant d'abord sur le CV pour évaluer une candidature, il est d'usage d'y laisser apparaître son projet (vous pouvez trouver des exemples de présentation dans la troisième partie, page 337).

À la place de « *Curriculum vitæ* », il est donc très courant de voir figurer en titre du CV la fonction du candidat, ses caractéristiques, et/ou le poste qu'il désire obtenir dans l'entreprise. Les avis des recruteurs sont très partagés sur ce thème. C'est à vous de trancher, et de savoir quelle image vous désirez que l'on ait de vous. Si vous ne voulez être qu'ingénieur d'étude ou chef de produit grande distribution, vous pouvez l'indiquer en en-tête de votre CV.

Leur avis sur... le titre du CV

« Une mention comme "ingénieur développement" ou "ingénieur d'étude" est un bon titre de CV. Cela correspond à la fois à une forme d'expérience que l'on a acquise, à des compétences, et au poste qu'on désire exercer ; mais il ne faut pas trop développer, sinon on risque de s'enfermer dans une fonction. » Le responsable de recrutement de Sopra.

« Aujourd'hui, avec les nouvelles méthodes de management par projet, transversales, les postes de direction ne sont plus aussi précisément définis qu'auparavant. Plutôt que d'indiquer son poste ou sa fonction de manière très précise sur son CV, il est préférable de laisser apparaître une volonté d'ouverture. » Le consultant en recrutement d'un cabinet spécialisé.

En sachant que si un poste d'ingénieur développement ou de chef de groupe dans une entreprise agroalimentaire se présente, vous aurez moins de chance de pouvoir y prétendre. Vous risquez, en titrant ainsi votre CV, de vous laisser enfermer dans un profil de poste unique, et de laisser échapper d'autres possibilités.

LA LETTRE DE MOTIVATION

Quand le CV est bien fait, la lettre de motivation se justifie-t-elle encore ? Elle est parfois plus appréciée par sa présence même que par son contenu. Signe d'un certain respect, d'une prévenance vis-à-vis de son interlocuteur (lire aussi le chapitre suivant « Écrire pour son lecteur »), elle n'est pas appelée à disparaître, bien que certains recruteurs déplorent souvent son manque d'intérêt.

« Nous ne lisons plus les lettres de motivation, ou alors très vite, car elles racontent toujours la même chose, lance le consultant d'un cabinet de recrutement. C'est, au mieux, une répétition du CV. Au pire, du fayotage. » Le constat est sévère, sans doute parce que la lettre de motivation ne devrait pas être déjà prête dans l'ordinateur ou le bloc de papier à lettres du candidat avant même qu'il ait identifié son destinataire. La lettre nécessite en effet, au même titre que le CV, une vraie préparation, grâce à la réunion d'un maximum d'éléments, et doit éviter répétition du CV et flagornerie.

Une véritable enquête

Là encore, vous devez vous munir de feuilles de papier ou ouvrir un dossier sur votre ordinateur pour rassembler tous les éléments nécessaires à la rédaction de votre lettre.

• Réunissez des éléments d'information sur l'entreprise à laquelle vous désirez adresser votre candidature. Quels sont le (ou les) poste(s) à pourvoir ? Quelle est son activité principale et éventuellement ses activités annexes ? Quels sont ses principaux concurrents ? Quels sont les événements récents à retenir (fusion, rachats, externalisation, internationalisation...) ? L'une des erreurs à éviter est d'envoyer une candidature à une entreprise qui a changé de raison sociale. Sur la même fiche ou le même fichier, il sera possible d'indiquer les résultats de ses envois, les noms des interlocuteurs déjà obtenus, d'ajouter des éléments d'actualité sur l'entreprise...

• Listez les éléments concernant spécifiquement les types de postes et d'activités proposés par l'entreprise. Par exemple, s'il s'agit de postes commerciaux, réunissez les caractéristiques de ces postes : grande structure, petite structure, type de produits, formations demandées...

• Placez en vis-à-vis ces derniers éléments et le détail de vos propres expériences professionnelles. Vous avez alors toutes les données pour réaliser une lettre de motivation, en sachant d'une part à qui vous vous adressez (le ton de la lettre, les orientations que vous allez lui donner seront influencés par ces éléments de connaissance) et, d'autre part, pourquoi vous adressez votre candidature, et quels sont les éléments de votre CV qui ont fait que vous avez eu envie de postuler.

PRÉSENTER SES FORMATIONS DANS LA LETTRE DE MOTIVATION

Si vous êtes jeune diplômé et si vous avez peu (ou pas) d'expérience professionnelle, vous avez tout intérêt à commencer votre lettre de candidature en évoquant votre formation initiale. Elle constituera ainsi le principal point d'accroche pour les recruteurs. Les stages effectués pendant vos études ne doivent être évoqués que s'ils ont un rapport direct avec l'emploi proposé en cas de réponse à une offre, ou avec l'activité de l'entreprise en cas de candidature spontanée.

Exemple 1 :

> *Madame, Monsieur,*
>
> *Diplômé d'un Master en droit international, j'ai connu une première expérience professionnelle d'un an au sein d'un cabinet d'avocats français situé à Washington. Je peux ainsi faire valoir ma maîtrise de l'anglais, tant à l'écrit qu'à l'oral. Au cours de cette expérience, j'ai exercé les différentes tâches que requiert la profession de juriste d'entreprise : étude de contrat, recherche juridique, conseil aux filiales des groupes français installées aux États-Unis, etc. J'ai pu ainsi tester et faire apprécier mes compétences, ma polyvalence et ma disponibilité. Je dispose également d'une bonne connaissance des outils informatiques nécessaires à l'exercice de la profession. (...)*

Commentaire :

Le diplôme est un préalable obligatoire, le candidat l'indique d'emblée. Cependant, la force de cette lettre réside dans la description concise des enseignements tirés de la première expérience du candidat, qui ont complété sa formation initiale : l'apprentissage de la langue anglaise, les diverses tâches apprises sur le terrain, enfin la connaissance des outils informatiques. Cette lettre montre que le candidat a su enrichir sa formation initiale par une formation en situation de travail.

Exemple 2 :

> *Madame, Monsieur,*
>
> *Titulaire d'un Master en informatique nouvelles applications, j'ai, lors de ma première expérience professionnelle, consolidé et élargi mes domaines de compétences informatiques : gestion de projet, études, conception ainsi que programmation. (...)*
>
> *Je souhaite aujourd'hui rejoindre un groupe comme le vôtre, qui, je le crois, pourrait me permettre d'accroître mes connaissances et aussi satisfaire mes envies d'un travail de qualité et de haut niveau. (...)*

Commentaire :

Cet extrait de lettre révèle une démarche identique à la précédente, mais le candidat est plus précis. Après le premier paragraphe, il détaille en effet tous les outils et systèmes qu'il a utilisés lors de cette expérience. Attention cependant ! Même si on peut être intéressé par un poste pour accroître ses connaissances, il n'est pas conseillé de le signaler dans sa lettre de motivation. Il est bon d'expliquer ce que vous avez appris lors de vos précédentes expériences, mais vous devez insister sur ce que vous apporterez à l'entreprise, et non l'inverse.

POUR LES CANDIDATS EXPÉRIMENTÉS

À partir de trois ans d'expérience professionnelle, la mention du diplôme, présente dans le CV, s'efface traditionnellement devant l'expérience dans la lettre de motivation.

Exemple 1 :

> *Madame, Monsieur,*
>
> *En poste depuis cinq ans dans la gestion prévisionnelle des emplois et des compétences, mon champ d'action se situe à la croisée des principaux aspects de la gestion des ressources humaines : recrutement, évaluation, mobilité, formation.*
>
> *En effet, mon rôle est de concevoir et de réaliser des outils et des méthodes d'aide à la décision dans différents domaines à destination du management opérationnel et de la direction. (...)*
>
> *Titulaire d'un Master en ressources humaines, j'ai également abordé les autres spécialités de la fonction. (...)*

Commentaire :

L'expérience vient bien avant le diplôme initial, néanmoins la mention de ce dernier permet au candidat de montrer l'étendue de ses connaissances dans ce domaine, qui sont pratiques et théoriques.

Exemple 2 :

> *Madame, Monsieur,*
>
> *J'ai lu avec intérêt votre offre d'emploi parue dans le journal Y, du (date) pour un poste de documentaliste. J'assure actuellement au magazine F le remplacement de la gestionnaire du service, après y avoir effectué un*

stage pour valider ma maîtrise en sciences de l'information et de la documentation.

Je m'occupe des différentes étapes de la chaîne documentaire, du courrier des lecteurs, ainsi que de la gestion des abonnements (...).

Une première expérience en tant que vacataire à la médiathèque de (ville) pendant un an et demi m'a, par ailleurs, donné l'occasion de prouver mes qualités relationnelles en renseignant un public varié. (...)

Commentaire :

Ayant vécu une première expérience professionnelle sans rapport direct avec le métier de documentaliste qu'elle désire aujourd'hui exercer, cette candidate a suivi en formation continue un master qu'elle a tout intérêt à mettre en valeur. La deuxième phrase de sa lettre de motivation contient tous les points essentiels susceptibles d'intéresser le recruteur :

1 - la candidate occupe aujourd'hui un poste en CDD, mais à responsabilité ;

2 - elle a été recrutée à la suite d'un stage, elle est donc directement opérationnelle et a su faire ses preuves ;

3 - elle est titulaire d'un diplôme adapté à son projet professionnel.

Elle montre également qu'elle a su tirer profit de sa première expérience, même si celle-ci ne s'est pas déroulée dans le domaine d'activité qu'elle souhaite intégrer.

Présenter un dispositif

Formation en alternance, congé individuel de formation, formation à distance… Il n'est pas toujours nécessaire d'expliciter longuement dans sa lettre de candidature les dispositifs qui vous ont permis d'accéder à un diplôme ou à une qualification. Certains candidats savent cependant les valoriser dans leur lettre.

Exemple 1 :

> *Madame, Monsieur,*
>
> *Jeune diplômée d'un DUT techniques de commercialisation, j'ai pourtant déjà deux années d'expérience à mon actif dans le domaine de la vente.*
>
> *Grâce à cet apprentissage, j'ai pu faire mes premières armes dans le monde de la distribution. (...)*

Commentaire :

Cette jeune diplômée ayant obtenu son diplôme par apprentissage met en avant deux ans d'expérience professionnelle (en réalité, environ douze mois effectifs, répartis sur deux années).

Exemple 2 :

> *Madame, Monsieur,*
>
> *Actuellement secrétaire de direction attachée à la direction générale, aux affaires internationales et juridiques de la société V, je suis aujourd'hui responsable de cinq assistantes. Ayant souhaité formaliser et valider mes compétences par un diplôme, je termine actuellement, en congé individuel de formation, la préparation du Diplôme européen d'études de management, d'un niveau bac+5. Des raisons personnelles me conduisent à chercher un nouvel emploi dans la région B. (...)*

Commentaire :

Beaucoup de changements dans la vie de cette personne justifient cet envoi de candidature : un nouveau diplôme, qui lui permettra peut-être d'évoluer dans sa fonction de secrétaire, et une nouvelle région. Elle n'a pas terminé son CIF, et prospecte, en utilisant déjà son futur diplôme comme un argument supplémentaire.

Attention cependant, il n'est pas question de réaliser une réponse « mécaniste », en essayant de faire correspondre à tout prix votre expérience professionnelle et le poste que l'entreprise propose. Il s'agit de faire comprendre à votre interlocuteur la raison pour laquelle vous vous adressez à lui.

Vous trouverez, dans la deuxième partie de cet ouvrage, des exemples de lettres dont vous pourrez vous inspirer. Dans la troisième partie, des extraits vous donneront des idées de formules permettant d'introduire et de conclure votre lettre.

Écrire pour son lecteur

Qu'est-ce qu'une candidature ? « Une carte de visite », répond un consultant en recrutement. Ce début de définition laisse une grande part de liberté. Comme on envoie une invitation avec les informations essentielles pour se rendre à une soirée, le chercheur d'emploi transmet à une entreprise les éléments d'information suffisants pour la guider dans sa décision. Et, comme pour une réception, il choisit ses invités. Mais la métaphore s'arrête là. Car la formulation de l'invite doit être, elle, personnalisée. Pourquoi ?

Primo, parce que même si vous êtes unique, les personnes auxquelles vous adressez votre candidature travaillent, elles, dans des structures à chaque fois différentes. Votre projet professionnel ne s'exprimera pas de la même façon dans une SSII (société de services et d'ingénierie informatiques) que chez un constructeur automobile. En temps de pénurie de cadres sur le marché de l'emploi, le recruteur regrettera l'absence de « projet », mais retiendra quand même une candidature trop floue. Quand le marché du travail se tend, il en fera moins cas. Secundo, parce que vous vous devez à vous-même, à votre parcours, à votre profil, un certain respect. Adresser des candidatures à tout va, en photocopiant des centaines de fois ce qui est, finalement, une grande partie de votre vie, n'est pas le signe d'une grande considération ni de confiance en soi-même.

Réaliser une bonne candidature, c'est toucher le point d'équilibre entre son propre désir et ses compétences et les attentes et besoins d'une entreprise. C'est aussi connaître au mieux ce qu'il faut dire, taire, ou laisser transparaître.

Comment séduire ?

L'expression : « il faut séduire l'employeur » a beaucoup servi, et a été également source de bien des méprises. Les entreprises désirent certes vous acheter, vous et vos compétences, au meilleur prix. Mais la séduction, si séduction il y a, doit être réciproque. Il vous faut savoir si vous avez envie, vous, d'être choisi, distingué par elle, et non seulement « acheté ». Vous y gagnerez beaucoup, en temps, en argent, en énergie, en assurance, en confiance en vous-même.

Les recruteurs pardonnent en général aux jeunes diplômés une certaine naïveté dans leurs lettres de candidature. Ils sourient quand on leur dit pour la énième fois que leur société est la plus belle de toutes, qu'elle a, c'est merveilleux, encore fait évoluer son chiffre d'affaires au cours de ces derniers mois et que son propre dynamisme pourrait

Leur avis sur... la séduction

« Il faut que la personne indique ce qu'elle recherche sans que le recruteur ait pour autant l'impression qu'elle se vend. »
Le responsable de recrutement de Sopra.

« Le premier piège à éviter quand on rédige un CV, c'est de vouloir tout dire. La plus grosse difficulté est le manque de ciblage précis. L'objectif d'un envoi, ce n'est pas de dire tout ce que l'on a déjà fait, c'est de donner envie au responsable de recrutement de rencontrer le candidat. En lui faisant comprendre, simplement : "Vous êtes bien, je suis pas mal non plus, voyons ce que l'on peut faire ensemble". »
le responsable du cabinet de recrutement Saint James Consulting.

certainement s'épanouir dans une si belle entreprise, etc. En revanche, ils risquent d'être sans pitié quand un candidat continue d'avoir ce discours après plusieurs années d'expérience. Vous devez considérer que vous êtes *a priori* à égalité avec le recruteur, et donc lui parler d'égal à égal, en utilisant un langage vrai, le moins stéréotypé possible. Nous analyserons dans cet ouvrage des exemples qui montrent ce que « parler vrai » veut dire.

ADAPTER SA CANDIDATURE EN FONCTION DES RECRUTEURS

Rien n'agace plus les services de recrutement que la réception de candidatures anonymes, sans manifestation d'une quelconque distinction de la part du candidat. Il ne s'agit pas seulement de faire valoir l'activité même de l'entreprise, mais aussi de considérer sa taille et ses caractéristiques.

S'ADRESSER À UNE PETITE ENTREPRISE

Autant L'Oréal ou Danone se moqueront éperdument que vous leur rappeliez leur secteur d'activité, autant une petite entreprise sera sensible à votre connaissance de ses produits ou services. D'une part, parce que les PME reçoivent évidemment moins de candidatures, surtout émanant de jeunes diplômés ou de cadres. D'autre part, parce qu'elles n'ont pas toujours un responsable de recrutement ou directeur des ressources humaines « en titre ». Votre candidature risque donc d'être reçue directement par un opérationnel, également chargé du recrutement. D'où l'intérêt d'évoquer les activités de l'entreprise, en les mettant en rapport avec votre expérience professionnelle et/ou votre formation et en allant « droit au but » pour expliquer le poste que vous visez.

Leur avis sur...
la personnalisation de la candidature

« Les candidats doivent montrer qu'ils se sont déjà renseignés sur notre entreprise. Nous sommes une petite société, nous sommes sensibles à l'image que l'on a de nous. Rien ne m'énerve plus que de lire dans une lettre de motivation une prose du genre : "Votre entreprise prestigieuse et internationale..." Nous ne sommes pas un groupe de prestige et nous ne sommes pas internationaux ! » La responsable de recrutement du cabinet de conseil en management Mille Alliance.

S'ADRESSER À UN CABINET DE RECRUTEMENT

Les cabinets de recrutement sont en relation avec un grand nombre d'entreprises de tailles et de secteurs d'activité différents. Par conséquent, ils sont à même d'avoir dans leur « portefeuille » des propositions de postes très variées. Il est donc conseillé de ne pas placer d'en-tête, ou tout au moins pas trop précis, sur son CV, pour ne pas gâcher ses chances de recevoir une proposition pour un autre poste que celui auquel on avait pensé. À moins, bien sûr, que vous ne répondiez à une annonce.

S'ADRESSER À UNE ENTREPRISE DE TRAVAIL TEMPORAIRE

Si vous envoyez une candidature à une entreprise de travail temporaire, vous avez au contraire intérêt à mettre en avant d'emblée les expériences de missions d'intérim ou de contrat à durée déterminée que vous avez déjà vécues, votre mobilité, votre disponibilité... La pratique d'une ou de plusieurs langues étrangères, élément rare donc recherché, est aussi à valoriser. Il ne faut pas hésiter à placer ces informations en en-tête, car ce sont des critères essentiels de sélection pour les entreprises d'intérim.

TROUVER LES MOTS EN FONCTION DE SA SITUATION

Plusieurs cas de figure peuvent se présenter : soit vous êtes déjà en poste, mais vous êtes en rupture avec votre employeur et vous cherchez absolument ailleurs ; soit vous êtes en poste, mais vous désirez « tester » le marché du travail, avant d'effectuer une véritable recherche d'emploi ; soit encore vous êtes au chômage.

VOUS ÊTES EN RUPTURE

Nul besoin de trop vous étendre dans votre lettre sur les raisons qui vous poussent à quitter l'entreprise dans laquelle vous êtes. Il suffit de suggérer. L'entretien de recrutement sera l'occasion de développer vos motifs, le cas échéant. Si votre employeur actuel est un concurrent en difficulté et/ou en cours de restructuration, l'entreprise dans laquelle vous postulez sera au courant.
Ne « cassez pas du sucre » sur le dos de votre société actuelle, quels que soit les griefs ou l'étendue de votre malaise. Les responsables des ressources humaines ou les opérationnels auxquels vous adressez votre candidature ont parfois eux-mêmes dû procéder à des licenciements ou effectuer des mises au point difficiles avec des salariés. Ils peuvent rester sensibles à ce sujet.

VOUS ÊTES EN POSTE

La prudence s'impose également. Plutôt que d'adresser des CV tous azimuts, comme des appâts qui ne sauraient par qui se faire manger, testez le marché de l'emploi sans vous présenter frontalement. Par exemple, évaluez vos chances dans un cabinet de recrutement, en rencontrant des consultants, consultez les petites annonces et les offres d'emploi proposées sur les sites Internet des entreprises, étudiez les publications institutionnelles, étudiez-les propositions qui peuvent vous être faites par l'intermédiaire des réseaux sociaux...

Vous êtes au chômage

Il est important d'être clair. Le chômage, après nombre de soubresauts économiques et des vagues de restructurations, est presque devenu une péripétie, voire une expérience de plus dans une carrière de cadre. Il n'est plus considéré comme un accident déshonorant, surtout en période de crise. Plutôt que d'essayer de taire cette ou ces périodes d'inactivité, tentez de montrer comment vous avez rebondi, comment elles ont fait avancer votre état d'esprit et votre projet professionnel. Cependant, gardez le sens de la mesure. Trop d'explications sont vite considérées comme des justifications suspectes. Or, vous n'avez pas à tout justifier. Il sera temps, sur demande éventuelle du recruteur, de vous expliquer sur certains aspects de votre parcours lors de l'entretien de recrutement.

Les critères de choix des entreprises

En connaissant les véritables raisons qui entraînent la sélection, le rejet ou la mise en attente d'une candidature, les candidats pourraient parfois avoir des frissons. Envoyer son CV dans une entreprise, c'est prendre un risque. Celui d'arriver au mauvais moment, dans une période de crise, parmi des centaines d'autres candidatures, de tomber sous le regard d'une personne ayant une mauvaise expérience de diplômés de la même formation que vous... Ou de se voir concurrencé par des candidats triés sur le volet et présentés par des chasseurs de tête quand on a envoyé une candidature spontanée. Le manque de

Un CV le plus objectif possible

LAISSER LE MOINS de prise possible dans son CV au « subjectif », à l'émotionnel, voire au « pathos » est le premier conseil à donner. Dans leur volonté de tout dire, des candidats racontent littéralement leur vie sur plusieurs pages, indiquant jusqu'à leur taille, leur poids, détaillant le moindre événement de leur vie personnelle et professionnelle pour expliquer où ils en sont arrivés aujourd'hui.

Ces lettres fleuves n'ont qu'un destin possible : la corbeille à papier du recruteur, après éventuellement une lecture publique à quelques collègues.

Le seul petit souffle personnel, voire « affectif », pourra éventuellement apparaître dans la rubrique « divers » ou « centres d'intérêt » à la fin du CV. Éventuellement, car cette rubrique ne fait pas l'unanimité parmi les professionnels du recrutement (voir la dernière partie). Quand ces derniers voudront connaître votre personnalité, ou tout au moins en avoir un aperçu, ils vous convoqueront à un entretien d'embauche.

temps, le stress, les comptes à rendre à la direction ou aux opérationnels de l'entreprise favorisent souvent la rapidité de sélection des CV, qui ont parfois nécessité plusieurs heures de travail.

Malgré les protestations et parfois les véritables efforts d'objectivité des professionnels du recrutement, la sélection des candidatures sur des critères non strictement « factuels » perdure aussi. Autant en connaître les ressorts, à défaut d'en justifier (toutes) les raisons.

Diplôme et expérience : des éléments décisifs

La cruauté du recrutement et son caractère parfois expéditif sont déplorés même par les professionnels des ressources humaines.

Quand le marché de l'emploi se tend et que les propositions s'entassent sur les bureaux des entreprises, ces dernières reconnaissent volontiers que leurs critères de première sélection se réduisent comme peau de chagrin.

Pour les jeunes diplômés ou les jeunes cadres (moins de trois ans d'expérience), la formation initiale reste « le » critère de sélection de référence, le plus injuste sans doute, mais aussi le plus pratique. Classées en trois ou quatre catégories en fonction de leur cote, les écoles d'ingénieurs et de commerce et les formations universitaires représentent le plus simple moyen de sélection, à la portée de tous. Ce sont parfois les assistantes de recrutement qui se chargent ainsi du premier tri sélectif, prenant le diplôme comme principal critère discriminant. Passé ce filtre préalable, les candidatures auront alors accès aux chargés de recrutement.

Les groupes les plus prestigieux qui reçoivent des dizaines, voire des centaines, de candidatures par semaine fonctionnent essentiellement de cette manière, sans d'ailleurs le cacher.

Pour les cadres expérimentés, les critères discriminants sont en principe plus subtils. La formation continue de compter, mais les recruteurs sont avant tout attentifs à la dernière expérience. Il est conseillé, toujours dans l'idée de laisser le moins de prise possible à un premier jugement de valeur, de décrire « factuellement » cette dernière expérience, même si elle s'est mal terminée. Et surtout de lui accorder la même place qu'aux autres, même si on en est moins satisfait. Car, si une phrase résume de façon lapidaire un passage d'un ou deux ans dans une entreprise, l'œil du recruteur exercé va tout de suite repérer la faille ! Encore une fois, l'entretien de recrutement sera l'occasion de développer. Ne laissez pas apparaître d'amertume dans la description de vos expériences.

Sexe, origine, âge...
Les « non-dits » de la sélection

Certains critères de sélection sont plus délicats à admettre. Pourtant, plutôt que de se voiler la face ou de nier qu'ils existent, certains responsables de recrutement et directeurs des ressources humaines ont bien voulu expliquer clairement la face « cachée » de la sélection.

Aux États-Unis, certaines informations liées à l'état civil n'apparaissent pas dans les candidatures, permettant *a priori* aux entreprises de juger une personne avec le moins de préjugés possibles. Ce n'est malheureusement pas le cas en France. Même le CV anonyme ne parvient pas à s'imposer. Comment réagir si l'on pense que l'un des éléments constitutifs de son identité risque de nuire à sa candidature ? Point par point, voici quelques conseils dispensés par les professionnels du recrutement eux-mêmes, pour s'assumer au maximum sans se renier.

L'âge. « Votre âge n'est pas très normatif », s'est entendu dire un cadre chercheur d'emploi, ancien dirigeant, âgé de 50 ans, par une jeune consultante d'un cabinet de recrutement. En dehors du non-sens même du mot « normatif » dans ce contexte, la réflexion a fait frémir l'intéressé. « Un homme de 50 ans qui cherche aujourd'hui du travail, surtout s'il s'agit d'un manager de haut niveau, a dix, voire quinze années pleines de vie professionnelle devant lui », remarque un autre consultant. Le conseil : au lieu de taire son âge sur son CV, mieux vaut tenter de mettre en valeur toute l'expérience et la maturité qu'il suppose. Et éviter de fournir des « bâtons pour se faire battre ». Plus que tout autre, un cadre très expérimenté doit cibler ses envois de candidatures pour des postes à sa mesure.

Le sexe. Vous n'êtes certes pas obligé d'indiquer sur votre CV si vous êtes un homme ou une femme. Cependant, cela suppose dans la plupart des cas de ne pas indiquer votre prénom, ce qui pourra être vu comme une tentative de cacher un élément de votre identité. Le sexisme en matière de recrutement existe certainement moins qu'auparavant. Les responsables ont, espérons-le, globalement compris qu'une femme pouvait attendre et élever un (ou plusieurs) enfant(s) tout en gardant une conscience professionnelle. En outre, les femmes sont majoritaires dans les métiers des ressources humaines.

Cependant, il existe encore un cas où les candidates peuvent avoir à se justifier d'être des femmes : quand elles ont des enfants en bas âge. « C'est un élément important à indiquer, juge ce directeur opérationnel qui a en charge le recrutement des cadres de sa société. En entretien de recrutement, nous demanderons à la candidate quel mode de garde elle a choisi... car ce sont toujours les femmes qui s'occupent des enfants. » Ayant l'avantage de la franchise, et en dehors du fait que les questions sur la vie personnelle sont normalement interdites, la réflexion de cette personne inciterait plutôt les candidates à ne pas mentionner cet élément susceptible de les pénaliser.

Le conseil : la maternité peut apparaître sur un CV sans même que l'on ait noté expressément avoir un enfant. Un « trou » de quatre mois à un an dans une candidature féminine, notamment entre deux contrats, laisse assez facilement deviner un événement de cet ordre. Autant le laisser apparaître clairement sur le CV...

La nationalité et/ou l'origine. La question suscite toujours la gêne des recruteurs. Cependant, les mentalités semblent évoluer doucement et les cas de discriminations, en étant médiatisés, pourraient s'atténuer. La plupart du temps, vous ne connaîtrez pas la raison du refus, voire de l'absence de réponse à votre candidature.

Le conseil : jouez toujours cartes sur table. Ne faites pas comme ce candidat qui, pour dissimuler sa nationalité, a juste indiqué l'initiale de son prénom : K pour Karim. Ce n'est pas rédhibitoire, juste inutile. Indiquez votre nationalité si vous pensez que cela peut vous servir dans votre travail : par exemple, parce que cela prouve que vous maîtrisez parfaitement une langue, que vous connaissez un ou plusieurs pays, etc. Cependant, si vous constatez une discrimination, n'hésitez pas à porter plainte, la loi le permet. En cas de suspicion, on peut se référer à plusieurs articles de loi contre la discrimination à l'embauche (articles 225-1 et 225-2 du Code pénal, loi n°92- 1446 du 31 décembre 1992, article L 122-45 du Code du travail). Vous trouverez toutes les informations sur les dernières mesures et recours sur le site Internet du GELD (Groupe d'études et de lutte contre les discriminations) : www.le114.com ou le site du Défenseurs des droits : www.defenseursdesdroits.fr

Les mots clés du succès

La sélection de votre CV doit au maximum se faire sur une adéquation offre/demande, en termes de compétences et de connaissances de certaines techniques. Pour laisser le moins de prise possible à une approche subjective, faites apparaître des signes indubitables de la correspondance de votre profil avec le poste que vous briguez. Les recruteurs fonctionnent beaucoup par mots clés. Pour aller plus vite, et pour limiter les risques d'erreur quand ils ne sont pas eux-mêmes des opérationnels. « Les opérationnels nous établissent une liste de mots clés devant apparaître sur le CV, explique ce responsable de recrutement. Si moins de trois d'entre eux sont présents, la candidature sera écartée. »

Termes techniques ou verbes d'action. Certains de ces mots clés font référence à des expériences en relation avec la fonction proposée, on peut aussi les désigner comme des termes « d'action » : management, mise en place, participation, organisation... (voir l'encadré « Des verbes d'action en anglais et en français » ci-dessous). D'autres concernent la maîtrise de techniques particulières (connaissance de logiciels, maîtrise de techniques spécifiques...).

Certains de ces mots clés (surtout les verbes d'action) peuvent aussi apparaître dans la lettre de motivation. Mais rappelez-vous que c'est le CV qui est, la plupart du temps, objet de l'attention des recruteurs.

DES VERBES D'ACTION EN ANGLAIS ET EN FRANÇAIS

MANAGEMENT	
Administer	Gérer
Analyze	Analyser
Consolidate	Consolider
Coordinate	Coordonner
Delegate	Déléguer
Develop	Développer
Direct	Diriger
Evaluate	Évaluer
Improve	Améliorer
Increase	Augmenter
Organize	Organiser
Oversee	Superviser
Plan	Planifier
Prioritize	Définir des priorités
Recommend	Émettre des recommandations
Schedule	Planifier
Strengthen	Renforcer
Supervise	Superviser
COMMUNICATION	
Address	S'adresser à
Arbitrate	Arbitrer
Arrange	Convenir de
Collaborate	Collaborer
Convince	Persuader
Develop	Développer
Draft	Rédiger une version préliminaire
Edit	Éditer
Explain	Expliquer
Formulate	Formuler
Interpret	Interpréter
Negociate	Négocier
Persuade	Persuader
Promote	Lancer
Publicize	Faire connaître
Recruit	Recruter
Translate	Traduire
Write	Écrire
RESEARCH	
Clarify	Clarifier
Collect	Collecter
Diagnose	Diagnostiquer
Evaluate	Évaluer
Examine	Examiner
Extract	Extraire
Identify	Identifier
Inspect	Inspecter, contrôler
Interpret	Interpréter
Interview	Interviewer
Investigate	Étudier
Organize	Organiser
Summarize	Résumer

Survey	Étudier

TECHNICAL

Assemble	Assembler
Build	Construire
Calculate	Calculer
Design	Concevoir
Devise	Concevoir
Execute	Exécuter
Fabricate	Fabriquer
Maintain	Entretenir
Operate	Faire fonctionner
Programm	Programmer
Repair	Réparer
Solve	Résoudre
Upgrade	Mettre à niveau

TEACHING

Adapt	Adapter
Advise	Conseiller
Clarify	Clarifier
Coach	Entraîner
Communicate	Communiquer
Coordinate	Coordonner
Develop	Développer
Enable	Permettre
Encourage	Encourager
Evaluate	Évaluer
Explaine	Expliquer
Facilitate	Faciliter
Guide	Guider
Inform	Informer
Instruct	Former
Persuade	Persuader
Set goals	Fixer des objectifs

FINANCIAL

Administer	Gérer
Allocate	Allouer
Analyze	Analyser
Appraise	Estimer
Audit	Auditer
Balance (the books)	Arrêter (les comptes)
Budget	Évaluer le budget
Calculate	Calculer
Develop	Développer
Forecast	Prévoir
Manage	Diriger
Market	Commercialiser
Plan	Planifier
Project	Prévoir
Research	Rechercher
Train	Former

CREATIVE

Act	Agir
Create	Créer
Customize	Personnaliser
Design	Créer
Develop	Développer
Direct	Diriger
Establish	Établir
Find	Fonder
Illustrate	Illustrer
Initiate	Entreprendre
Institute	Établir
Introduce	Introduire
Invent	Inventer
Originate	Provenir
Perform	Exécuter
Plan	Planifier
Revitalize	Revitaliser

HELPING

Assess	Évaluer
Assist	Assister
Clarify	Clarifier
Coach	Entraîner
Counsel	Conseiller
Demonstrate	Démontrer
Diagnose	Diagnostiquer
Educate	Instruire
Expedite	Expédier
Facilitate	Faciliter
Familiarize	Familiariser
Guide	Guider
Motivate	Motiver
Refer	Soumettre
Represente	Représenter

CLERICAL OR DETAIL

Approve	Approuver
Catalogue	Cataloguer
Classify	Classer
Collect	Collecter
Compile	Compiler
Generate	Générer
Inspect	Contrôler
Monitor	Contrôler
Operate	Fonctionner
Organize	Organiser
Prepare	Préparer
Process	Traiter
Purchase	Acheter
Record	Enregistrer
Screen	Filtrer
Specify	Préciser

Connaître les recruteurs

Les profils des recruteurs et surtout leur manière de se positionner par rapport à leurs « clients » internes, c'est-à-dire les directeurs et chefs de service qui ont besoin de nouveaux collaborateurs, influent sur le destin d'une candidature. Vous ne pouvez pas, bien entendu, connaître à l'avance la personne qui va recevoir votre CV. Cependant, nous pouvons établir quelques portraits types des responsables du recrutement, en sachant que nous n'échapperons fatalement pas à la caricature, et que, bien entendu, chaque recruteur a plusieurs de ces caractéristiques. De plus, une même entreprise compte parfois plusieurs chargés de recrutement. Même si ces derniers disposent à la base des mêmes informations sur les postes, ils pourront être, c'est humain, différents dans leurs manières de sélectionner les candidatures.

Le recruteur « maison »

Très attaché à son entreprise, il y a effectué une grande partie de sa carrière, et est souvent devenu responsable de recrutement (dans une grande entreprise), voire directeur des ressources humaines, en grimpant les échelons et en « tournant » beaucoup dans les filiales. Homme de réseau en interne, il a noué des contacts qui peuvent être déterminants pour le destin d'une candidature qui ne répondrait pas exactement, par exemple, à des profils types définis par l'entreprise. Notamment en termes de diplômes ou d'âge du candidat. Le recruteur « maison » sera sans doute plus attentif au parcours de quelqu'un ayant préparé une école d'ingénieurs après un DUT qu'à un autre ayant suivi la voie des classes préparatoires. On retrouve souvent ce type de profil dans l'industrie ou dans la banque. Ce recruteur cherchera probablement, dans votre CV, une référence à des valeurs culturelles et à des « métiers » précis.

Le recruteur « psycho »

Titulaire d'une formation de psychologue, complétée par un troisième cycle en droit social ou en ressources humaines, il est souvent jeune (en tous les cas moins de 40 ans), mais a déjà connu une ou plusieurs crises sur le marché de l'emploi, ce qui l'a à la fois endurci vis-à-vis de l'image qu'il peut avoir du monde de l'entreprise et « adouci » vis-à-vis des difficultés de certains candidats.

Se référant beaucoup à des critères psychologiques pour recruter, il fera plus ou moins bien le lien avec les grilles de lecture des opérationnels. En temps de pénurie sur le marché de l'emploi, les entreprises font moins rentrer la personnalité en ligne de compte et pardonneront peu à un recruteur de laisser échapper des CV d'experts pour cause de résultats médiocres à l'analyse graphologique ou aux tests de personnalité.

Le recruteur « social »

Celui-ci a choisi les ressources humaines pour les possibilités de contacts que cette fonction procure, quelle que soit sa formation de base ou son histoire dans l'entreprise. Il peut être titulaire d'un diplôme d'école de commerce (intégrée en admission parallèle de préférence) ou de lettres ou sciences humaines. Il examinera la rubrique « divers » de votre CV avec attention, surtout si elle comprend une expérience (véritable, attention !) associative ou humanitaire...

On ne reconnaît pas toujours immédiatement ce type de recruteur, qui fait souvent des efforts pour ne pas se laisser déborder par cette « empathie » naturelle qui lui est parfois reprochée. Il rencontre souvent plus de candidats que nécessaire pour un même poste. Il lui arrive même de décrocher son téléphone pour conseiller l'amélioration d'un CV ou d'une lettre de candidature. Curieux, il aime être surpris, et les entretiens tournent parfois à la discussion. Attention cependant, s'il laisse transparaître son humanisme, il n'oublie pas ses buts finaux : recruter un profil pour une entreprise et rendre des comptes à sa hiérarchie.

Le recruteur « gestionnaire »

Il a souvent plus le profil de « chef du personnel » que celui de responsable des ressources humaines, dans l'acception usuelle de ce terme. Il est généralement présent dans les PME, où il a également en charge la gestion des paies, du personnel, la formation, voire la comptabilité. S'il travaille dans une entreprise en phase de recrutements, il pourra se voir remettre une liste de critères assez précise afin de mettre de côté les candidatures intéressantes pour l'entreprise.

Le recruteur « multifonction »

Il cumule, par exemple, les fonctions de responsable des ressources humaines et de responsable de la communication externe. On trouve aussi des directeurs financiers exerçant la fonction de recrutement dans des petites sociétés. L'attribution de plusieurs fonctions peut également être conjoncturelle et liée à l'importance ponctuelle de la mission de recrutement (en cas de pénurie de candidats par exemple).

Le recruteur « opérationnel »

Certaines entreprises n'ont pas reconnu la fonction recrutement comme un métier à part, nécessitant des compétences spécifiques. Estimant qu'un bon manager d'équipe ou un chef de service sera en mesure de recruter en direct le personnel dont il a besoin, ces entreprises ont décentralisé cette fonction. L'avantage est que chaque chef de service, chaque responsable d'unité, reçoit moins de CV qu'un service uniquement dédié aux ressources humaines. L'inconvénient est qu'il aura parfois encore moins de temps pour traiter les candidatures, et sera surtout attentif à l'exacte correspondance entre le CV et le poste proposé.

LE CONSULTANT EN RECRUTEMENT

Certaines entreprises délèguent tout ou partie de leur recrutement du personnel cadre à une personne extérieure à l'entreprise. Il peut s'agir soit d'un consultant indépendant « missionné » pour une tâche particulière (par exemple recruter dix ingénieurs et commerciaux pour travailler dans une nouvelle filiale), soit d'un consultant appartenant à un cabinet de recrutement et/ou de chasseur de têtes. La notion d'efficacité, qui guide aussi évidemment les responsables de recrutement en titre dans les entreprises, est d'autant plus présente que le consultant a une relation de fournisseur avec la société qui l'a missionné.

Aller droit au but dans son CV et sa lettre est d'autant plus essentiel quand on passe par un cabinet. Le repérage des « meilleurs CV » se fait parfois très vite, pour ne pas dire à la chaîne. Quand vous rencontrerez l'entreprise, la sélection sur l'essentiel de vos compétences et de vos caractéristiques (expériences professionnelles, diplômes, âge...) aura déjà été effectuée.

LE PARCOURS D'UN CV

Autre élément influençant l'avenir de votre candidature : le service dans lequel elle arrive. « Des candidatures, il en arrive partout dans cette entreprise, reconnaît ce directeur des ressources humaines de la filiale d'un grand groupe. Chez les directeurs et chefs de service, dans leur boîte aux lettres électronique, à la direction des ressources humaines de la filiale, sur mon e-mail personnel, sans compter celles qui parviennent également à la direction des ressources humaines du groupe... » Dans ces conditions, il n'est pas facile pour un candidat de connaître la destination finale de son CV, et le suivre à la trace relève du jeu de piste impossible.

Plusieurs traitements peuvent être réservés à votre candidature en fonction de la méthode de recherche d'emploi que vous avez choisie.

VOUS AVEZ RÉPONDU À UNE ANNONCE

C'est l'assurance du parcours le plus simple. Si l'offre d'emploi indique le nom du destinataire, veillez à vous adresser à lui dans la lettre de motivation. La personnalisation est toujours bien vue. Pour aller droit au but, indiquez sur l'enveloppe la référence de l'offre d'emploi à laquelle vous répondez. Cela facilitera la tâche de l'assistante ou du chargé de recrutement qui recevra votre courrier et pourra le placer dans la « bonne » pile, ce qui est toujours apprécié.

Conseil : conservez toujours la réponse faite par l'entreprise. Vous pourrez ainsi, en cas de nouvelle candidature dans la même entreprise, choisir un autre destinataire ou, au contraire, relancer le signataire du courrier dans le cadre d'une nouvelle recherche d'emploi.

VOUS ADRESSEZ UNE CANDIDATURE SPONTANÉE

Dans ce cas, tout dépend de la taille et de l'organisation de l'entreprise.

Dans les très grandes entreprises. Dans un groupe de taille très importante, la gestion de carrières et le recrutement des cadres sont souvent centralisés. Ce qui signifie que si vous envoyez votre candidature directement au siège, elle a des chances d'être diffusée au sein des filiales et/ou intégrée dans une base de données si votre profil correspond aux critères habituels de l'entreprise. Cependant, l'anonymat n'est pas toujours la meilleure garantie de succès d'une candidature. Une très grande entreprise n'a certes pas besoin qu'on lui rappelle qu'elle est grande et prestigieuse, mais en revanche la filiale du groupe appréciera que l'on s'adresse à elle en particulier. Conseil : n'hésitez pas à lui adresser (éventuellement en double) votre candidature.

Dans les plus petites entreprises, le parcours de la candidature est évidemment beaucoup plus direct. Les tâches étant moins cloisonnées, les responsables de l'entreprise *a priori* plus accessibles, n'hésitez pas à vous adresser nominativement à eux, après avoir téléphoné pour obtenir leur nom.

LES RÉPONSES AUXQUELLES IL FAUT CROIRE

« Oui, peut-être », « Non, mais », « Non sans appel », tels sont les trois grands types de réponses qui peuvent vous parvenir après l'envoi de votre candidature.

UNE CANDIDATURE RETENUE

Monsieur,

Vous nous avez adressé votre dossier de candidature et nous vous en remercions. Votre courrier a été immédiatement transmis au chef de service concerné.

S'il nous est possible de donner une suite favorable à votre candidature, nous vous contacterons dans trois semaines. Dans le cas contraire, nous nous permettrons de conserver votre dossier pendant six mois, afin de pouvoir vous contacter si de nouvelles opportunités pouvaient vous être proposées.

Dans cette attente, nous vous prions d'agréer...

UNE CANDIDATURE ÉCARTÉE, MAIS CONSERVÉE

Monsieur,

Suite à votre candidature, nous avons le regret de vous informer que nous ne sommes pas en mesure, actuellement, de lui réserver une suite favorable. Notre décision ne remet nullement en cause votre compétence et nous vous souhaitons de trouver rapidement la situation dans laquelle elle s'exercera pleinement.

Toutefois, et avec votre accord, nous conservons votre dossier et reprendrons contact avec vous si une autre opportunité se présente.

Nous vous prions d'agréer...

UNE CANDIDATURE DÉFINITIVEMENT ÉCARTÉE

Monsieur,

Nous avons bien reçu le dossier que vous nous avez communiqué et vous remercions de la confiance que vous nous avez témoignée. Malgré l'intérêt que présente votre candidature, nous regrettons de vous faire savoir qu'elle ne peut être retenue. Cette décision ne met nullement en cause la valeur de votre dossier.

Vous souhaitant bonne chance dans la suite de vos recherches, nous vous prions d'agréer...

Deux cadres commentent leurs CV et lettres

Ils ont précieusement tout conservé, depuis leur premier CV réalisé alors qu'ils étaient encore étudiants, les lettres, les petites annonces, les réponses des entreprises... Deux cadres, l'un ingénieur, l'autre directrice administrative et financière, ont accepté de nous ouvrir leur dossier de candidatures et de le commenter. Leurs CV et leurs lettres reproduits ici ne doivent pas être considérés comme des modèles parfaits à recopier, mais ils permettent d'observer comment une candidature évolue avec l'expérience, s'enrichit, s'adapte en fonction des entreprises, mais aussi de ses désirs professionnels.

VALENTIN FAVI, D'INGÉNIEUR LOGICIEL À DIRECTEUR ADJOINT DE FILIALE AUX ÉTATS-UNIS

Titulaire d'un Master en informatique, Valentin Favi a commencé sa carrière comme ingénieur logiciel. « C'était le pire moment pour trouver du travail dans l'informatique, se souvient-il. C'était la crise. J'ai trouvé mon premier emploi, en tant qu'ingénieur logiciel grâce à une relation familiale. En réalité, j'aurais préféré travailler dans le domaine commercial, je répondais à des annonces dans ce domaine, en adaptant ma lettre de motivation à chaque fois. »

Un CV sur deux pages dès le début. « J'avais suivi à la fac des cours de communication où on nous donnait des conseils pour rédiger son CV et sa lettre de motivation pour trouver un stage et un emploi. J'ai d'emblée réalisé mon CV sur deux pages, parce que j'avais déjà beaucoup d'expériences professionnelles significatives, même si c'était en parallèle à mes études. J'ai utilisé mon réseau pour trouver un stage, je me suis recommandé de mes profs ou de professionnels rencontrés à la fac. »

Valentin n'a pas modifié son CV (voir CV n° 1, page 82) pour entamer ses premières recherches de stage et d'emploi, mais a rédigé différentes lettres de motivation (voir lettres 1 à 4, page 78 à 81) en reprenant à chaque fois les éléments de son parcours professionnel pour justifier sa réponse à des annonces qui, parfois, ne correspondaient pas vraiment à son profil.

Lettre de motivation n° 1 – Recherche de stage

Valentin Favi
Adresse
Code postal
Tél. : 01.00.00.00.00.
E-mail : nom@mail.fr

Paris, (date)

Monsieur,

Suite à notre entretien téléphonique, je vous envoie ci-joint mon curriculum vitæ. Étudiant en Master d'informatique, le programme de ma formation comporte un stage de quatre à six mois durant la période allant d'avril à septembre (date). Intéressé par les traitements d'image et la recherche opérationnelle, j'ai réalisé un projet de maîtrise sur les images et leurs traitements sous la direction de Monsieur X.

Actuellement, mon projet de Master est la réalisation d'un gestionnaire de planning horaire incluant une partie importante de recherche opérationnelle, sous la direction de Monsieur Y. J'ai lu avec intérêt à l'université vos propositions de stages concernant la reconnaissance automatique des caractères manuscrits et la programmation logique par contraintes avec les réseaux de neurones pour optimiser la taille des calculs, car je désirerais travailler sur l'un de ces deux sujets au cours de mon stage.

Je reste à votre disposition pour toute information complémentaire.

Dans l'attente d'une réponse, je vous prie de croire, Monsieur, à l'expression de mes sentiments les meilleurs.

Signature

Lettre de motivation n° 2 – Recherche d'un premier emploi en études et développement

Valentin Favi
Adresse
Code postal
Tél. 01.00.00.00.00.
E-mail : nom@mail.fr

Nom du groupe industriel
Nom du coordonnateur recrutement
Adresse

Paris, (date)

Monsieur,

Je connais votre société comme un leader mondial dans les secteurs des systèmes et appareils électroniques, ainsi que de l'assistance à l'exploration pétrolière.

Ayant récemment terminé un Master en génie informatique, je suis actuellement à la recherche d'une opportunité de carrière. Mes études m'ont permis d'acquérir une bonne culture scientifique générale ainsi que des connaissances plus approfondies en informatique et notamment en génie logiciel. Mes expériences professionnelles m'ont introduit à l'utilisation pratique des bases de données et de la programmation logique. Trilingue, j'aime communiquer et je suis mobile géographiquement.

Aujourd'hui, je désire commencer ma carrière dans le secteur Études et développement, au sein d'une entreprise internationale. Je vous propose de prendre connaissance de mon curriculum vitae et afin de vous fournir plus de renseignements sur cette candidature, je souhaite vivement vous rencontrer.

Dans l'attente d'un prochain contact avec vous, je vous prie de croire, Monsieur, à l'expression de mes sentiments les meilleurs.

Signature

Lettre de motivation n° 3 – Réponse à une annonce d'ingénieur commercial informatique

Valentin Favi
Adresse
Code postal
Tél. 01.00.00.00.00
E-mail : nom@mail.fr

Réf. annonce Paris, (date)

Monsieur,

En réponse à votre offre d'emploi parue dans (nom du journal) du 16 décembre (date), concernant le poste d'ingénieur commercial informatique, j'ai l'honneur de vous présenter ma candidature.

Ayant récemment terminé un Master d'ingénieur informatique et occupant un premier emploi très technique, je suis actuellement à la recherche

d'une nouvelle opportunité de carrière. Durant mes études, j'ai acquis une bonne connaissance de l'environnement informatique. Ma vie professionnelle m'a permis de travailler dans le domaine de la vente et de justifier d'une expérience réussie dans ce domaine. Je suis trilingue, mobile géographiquement, j'aime communiquer et l'expérience a prouvé ma capacité de persuasion, et d'organisation dans mon travail.

Mon souhait est de commencer ma carrière dans le domaine commercial informatique, d'où l'intérêt que je porte à votre offre.

Signature

Lettre de motivation n° 4 – Réponse à une annonce d'ingénieur commercial

L'offre émanait d'une entreprise commercialisant des instruments de laboratoire et avait pour exigence particulière la maîtrise de l'outil informatique.

Valentin Favi
Adresse
Tél. : 01.00.00.00.00.
E-mail : nom@mail.fr
Réf. annonce

Paris, (date)

Madame, Monsieur,

Ma candidature au poste de responsable commercial pourrait vous paraître étrange. Intéressé par les offres d'emploi à l'étranger, votre annonce parue sur le site Z a particulièrement attiré mon attention, car elle m'a remis en mémoire mon itinéraire personnel.

En effet, qui dit instrumentation dit électronique : j'ai fait trois ans de génie électronique au début de mes études universitaires. Qui dit laboratoire dit chimie : mon premier cycle universitaire était dans la spécialité physique-chimie. J'ai presque 30 ans, et, étant donné la spécialité de mon Master, je pense maîtriser l'outil informatique. Mon expérience de la vente ne s'est certes pas déroulée dans le domaine des instruments de laboratoire, mais dans l'édition. Mais je pense que si l'on est un bon commercial, il suffit de connaître les produits pour donner de bons résultats. Je suis trilingue, ce qui me donne des facilités à étendre mon domaine de travail, même en dehors de l'Europe, Amérique du Nord ou Asie par exemple. Je suis mobile géographiquement, et j'aime prendre des responsabilités.

Je vous propose de prendre connaissance de mon curriculum vitae et souhaite vivement vous rencontrer afin de vous apporter plus de renseignements sur mon parcours.

Dans l'attente d'un prochain contact avec vous, je vous prie, Madame, Monsieur, de croire à l'expression de mes sentiments les meilleurs.

Signature

CV N° 1

Valentin Favi
Adresse
Code postal
Tél. : 01.00.00.00.00.
E-mail : nom@mail.fr

Né le... 19xx
Nationalité française

FORMATION

■ **ÉTUDES**

(dates)	Master génie informatique, (Université Paris XIII).
(dates)	Licence.
(dates)	1re, 2e et 3e années de génie électronique, Faculté de génie électrique et électronique.

■ **PROJETS**

(dates)	Projet de Master, « Gestionnaire de Planning Horaire », en C++ et XfaceMaker sous Unix sur SUN.
(dates)	Projet « Traitements d'Images », en C et Xwindows sous Unix sur SUN.
(dates)	Projet de licence, « Simulation de Système d'Exploitation Multitâches », en C sous Unix sur SUN – Trois mois.
(dates)	Projet « jeu de scrabble » en Turbo-Pascal sur PC– Trois mois.

CONNAISSANCES INFORMATIQUES

Systèmes	DOS, Windows 95, Unix, Psos (Temps Réel).
Langages	C, C++, Pascal, Prolog, Lisp, SQL, Smalltalk.
Méthodes	MERISE, SADT.
Matériels	PC, Mac, Stations SUN en réseau Internet.
Applications	Sybase, Dbase IV, Word (Mac + Dos), Mac Draw, Illustrator, open Window, Xwindows, Motif, XfaceMaker.

EXPÉRIENCE PROFESSIONNELLE

(dates) Nom du centre de recherche, ville.

Portage d'un système de résolution de contraintes du C sous Unix en C++ sous DOS.

(dates) Même centre de recherche, ville.

Équipe de programmation logique. Stage de Master. Développement d'un système d'aide à la vérification des programmes logiques.

(dates) Agence de communication, service informatique.

Informaticien (CDD). Conception d'un document décrivant la base de données de l'agence pour usage internet et externe.

(dates) Même agence de communication, service informatique.

Stage d'administration de système d'exploitation et de programmation d'outils de production.

(dates) Nom des entreprises concernées.

Vendeur sur les différents salons et forums.

(dates) Même agence de communication.

Travail de mise à jour de la base de données.

(dates) Cabinet d'architecture.

Participation à plusieurs projets de logotique et graphiques.

LANGUES

Trilingue (français, anglais, italien).

DIVERS

- Membre de l'association M. pour les études sur le Texte et l'Image.
- Membre du Club Espace Cinéma (Marque).
- Dégagé des obligations militaires.
- Sports : natation, tennis de table, basket-ball.

LETTRE DE MOTIVATION N° 5 – RÉPONSE À UNE ANNONCE DE RESPONSABLE INFORMATIQUE

Valentin Favi
Adresse
Code postal
Tél. 01.00.00.00.00
E-mail : nom@mail.fr

Paris, (date)

Madame, Monsieur,

En réponse à votre annonce parue dans [...] du (date) (réf.) concernant le poste de responsable informatique, j'ai le plaisir de vous présenter ma candidature. Actuellement, j'occupe un poste d'ingénieur logiciel chez (nom du groupe) et je cherche à enrichir ma vie professionnelle. Le poste que vous proposez m'intéresse en ce sens qu'il me permettrait de faire évoluer mon parcours de manière importante.

Mon expérience professionnelle m'a permis de travailler sur des SGBD en tant qu'administrateur, ainsi que sur différents systèmes informatiques (Unix, PC, Mac). Je suis trilingue, j'ai 30 ans, je suis sérieux et responsable, j'aime communiquer et je suis mobile géographiquement.

Je vous propose de prendre connaissance de mon curriculum vitae et, afin de vous fournir plus de renseignements sur cette candidature, je souhaite vivement vous rencontrer.

Dans l'attente d'un prochain contact avec vous, je vous prie d'agréer, Madame, Monsieur, l'expression de mes sentiments distingués.

Signature

Lettre de motivation n° 6 – Réponse à une annonce de directeur de ventes dans un groupe informatique

Valentin Favi

Adresse

Code postal

Tél. 01.00.00.00.00

E-mail : nom@mail.fr

Paris, (date)

Monsieur,

Votre annonce, parue dans [...] du (date) (réf.) et concernant le poste de directeur des ventes chez un constructeur informatique très implanté en Europe a attiré mon attention. Ce type de poste me permettrait en effet de réunir les deux orientations dominantes de ma vie professionnelle, la vente, dans laquelle j'ai eu une expérience significative, et d'un autre côté la perspective d'ouvrir ma carrière sur l'international. Ma maîtrise de trois langues est, je pense, un atout important pour prétendre à ce poste. Je vous propose de prendre connaissance de mon curriculum vitæ et, afin de vous fournir plus de renseignements sur cette candidature, je souhaite vivement vous rencontrer.

Dans l'attente d'un prochain contact avec vous, je vous prie d'agréer, Madame, Monsieur, l'expression de mes sentiments distingués.

Signature

CV N° 2 – EN RÉPONSE À UNE ANNONCE DE RESPONSABLE INFORMATIQUE

Valentin Favi
Adresse
Code postal
Tél. 01.00.00.00.00
E-mail : nom@mail.fr

Né le... 19xx
Nationalité française

FORMATION

■ **Études**

(dates) :	Master génie informatique – (Université Paris XIII).
(dates) :	Licence d'informatique.
(dates) :	1re, 2e et 3e année de génie électronique, Faculté de génie électrique et électronique.

■ **Projets**

(dates) :	Projet de Master, « Gestionnaire de planning Horaire », en SADT, C++ et XfaceMaker sous Unix sur SUN.
(dates) :	Projet de Master, « Traitements d'Images », en C et Xwindows sous Unix sur SUN.
(dates) :	Projet de licence, « Simulation de Système d'Exploitation Multitâches », en C sous Unix sur SUN. Trois mois.

LANGUES

Trilingue (français, anglais, italien).

CONNAISSANCES INFORMATIQUES

Matériels : PC, Mac, Stations SUN en réseau Internet.

Systèmes : DOS, Windows 95, Unix, Psos (Temps Réel).

Langages : C, C++, Pascal, Prolog, Lisp, SQL, Smalltalk, Assembleur 68000.

Méthodes : MERISE, SADT.

SGBD : Sybase, O2.

IHM : Xwindows, Motif, XfaceMaker, Visual Basic, Visual C++.

EXPÉRIENCE PROFESSIONNELLE

Depuis (date) : *Nom de l'entreprise, division Sécurité. Ingénieur logiciel.*

Différents systèmes de sécurité et surveillance vidéo.

Système de télécommande de caméras de surveillance à partir d'un PC.

C sous Unix, assembleur 68000, Psos, Visual C++, Visual Basic...

(date) : Nom du centre de recherche

Portage d'un système de résolution de contraintes du C sous Unix en Visual C++ sous Windows 95 version Beta.

(date) : Nom du centre de recherche, équipe de programmation logique. Stage de Master. Développement d'IHM (XWindows) et améliorations (Prolog) pour un système d'aide à la vérification des programmes logiques sur SUN.

[Suite des expériences et rubrique « divers » non reproduites, semblables au CV n° 1, page 82]

CV N° 3 – CV POUR CANDIDATURE SPONTANÉE

Valentin Favi
Adresse
Code postal
Tél. : 01.00.00.00.00.
E-mail : nom@mail.fr

Né le... 19xx
Nationalité française

OBJECTIF

Trouver un poste d'ingénieur ou de chef de projet présentant un enrichissement technique et matériel pour ma carrière professionnelle.

EXPÉRIENCE PROFESSIONNELLE

Depuis (date) : (nom de l'entreprise, ville) – Ingénieur logiciel.

• Développement et intégration de différents systèmes de sécurité et surveillance vidéo et des IHM permettant leur pilotage (en France et à l'étranger).

Exemples :
– le système de sécurité de (ville, pays).
– le système de sécurité d'une base aérienne (pays).
– le système de sécurité de centres nucléaires.
– le système de téléréglage de caméras à partir d'un PC.
– C sous Unix, assembleur 68000, Psos, Visual C++, Visual Basic...

(dates) : (nom du centre de recherche, ville)

• Équipe de programmation logique. Ingénieur d'étude.
• Développement d'IHM (XWindows) et améliorations (Prolog) pour un système d'aide à la vérification des programmes logiques sur SUN.
• Portage d'un système de résolution de contraintes du C sous Unix en Visual C++ sous Windows 95 version Beta.

[Suite des expériences idem CV n° 1, page 82].

CONNAISSANCES INFORMATIQUES

Matériels : PC, Mac, Stations SUN en réseau Internet.
Systèmes : DOS, Windows 95, Unix, Psos (Temps Réel).
Langages : C, C++, Pascal, Prolog, Lisp, SQL, Assembleur 68000, notions en Java, Smalltalk.
Méthodes : MERISE, SADT.
SGBD : Sybase, O2.
IHM : Xwindows, XMotif, XfaceMaker, Visual Basic, Visual C++.

FORMATION

■ Études

(dates) : Master génie informatique – (Université Paris XIII).

(dates) : Licence d'informatique.

(dates) : 1re, 2e et 3e années de génie électronique, Faculté de génie électrique et électronique.

■ Projets

(dates) : Projet de Master, « Gestionnaire de planning Horaire », en SADT, C++ et XfaceMaker sous Unix sur SUN.

(dates) : Projet de Master, « Traitements d'Images », en C et Xwindows sous Unix sur SUN.

(dates) : Projet de licence, « Simulation de Système d'Exploitation Multitâches », en C sous Unix sur SUN. Trois mois.

LANGUES

Trilingue (français, anglais, italien).

Commentaire :

Valentin n'est pas satisfait des perspectives de carrière offertes dans son entreprise. Il désire soit partir, soit rester avec une promotion, soit évoluer vers un poste commercial. Il consulte à nouveau les offres à l'extérieur de l'entreprise, répond aux annonces qui lui laissent envisager un avenir plus intéressant (lettres n° 5 et 6, pages 84 et 85).

PAS DE BOULEVERSEMENT. « Je n'ai pas changé l'ordre des rubriques "formation" et "expériences" quand j'ai commencé à répondre à des annonces. Ce qui intéressait encore les recruteurs à ce moment de ma vie professionnelle était l'aspect technique, même si je postulais pour des postes de commerciaux. Dans le CV que j'ai envoyé aux États-Unis, j'ai placé les langages informatiques que je connaissais au début : c'est ce qui était le plus important pour eux [voir ce CV dans le chapitre sur les carrières internationales, page 317]. Je n'ai pas non plus mis de titre dans les CV pour répondre à des annonces [voir CV n° 2, page 86], mais je l'ai fait pour celui envoyé en candidature spontanée [voir CV n° 3, page 88]. Dans ce cas, c'est bien de mettre son objectif professionnel en titre, parce qu'il faut attirer l'attention sur sa candidature. Quand il s'agit d'une annonce, et qu'on l'indique en référence, les recruteurs connaissent déjà l'objet de la candidature. »

UN RÉSULTAT PROBANT. « J'ai eu une proposition d'emploi aux États-Unis et je l'ai signalé à mon entreprise. On m'a demandé de rester, j'ai exprimé mon désir d'occuper un poste de commercial. J'ai été nommé ingénieur commercial export. »

LETTRE DE MOTIVATION N° 7 – RÉPONSE (PAR E-MAIL) À UNE ANNONCE DE RESPONSABLE MARKETING

Monsieur,

En réponse à votre offre concernant le poste de Marketing Manager Int. (Ref.), veuillez trouver ci-joint mes CV en français et anglais.

De formation technique, je travaille depuis cinq ans en tant que commercial, ce qui m'a permis dans mes deux derniers emplois d'occuper un double poste d'ingénieur commercial et Bid Manager pour conduire les réponses aux appels d'offres et définir les produits en étroite collaboration avec le Directeur Marketing de mon entreprise.

Je reste à votre disposition pour toute information complémentaire.

Meilleures salutations.

Valentin Favi

Tél. 01.00.00.00.00.

E-mail : nom@mail.fr

CV n° 4 – CV en réponse à une annonce de responsable marketing

Valentin Favi
Adresse
Code postal
Tél.01.00.00.00.00
E-mail : nom@mail.fr

Né le... 19xx
Nationalité française

EXPÉRIENCE PROFESSIONNELLE

Depuis (date) : Nom de l'entreprise. Ingénieur commercial export.
- Développement des marchés traditionnels en identifiant de nouveaux projets.
- Création de nouveaux marchés en prospectant des nouveaux clients.
- Conception des systèmes pour répondre aux besoins des clients.
- Établir des offres à partir de cahiers de charges.
- Négociations directes avec les clients pour finaliser les contrats.

(dates) : Même entreprise. Ingénieur logiciel.
- Étude et développement de différents systèmes de sécurité et surveillance vidéo y compris leurs interfaces homme-machine (IHM).
- C sous Unix, assembleur 68000, Psos, Visual C++, Visual Basic...

(dates) : Nom du centre de recherche.
Portage d'un système de résolution de contraintes du C sous Unix en Visual C++ sous Windows 95.

(dates) : Nom du centre de recherche, Équipe de programmation logique. Stage de Master.
Développement d'IHM (XWindows) et améliorations (Prolog) pour un système d'aide à la vérification des programmes logiques sur SUN.

[Reste des expériences, idem aux CV précédents, mais moins détaillées. Les rubriques formation, projets, connaissances informatiques, langues et divers sont semblables à celles des CV précédents].

Commentaire :

Après deux ans d'expérience comme ingénieur commercial export, Valentin se sent à nouveau bloqué dans son évolution professionnelle et désire changer d'entreprise. Toujours aiguillé par l'envie d'occuper un poste à responsabilité dans un domaine proche du commercial, il décide de faire quelques tentatives dans d'autres domaines que celui qu'il connaît, par exemple celui du marketing. Sur son CV (n°4, page 92), l'expérience professionnelle a vraiment pris le pas sur la formation. La lettre de motivation (n° 7, page 91), courte mais toujours très adaptée, met l'accent sur l'expérience la plus proche du profil demandé (responsable marketing).

NOUVEAU POSTE. « J'ai à nouveau cherché à l'international, fait des CV différents en fonction des postes, plus techniques ou plus commerciaux. J'avais enfin une expérience significative dans le commercial, je pouvais envisager de trouver un poste dans ce domaine. » La recherche porte ses fruits : Valentin est engagé dans une nouvelle entreprise à un poste d'ingénieur commercial avec la perspective de prendre des responsabilités rapides à l'export.

CV N° 5

Valentin Favi
Adresse
Code postal
Tél. 01.00.00.00.00.
E-mail : nom@mail.fr

Né le... 19xx
Nationalité française

EXPÉRIENCE PROFESSIONNELLE

(date)-Présent : Nom du groupe (Nom ancien de l'entreprise).

SALES MANAGER NORTH-AMERICA

- Développement des marchés traditionnels de paiement électronique.
- Augmentation des parts de marché en Amérique du Nord.
- Conception des systèmes pour répondre aux besoins des clients.
- Gérer l'établissement des offres à partir de cahiers de charges.
- Négociations directes avec les clients pour finaliser les contrats.

(dates) : Nom du groupe (Nom ancien de l'entreprise) division Sécurité.

INGÉNIEUR COMMERCIAL EXPORT

- Développement des marchés traditionnels en identifiant de nouveaux projets.
- Création de nouveaux marchés en prospectant de nouveaux clients.
- Conception des systèmes pour répondre aux besoins des clients.
- Établir des offres à partir de cahiers de charges.
- Négociations directes avec les clients pour finaliser les contrats.

(dates) : Nom du groupe

INGÉNIEUR LOGICIEL

- Étude et développement de différents systèmes de sécurité et surveillance vidéo y compris leurs interfaces homme-machine (IHM). C sous Unix, assembleur 68000, Psos, Visual C++, Visual Basic...

[La suite des expériences est semblable aux CV précédents, de même que les rubriques formation, projets, connaissances informatiques, langues et divers].

Commentaire :

Le CV de Valentin Favi (n° 5, page 94) est cette fois enrichi de sa nouvelle expérience d'ingénieur commercial sur le marché nord-américain. Le jeune ingénieur envoie encore sa candidature à quelques entreprises pour tester le marché de l'emploi, mais celui-ci est peu favorable. En outre, son entreprise lui propose de partir aux États-Unis pour prendre le poste de vice-président d'une filiale de son groupe.

VALORISATION. « Ma fonction ne va pas être très différente de celle que j'occupais en France, car j'avais déjà de nombreux déplacements aux États-Unis. Mais ce qui m'intéresse avant tout est d'ajouter sur mon CV une expérience d'expatriation qui prévoit des responsabilités importantes. Quand je reviendrai en France, je pourrai valoriser cette expérience. »

MARIE FLAMANT, D'AUDITEUR À DIRECTEUR ADMINISTRATIF ET FINANCIER

Son diplôme d'école supérieure de commerce en poche, Marie Flamant avait déjà un objectif professionnel aux contours bien précis : elle désirait devenir directrice administrative et financière, de préférence dans une filiale d'un grand groupe. Un métier qui se décline plus souvent au masculin qu'au féminin dans les petites annonces, mais qu'importe...

Un changement de poste tous les deux ans. Après un passage de deux ans – assez classique dans le CV d'un diplômé d'école de commerce –, dans un grand cabinet d'audit, elle intègre un grand groupe de presse en tant que contrôleur de gestion, puis un titre de la presse spécialisée comme responsable administratif et financier. C'est toujours dans la presse, cette fois dans un groupe très prestigieux, qu'elle atteint son but : elle est engagée comme directeur administratif et financier d'une filiale d'un groupe de presse comprenant 150 salariés et une vingtaine de produits. Après deux autres postes, dont le dernier comprenait des responsabilités très larges, Marie Flamant n'aura plus usage de ses CV ni de ses lettres de motivation, puisqu'elle s'installera en indépendante. Momentanément, peut-être. Comme consultante, c'est elle qui parfois est amenée à conseiller sur un recrutement, sur un profil de poste.

Sa méthode. Marie Flamant a conservé ses documents de recherche d'emploi. Elle a, à chaque fois, réadapté son CV, mais surtout rédigé des lettres de motivation très personnalisées, s'adressant à chaque fois avec justesse à son interlocuteur. Sa méthode n'est pas celle de tout le monde. Très sûre d'elle dans sa recherche, elle a suivi un certain nombre de principes listés ci-après.

• Répondre avant tout à des annonces, et quand elles correspondent exactement à son projet professionnel. « Je pense qu'on perd du temps à se disperser. J'ai finalement envoyé assez peu de lettres de candidatures dans ma vie professionnelle. De toute façon, les cabinets de recrutement sont loin de tous établir des fichiers mis à jour sur les candidats. Leur envoyer une candidature spontanée ne me semble pas très utile. Ils raisonnent souvent à court terme. »
• Entretenir les relations qu'on a estimées fructueuses. « J'ai toujours réécrit au recruteur, suite aux entretiens qui se sont bien passés. C'est parfois ce qui m'a permis d'être contactée par la suite, et embauchée. »
• Soigner et adapter sa lettre de motivation à chaque fois et l'écrire à la main, sur un beau papier, « pour se distinguer ».
• Présenter son CV sur deux pages, ni plus, ni moins. « Quand j'ai dû, moi-même, recruter des personnes expérimentées, je considérais qu'un CV sur une page n'était pas très bon signe, voire rédhibitoire. Je pense qu'il faut pouvoir détailler au moins ses dernières expériences. »

Nous reproduisons ci-après trois CV (pages 98, 101 et 109) réalisés par Marie Flamant à différents moments de sa carrière professionnelle, ainsi que cinq lettres de candidature, candidature spontanée (page 103) ou en réponse à des annonces (pages 105 et 112, les annonces sont reproduites pages 104 et 111), voire de relance après des entretiens (pages 108 et 110).

CV N° 1

Marie Flamant
Adresse
Tél. dom. 01.00.00.00.00.
E-mail : nom@mail.fr
Née le...

FORMATION

Juin date) : baccalauréat S.
(dates) : classe préparatoire HEC.
Juin (date) : diplôme de l'école supérieure de commerce (groupe A).
Langues : anglais très courant, allemand, espagnol.

EXPÉRIENCES PROFESSIONNELLES

Depuis janvier (date), GROUPE M : CONTRÔLE DE GESTION

❑ Mise en place du contrôle de gestion
- ➢ Du département édition : analyse fonctionnelle et opérationnelle; conception des modèles budgétaires; suivi et valorisation des stocks...
- ➢ Des encyclopédies (historiques, géographiques...) : lancement d'un nouveau département : presse/édition; définition budgétaire d'un nouveau produit, suivi...
- ➢ De la radio V. : actualisation du suivi de gestion d'un département délocalisé...

❑ Gestion de la presse
- ➢ Centralisation, analyse et synthèse des informations émanant des opérationnels.
- ➢ Contacts quotidiens avec les rédactions, la publicité, la fabrication, la promotion...
- ➢ Élaboration des budgets, résultats mensuels, prévisions...
- ➢ Réalisations d'études ponctuelles « produits nouveaux ».

❑ Analyse et réorganisation
- ➢ Du suivi des dépenses d'un département de journalistes : le magazine R.

❑ Conception de modèles micro-informatiques
- ➢ Prévisions de trésorerie : application des prévisions d'exploitation à la gestion de trésorerie.
- ➢ Échanges publicitaires : mise en place d'un système de contrôle de l'espace publicitaire paru.

❑ Assistance à la comptabilité
- Analyse et vérification des données comptables.
- Assistance technique aux clôtures, bilans...

Janvier (date) à décembre (date), GRAND CABINET D'AUDIT

❑ Diagnostic et redressement d'entreprises en difficulté
- Contrôle d'exploitation.
- Coordination des différents intervenants : clients, fournisseurs, administrateurs judiciaires, syndics, représentants salariaux...
- Mise en place des reprises : analyse des plans.
- Négociation avec les repreneurs potentiels.

❑ Définition et mise en place de l'approche d'audit
- ... d'une centrale d'achat d'espaces publicitaires.
- Révisions comptables, revue de procédures.

EXPÉRIENCES PRÉPROFESSIONNELLES

Été (date) Tour de France à la voile.

Conception et mise en place de la promotion d'un bateau participant au Tour de France à la voile.

(date) Association des élèves de l'école de commerce.

Présidente; création et organisation du premier concours de Jazz-Étudiants au Musée d'art moderne de Paris.

(dates) Missions économiques de l'école en Australie.

Étude de marché et recherche d'importateurs pour une importante société industrielle.

CENTRES D'INTÉRÊT

- Voyages : États-Unis; Mexique; Antilles; Taïwan; Hongkong; Chine; Thaïlande; Népal; Australie; Kenya; Europe...
- Musique.
- Photo.
- Blog (adresse).

Commentaire :

Marie Flamant a réalisé ce CV alors qu'elle était contrainte de quitter le groupe dans lequel elle exerçait depuis un peu plus de deux ans, suite aux bouleversements créés par des restructurations successives. Mais en fait, elle n'aura pas à l'utiliser, car elle trouve un poste par relation dans un titre de presse spécialisée.

DES INDICATIONS SUR SON PROFIL. Son CV garde les traces d'une candidature de jeune diplômée : « À l'époque, il était important de mentionner que l'on avait un bac S. Et il est toujours vrai que quelques données sur sa formation initiale, en début de carrière, donnent des indications intéressantes à l'employeur sur le type de profil du candidat. Bac scientifique, classe prépa et grande école de commerce, cela implique une certaine manière de travailler, d'appréhender l'entreprise. »

DEMI-MENSONGES. Elle admet aujourd'hui avoir quelque peu triché sur sa connaissance des langues. « Je me débrouillais en anglais, c'est vrai, j'avais utilisé cette langue au cours de mon début de vie professionnelle. En revanche, mon allemand était moyen et mon espagnol pratiquement inexistant. » Erreur de jeunesse, qui ne lui portera pourtant pas préjudice. Elle ne sera pas testée sur sa connaissance de l'allemand ni de l'espagnol.

VERS LA FINANCE. Dans ce CV, Marie Flamant développe largement sa dernière expérience, qui recouvrait plusieurs fonctions à responsabilités. « En détaillant mon expérience, j'ai essayé de mettre en valeur tous les éléments qui étaient un peu originaux par rapport à une fonction de réviseur comptable classique, par exemple le redressement d'entreprises en difficulté. »

CV N° 2

Marie Flamant
Adresse
Tél. dom. : 01.00.00.00.00.
E-mail : nom@mail.fr
33 ans, mariée, 2 enfants

Depuis septembre (date) : **GROUPE T (CA : 20 Mds €)**

Depuis janvier (date) : **directeur administratif et financier du groupe T**
(100 personnes, CA = 100 M€; 18 produits)
Membre du comité de direction
Responsable d'une équipe de 16 personnes

- Finance
  Reporting mensuel français et anglosaxon.
  Comptabilité/paie/trésorerie/Contrôle de gestion.
  Dossier d'investissements (acquisitions).
  - ➤ Rachat du « Journal des affaires » et de la lettre « Nouveaux Produits ».
  - ➤ Fusion de 4 sociétés du groupe.
  - ➤ Baisse du ratio Charges/CA de 15 % en deux ans.
- Ressources humaines
  Contrats, recrutements, salaires, intéressements.
  Préparation et tenue des comités d'entreprise et toutes réunions collectives.
  - ➤ Refonte du système d'intéressement des commerciaux.
  - ➤ Élaboration, mise en place et suivi total d'un plan de restructuration.
- Juridique
  Gestion des litiges commerciaux, éditoriaux et sociaux.
  Définition et mise en place de nouvelles procédures liées à la « loi Sapin ».
  Constitution d'un dossier juridique sur les spécificités du multimédia.
- Services généraux
  - ➤ Baisse des frais de structure de 42 % en deux ans.

Depuis sept (date) : **responsable administratif et financier**
(entreprise du groupe T)

- **Création de la filiale française** d'un groupe anglais de presse grand public : montage juridique, mise en place de la comptabilité, du reporting. Mise en place de l'organisation matérielle de cette nouvelle structure.
- **Dossiers d'acquisitions de sociétés ou de fonds de commerce :** analyses financières et économiques, participation aux négociations.
- **Lancement de nouveaux produits :** participation à la réflexion sur les projets, élaboration des « Business plans ».

Jan. (date) - sept. (date) : **TITRE DU JOURNAL (groupe C)**

Responsable administratif et financier
Membre du comité de direction

- **Création d'un département comptable :** recrutement de deux personnes, installation d'un nouveau système comptable; définition des plans comptable et analytique.
- **Installation du contrôle de gestion et du reporting**; mise en place du tableau de bord; élaboration d'un reporting mensuel destiné aux actionnaires.
- **Informatisation de la paie**.
- **Suivi administratif et juridique de l'entreprise**.

Janvier (date) à janvier (date) : **GROUPE M**

Contrôleur de gestion

- **Mise en place du contrôle de gestion** du département édition, des encyclopédies, de la radio V.
- **Contrôle de gestion de la presse :** centralisation des données opérationnelles; budgets, résultats mensuels, prévisions; études ponctuelles « nouveaux produits ».
- **Analyse et réorganisation du suivi des dépenses d'un département journalistes**.
- **Conception de modèles micro-informatiques**; prévisions de trésorerie; échanges publicitaires.

Août (date) à janvier (date) : **GRAND CABINET D'AUDIT**

Missions d'audit classiques

- Diagnostic et redressement d'entreprises en difficulté.
- Contrôle d'exploitation et coordination des différents intervenants.
- Mise en place des reprises.
- Définition et mise en place de l'approche audit d'une centrale d'achat d'espace.

FORMATION

École de commerce groupe A – (date).

Séminaires juridiques : droit du multimédia, droit de la presse, contraintes juridiques de la création publicitaire.

DIVERS

Anglais lu, écrit et parlé.

Membre de la commission sociale de la FNPS.

Lettre n° 1 – Candidature spontanée

Marie Flamant
Adresse
Code postal
Tél. dom. : 01.00.00.00.00.
E-mail : nom@mail.fr

À l'attention de Madame...
Paris, le 17 décembre (date)

Madame,

Ayant appris les changements récents dans l'organisation du pôle filiales de votre groupe, je me permets de vous proposer mon expérience et mes compétences pour rejoindre votre équipe financière.

Je suis aujourd'hui directeur financier de M, PME de 100 personnes réalisant un chiffre d'affaires de 120 M€.

J'ai aussi l'entière responsabilité des services financiers et juridiques d'un groupe de 6 sociétés : gestion, comptabilité, trésorerie, optimisation juridique et fiscale.

Mon entreprise actuelle ne me permet pas de valoriser complètement mon expérience et mes compétences professionnelles. Je souhaite donc rejoindre une filiale de grand groupe dont la croissance est aussi associée à la qualité de ses méthodes de gestion.

Je serais heureuse de discuter avec vous à votre convenance de mon expérience dans cette perspective.

Je vous prie d'agréer, Madame, l'expression de mes salutations distinguées.

Signature

Pièce jointe : CV.

ANNONCE PRESSE N° 1

PME du secteur de l'édition,
filiale d'un groupe international prestigieux,
nous recherchons notre :

Directeur administratif et financier

• Véritable bras droit de notre Présidente, animant une équipe d'une dizaine de personnes, vous êtes le garant et l'acteur de l'optimisation de la gestion de notre société. Au-delà de la finance et de la gestion, votre champ de responsabilités couvre tous les aspects nécessaires à notre bon fonctionnement et à notre développement : le juridique, le social, l'informatique, la logistique.

• À 35 ans environ, diplômé de l'enseignement supérieur (ESC, IEP, MSTCF), vous justifiez d'une expérience réussie de la fonction au sein d'une filiale d'un grand groupe anglo-saxon. Rompu aux relations avec un groupe anglo-saxon et à ses exigences, homme de terrain et de communication, vous êtes aujourd'hui un généraliste de l'administration et des finances, particulièrement sensible aux aspects opérationnels et juridiques liés aux activités d'une société. Pragmatique, ouvert d'esprit, vous aimez faire avancer les choses et êtes une force de proposition constructive au sein de l'entreprise.

Une excellente maîtrise de l'anglais est bien sûr indispensable.

Pour ce poste, basé à Paris, merci de bien vouloir adresser sans tarder votre dossier de candidature complet (lettre manuscrite, CV et rémunération actuelle) au cabinet.

Lettre n° 2 – Réponse à l'annonce pour un poste de directeur administratif et financier

Marie Flamant
Adresse
Code postal
Tél. dom. : 01.00.00.00.00.
E-mail : nom@mail.fr

Paris, le...

Madame,

L'annonce que vous avez fait paraître ce jour a retenu toute mon attention.

Directeur administratif et financier du groupe M, filiale presse du groupe américain T, j'ai l'entière responsabilité tant des services financiers que des services administratifs : service juridique, ressources humaines, services généraux.

Membre du comité de direction, je suis très impliquée dans la gestion de l'entreprise tant en termes de décision stratégique que de mise en place opérationnelle de projets ou de procédures.

Votre description de poste m'intéresse donc vivement, et souhaitant que mon expérience corresponde à votre attente, je serais ravie de vous rencontrer afin d'en discuter plus avant.

Je vous prie d'agréer, Madame, l'expression de mes salutations distinguées.

Signature

Lettre n° 3 – Lettre de relance après l'entretien de recrutement

Marie Flamant
Adresse
Code postal
Tél. dom. : 01.00.00.00.00.
E-mail : nom@mail.fr

À l'attention de M.

Paris, le...

Monsieur,

Je fais suite à notre sympathique et riche entretien et vous confirme mon plus vif intérêt pour le poste de DAF que vous proposez. En effet, je pense qu'au-delà de mes compétences et de mon expérience à la fois technique et généraliste, et de par mon intérêt pour une structure indépendante, dans un grand groupe, dans un contexte dynamique et enthousiaste, je saurai avoir une grande adaptabilité à la fonction, mais aussi une grande créativité d'organisation dans le respect des modes de fonctionnement de (nom de la société).

Après la lecture d'une nouvelle annonce que vous avez fait passer dans (nom du journal) de ce jour, je vous réitère tant ma motivation que ma conviction de mon adéquation au poste et reste à votre entière disposition pour tout nouvel entretien.

Dans cette attente, je vous prie de croire, Monsieur, en l'expression de mes sincères salutations.

Signature

Commentaire :

Marie Flamant cherche à quitter son groupe, qui ne répond pas à ses attentes en termes d'évolution professionnelle. Ce n'est pas un choix évident, mais elle recueille des offres en nombre suffisant par rapport à son profil, sans avoir à se détourner de son objectif professionnel. La dernière réponse sera la bonne : elle relance le recruteur qu'elle avait rencontré et est embauchée en tant que « DAF ».

INDIQUER DES RÉSULTATS. « Ma stratégie était de me positionner sur mon CV : le service, l'entreprise dans laquelle j'ai vécu l'expérience professionnelle en question, le poste, le chiffre d'affaires, le nombre de produits gérés. On m'avait conseillé d'indiquer des résultats sur mon CV, pour qu'il soit plus parlant, plus vendeur. Pour les financiers, la solution est de laisser apparaître des économies réalisées. Étant également impliquée dans les ressources humaines, je pouvais aussi indiquer mon investissement dans les plans de restructuration. »

BON CONTACT. « Je suis persuadée aujourd'hui que j'ai obtenu le poste suite à la lettre de relance que j'ai envoyée après mon entretien avec le recruteur. Celui-ci m'a appelée immédiatement après l'avoir reçue. Le contact était bien passé et j'ai voulu le manifester. J'ai toujours tenu à mettre de la sincérité dans mes démarches. Je suis prête à valoriser ce que je fais, mais sans jamais tricher avec ce que je suis. Et le fait d'avoir du plaisir de travailler avec des gens est très important pour moi. »

LETTRE N° 4 – LETTRE DE REMERCIEMENT APRÈS UN ENTRETIEN DE RECRUTEMENT

Marie Flamant
Adresse
Code postal
Tél. dom. : 01.00.00.00.00.
E-mail : nom@mail.fr

À l'attention de M.

Paris, le...

Monsieur,

Je me permets de vous écrire afin de vous remercier de l'intéressant entretien que vous avez bien voulu m'accorder.

Notre discussion m'a en effet permis de mieux appréhender la structure de votre entreprise, concernant notamment ses activités françaises.

Si des opportunités se présentaient, que ce soit au sein du pôle édition ou, plus probablement, du pôle presse, je serais ravie d'en discuter avec vous-même ou avec les responsables du pôle concerné.

Je pense en effet que la progression et la diversité de mon expérience s'inscrivent tout à fait dans une structure comme la vôtre : les responsabilités opérationnelles que j'ai eu à exercer en tant que directeur administratif et financier de filiales de grandes entreprises m'ont permis de développer une approche rigoureuse et rationnelle des outils de grands groupes tout en préservant le souci de la réactivité et de la créativité d'une structure autonome.

D'autre part, cette même diversité s'étant exercée presqu'exclusivement dans la presse, le monde des médias est aujourd'hui le secteur dans lequel mon action et mon implication sont le plus rapidement opérationnelles.

Je reste donc à votre disposition pour tout nouvel entretien et vous prie d'agréer, Monsieur, l'expression de mes salutations distinguées.

Signature

CV n° 3

Marie Flamant
Adresse
Tél. dom. : 01.00.00.00.00.
E-mail : nom@mail.fr
35 ans, mariée, 2 enfants

Photo

Depuis (date) **NOM DE L'INSTITUT**

Institut de sondages et d'études de marché; 200 personnes; 120 M€ de CA. Groupe de 6 sociétés en France et en Grande-Bretagne.

Directeur financier
Comptabilité, finances, trésorerie, fiscalité, juridique, création de sociétés.

(dates) **NOM DE L'ENTREPRISE**

Groupe de presse indépendant; 120 M€ de CA; 5 titres grand public et une agence photographique.
Missions de conseils.
◆ **Recherche de financements court terme de capital :** élaboration du dossier de financement et assistance à la recherche de partenaires financiers. Résultats : 10 M€ en capital; 6 M€ de crédit à moyen terme; 6 M€ de crédits à court terme.
◆ **Organisation :** comptabilité, contrôle de gestion, gestion commerciale; mise en place d'un nouvel outil informatique; embauche d'un chef comptable et réorganisation des procédures.

(dates) **NOM DE L'ENTREPRISE**

Groupe de presse professionnelle, 100 personnes, CA = 100 M€, 18 produits, filiale du groupe R.

Directeur administratif et financier
Membre du comité de direction, responsable d'une équipe de 16 personnes.
◆ **Finance**
Reporting mensuel français et anglo-saxon.
Comptabilité/paie/trésorerie/contrôle de gestion.
Dossiers d'investissements (acquisitions) : études et participation aux négociations.
➥ rachat du « Journal des affaires » et de la lettre « Nouveaux Produits ».
➥ baisse du ratio charges/CA de 15 % en 2 ans.
◆ **Ressources humaines**
Contrats, recrutements, salaires, intéressements.
Préparation et tenu des comités d'entreprises et toutes les réunions collectives :
➥ refonte du système d'intéressement des commerciaux;
➥ élaboration, mise en place et suivi total d'un plan de restructuration.

◆ **Juridique**
Création de société, gestion de litiges commerciaux, éditoriaux et sociaux.
Définition et mise en place de nouvelles procédures liées à la loi Sapin.
Constitution d'un dossier juridique sur les spécificités du multimédia.
◆ **Services généraux**
➥ baisse des frais de structure de 42 % en 2 ans.

(dates) **NOM DU JOURNAL**

Groupe C, société de presse, 120 M€, 25 personnes.

Responsable administratif et financier
Membre du comité de direction.
◆ Création d'un département comptable et installation du contrôle de gestion.
◆ Installation d'un nouveau système comptable.
◆ Élaboration d'un reporting mensuel destiné aux actionnaires anglais et français.

(dates) **GROUPE M**

Contrôleur de gestion
◆ **Mise en place du contrôle de gestion :** du département édition, des encyclopédies, de la radio V.
◆ **Contrôle de gestion de la presse :** centralisation des données opérationnelles; budgets, résultats mensuels, prévision; études ponctuelles « nouveaux produits ».

(dates) **GRAND CABINET D'AUDIT**

◆ Missions d'audit classiques.
◆ Diagnostic et redressement d'entreprises en difficulté.
Contrôle d'exploitation et coordination des différents intervenants
Mise en place des reprises.
◆ Définition et mise en place de l'approche audit d'une centrale d'achat d'espace.

FORMATION

Grande école de commerce (date).
Séminaires juridiques : droit du multimédia, droit de la presse.

DIVERS

Anglais lu, écrit et parlé.
Adresse internet : nom@mail.fr

Annonce presse n° 2

Directeur administratif et financier

Un grand centre business to business basé à Paris Ouest (CA : 400 M€), filiale d'un grand groupe de services, recrute son directeur administratif et financier.

Vous assurez avec votre équipe (environ 25 personnes) la supervision du contrôle de gestion, de la comptabilité, du juridique, de l'informatique et de l'administration des ventes. Vous êtes en charge du reporting mensuel, des comptes consolidés annuels, de la conformité aux procédures du groupe, des relations avec les banques et de tous les aspects juridiques et fiscaux de la société. Vous participez, aux côtés des directeurs d'activités, à certaines négociations commerciales et votre implication opérationnelle conditionne le succès de votre mission.

Âgé de 35/45 ans, de formation supérieure (grande école de commerce + DECF), vous avez acquis une expérience significative à un poste équivalent. D'une grande capacité d'adaptation à différents métiers, vous maîtrisez bien l'anglais et êtes disponible très rapidement.

Merci d'adresser votre candidature (CV + lettre + rémunération souhaitée) sous référence XXX à...

Lettre n° 5 – Réponse à l'annonce pour un poste de directeur administratif et financier

Marie Flamant
Adresse
Code postal
Tél. dom. : 01.00.00.00.00.
E-mail : nom@mail.fr

Réponse à l'annonce parue le xx (date)

Paris, le...

Messieurs,

L'annonce que vous avez fait paraître dans (titre du journal) du xx (date) a retenu toute mon attention.

En effet, après plusieurs expériences au sein d'importants groupes français et anglo-saxons, et plus récemment dans des entreprises indépendantes, je cherche aujourd'hui un poste de directeur administratif et financier d'une filiale de grand groupe.

La progression et la diversité de mes expériences m'ont permis d'acquérir les compétences techniques des principaux domaines de la fonction, mais aussi de développer une grande capacité d'adaptation et un savoir-faire en terme de management et d'organisation.

Le poste que vous proposez semble donc correspondre tant à mes compétences qu'à mes aspirations.

Je serais heureuse d'en discuter avec vous, à votre convenance, et, dans cette perspective, je joins à ce courrier mon curriculum vitæ.

Je vous prie d'agréer, Messieurs, l'expression de mes salutations distinguées.

Signature

Commentaire :

Après une expérience supplémentaire, mais courte, dans un institut de sondages, Marie Flamant souhaite quitter à nouveau cette entreprise, qui ne répond pas à ses attentes. Elle se lance dans une nouvelle recherche d'emploi, en visant toujours la filiale d'un grand groupe. C'est en répondant à une annonce (voir page 111) qu'elle atteint son objectif et est embauchée comme directeur administratif et financier.

UN CONTRAT DEVENU « MISSION ». Elle a modifié son CV en « trichant » un peu sur l'avant-dernière de ses expériences. « Mes dernières expériences étaient un peu courtes, mon CV risquait de sembler un peu déséquilibré. Alors, j'ai nommé "missions" ce qui était au départ un contrat à durée indéterminée. Ce n'était pas vraiment une déformation de la réalité : l'entreprise en question était en difficulté, et j'ai effectué pour elle une mission, jusqu'au bout, sans tricher, et sans la laisser tomber. »

PARTIE 2

150 CV et lettres de motivation selon votre profil

Commerciaux, ingénieurs, juristes... chaque profil de candidats a son propre langage, sa propre façon de présenter son CV. Nous avons sélectionné, avec des responsables de recrutement, une centaine de CV et de lettres de motivation. Rendues anonymes, ces candidatures sont parfois complètes (CV+lettre de motivation), parfois séparées (le CV seul ou la lettre de motivation seule). Jouxtant chacun des documents reproduits, des conseils et commentaires vous permettront de vous inspirer de ces exemples.

Sommaire

Commerce, marketing, achat

Considérées comme globalement « meilleures » que celles des ingénieurs par exemple, les candidatures des commerciaux et professionnels du marketing ont souvent la « pêche » nécessaire. Leur problème est parfois l'excès d'enthousiasme dans leur volonté de se vendre.

Les points à mettre en avant

• **Les chiffres.** Les commerciaux ont un grand avantage sur les autres profils : ils peuvent justifier de résultats chiffrés, ce qui se révèle souvent très efficace. Attention pourtant à ne pas en abuser, ou tout au moins à rester suffisamment précis pour que les chiffres signifient vraiment quelque chose. « Il est important que les commerciaux donnent bien leurs propres résultats, et pas ceux de l'entreprise dans laquelle ils ont travaillé », estime Olivia Venner, responsable de la gestion des carrières chez Faurecia.

• **La formation.** La cote du diplôme et de l'école d'origine marque durablement la carrière des cadres. Quand on est passé par les plus réputées (HEC, ESSEC, ESCP-Europe, EM Lyon...), il est conseillé de le mettre bien en évidence, par exemple en haut à droite de son CV. Si vous êtes autodidacte ou titulaire d'un diplôme de moindre notoriété, placez simplement les éléments concernant votre formation dans la rubrique appropriée, sans mettre particulièrement l'accent dessus.

Directeur de magasin

Nom Prénom
Adresse
Code postal
Tél. 01.00.00.00.00.
E-mail : nom@mail.fr

Paris, le 4 mars 2014

Monsieur,

J'ai appris en lisant un article de la presse économique qu'après le lancement de votre enseigne de vêtements « XY », votre groupe plancherait sur le lancement d'un second concept, « YZ », rival potentiel de la marque WW.

Responsable d'un magasin de la marque WW depuis quatre ans, je me propose de mettre à votre service mon expérience dans le domaine de la vente de vêtements féminins.

Curieux, autonome, rigoureux, je serais heureux d'animer une équipe de collaborateurs, garantir des objectifs fixés et participer activement à la mise en œuvre opérationnelle de votre nouveau concept.

Dans l'attente de vous rencontrer et de vous parler de mes projets de vive voix, je vous prie avec croire, Monsieur, à l'expression de mes salutations distinguées.

Signature

Directeur de magasin

Nom Prénom

Photo

Adresse
Code postal
Tél. 01.00.00.00.00.
E-mail : nom@mail.fr
35 ans, marié, trois enfants

DIRECTEUR DE MAGASIN

EXPÉRIENCE PROFESSIONNELLE

Depuis juin 2012 **Directeur de magasin WW - Paris**
CA : 2 M€, 20 à 60 personnes.

Missions
Garantir la rentabilité court terme de l'exploitation.
Dynamiser les ventes.
Recruter, responsabiliser, mobiliser 15 nouveaux responsables de rayons.
Construire un projet commercial et fixer la cible.

Résultats
Amélioration du résultat brut 2013 : + 40 %.
Progression des ventes : + 10 %.
15 embauches de nouveaux responsables de rayon.
Mise en œuvre d'une nouvelle organisation interne dans le cadre de la mise en place des 35 heures.

2012 **Directeur adjoint de magasin WW, ville.**
6 mois CA : 17 M€, 200 personnes.
Progression des ventes : + 9 %.

2011 **Responsable de communication.**
9 mois Direction régionale WW, Grand-Ouest (40 magasins).
Élaboration de 6 opérations commerciales pilotes.

Sept.2008- 2010 **Responsable de rayon, WW, Levallois-Perret.**

Commentaire :

SUR LA FORME ET LES RUBRIQUES DU CV • La forme est classique et efficace. L'emplacement de la photo sur le haut du CV est un choix de commercial, qui ne plaît pas toujours aux recruteurs. Cependant, le portrait est souriant, l'homme cravaté est engageant. Les éléments essentiels concernant le parcours du candidat sont soulignés par le gras marquant les intitulés de postes et les entreprises. Un choix qui fait l'unanimité chez les recruteurs.

SUR LE FOND • On comprend que le candidat, toujours en progression dans sa vie professionnelle, a envie de vivre des expériences nouvelles. Peut-être aurait-il dû expliciter un minimum sa démarche (l'enseigne dans laquelle il postule ressemble en tout point à celle qu'il veut quitter).

ILS ONT DIT... « Nous sommes tenus de "photographier" la lettre et le CV en quelques secondes. Dans les fonctions commerciales, le candidat a intérêt à faire apparaître des mots clés tels que : vente, services, entreprises, prospection, B to B... »
• Le responsable du service recrutement de Manpower.

CHEF DE RÉGION

Nom Prénom
Adresse
Code postal
Tél. 01.00.00.00.00.
E-mail : nom@mail.fr

Champs sur Marne, le 10 novembre 2014

Madame, Monsieur,

Vous êtes actuellement à la recherche d'un chef de région. Pensant que mon profil peut vous intéresser, je me permets de vous soumettre ma candidature.

J'ai travaillé près de 15 ans dans le secteur de l'hôtellerie et de la restauration et j'ai occupé le poste d'équipier polyvalent puis celui de chef d'équipe. J'ai prouvé à cette occasion mon sens relationnel et mon aptitude au management. Dans le cadre de ce poste, j'avais la responsabilité de la prise en charge et du suivi de la rentabilité du de l'hôtel et du restaurant.

J'ai ensuite voulu me réorienter vers le secteur de la grande distribution. J'ai rejoint la société (nom de la société) comme chef de rayon, avant de prendre la responsabilité de directeur commercial départemental. Cette fonction m'a permis de poursuivre mes activités d'encadrement mais aussi de prendre en charge la gestion d'un service en ayant des objectifs de résultat.

Je souhaite aujourd'hui me rapprocher de la région (nom de la région) où réside une partie de ma famille. C'est pourquoi je postule dans votre société.

En espérant que ma candidature retienne toute votre attention, veuillez agréer, Monsieur, l'expression de mes salutations distinguées.

Signature

Commentaire :

SUR LE FOND • Cette lettre est destinée à un employeur d'un grand groupe agroalimentaire, qui recrute un chef de région chargé de la négociation avec les centrales d'achat d'enseignes de la grande distribution sur plusieurs départements. Il était donc important qu'il place cette expérience en grande distribution en évidence dans la lettre. Il s'agit presque d'un « récit » de vie professionnelle, qui s'enchaîne assez bien. Cependant, on ne comprend pas bien pourquoi cette réorientation vers la grande distribution, ce qui l'a motivé à passer de l'hôtellerie/restauration à un nouveau secteur. La progression des responsabilités est bien présentée, le candidat semble apte non seulement à changer d'emploi mais aussi à évoluer.

ILS ONT DIT... « La question de savoir si un cadre pourra vivre une mobilité géographique et s'adaptera dans une nouvelle région est primordiale pour nous. Il est donc bien de préciser dans la lettre de candidature si ce changement ne pose pas de problème, surtout sur le plan de la famille. »

ACHETEUR

Nom Prénom
Adresse
Code postal
Tél. 05.00.00.00.00.
E-mail : nom@mail.fr

Bordeaux, le 4 mars 2014

Objet : Candidature spontanée

Madame, Monsieur,

Analyser les marchés, choisir les produits et établir une relation efficace de partenariat avec les fournisseurs : telles sont les missions que j'ai menées à bien ces dernières années et qui demandent rigueur et ouverture d'esprit.

Acheteur au sein de deux grandes sociétés, j'y ai développé le sens de la négociation de marchés nationaux et internationaux, animé et géré les achats industriels et d'équipements de restauration rapide (cuisine, salles et extérieurs) et de logements collectifs (mobilier, électroménager, bureautique et audiovisuel) dans le cadre d'un budget de 23 millions d'euros par an.

Fort de deux expériences positives dans le domaine des achats, je souhaite évoluer vers des responsabilités accrues dans la fonction.

Si l'expérience et le savoir-faire nécessaires à un rôle de négociation dans le respect de l'esprit de qualité, de service et de réduction des coûts vous concernent, je pense pouvoir vous être utile. En outre, mon sens des contacts humains et mon goût de l'organisation me paraissent de bons atouts pour réussir dans cette voie.

Je suis, bien entendu, à votre disposition pour toute rencontre à votre convenance, et vous prie d'agréer, Madame, Monsieur, l'expression de mes sentiments distingués.

Signature

Acheteur

Nom Prénom
Adresse
Code postal
Tél. 05.00.00.00.00.
E-mail nom@mail.fr

EXPÉRIENCE PROFESSIONNELLE

2012-2014 **ACHETEUR** (CDD de 9 mois) Nom de la société - fast food, 350 restaurants, CA 610 M€.

- achats industriels et d'équipements de cuisine, salles et extérieurs.

Budget de 18 M€.

- réalisation d'**études de marchés.**
- définition des besoins et préparation des dossiers techniques et commerciaux en vue des négociations **en collaboration** avec les départements Opérationnel, Technique et R&D.
- **négociation** de marchés nationaux et internationaux.
- rédaction des **conditions et clauses commerciales** des contrats cadres.
- gestion, contrôle et règlements des litiges avec le réseau des fournisseurs (170).

2012-2013 **ACHETEUR** (CDD de 8 mois) - **Nom de la société** (construction de logement), 1 500 personnes, CA de 168 M€.

- achats et approvisionnements des 120 établissements.

Gestion d'un **budget de 2,3 M€.**

- **négociations** avec les fournisseurs nationaux et locaux (80).
- **conseil aux opérationnels, études** commerciales et prospections.
- **gestion** des achats, des travaux, des facturations.

2012 **ASSISTANT MARKETING** (CDD de 9 mois) - **Nom de la société**, (P.M.E. grossiste spécialiste du cuir), 10 personnes, CA 2,3 M€.

2010 **ASSISTANT MARKETING** (7 mois) - **Nom de la société,** (Nom du groupe), 100 personnes, CA 762,25 M€.

FORMATION

2010 **DEESMA** (Diplôme d'études européennes supérieures en marketing appliqué), nom de l'école, diplôme niveau bac+3

2008-2009 **Technicien en Organisation et Gestion d'Entreprise.**

Nom de l'école, niveau bac+2. Major, mention Très Bien.

- Maîtrise d'Excel et de Word.
- Anglais; Espagnol.

INFORMATIONS COMPLÉMENTAIRES

- Moniteur de plongée sous-marine : mer et piscine.
- Course d'endurance.
- Saut à l'élastique.

Commentaire :

SUR LA FORME ET LES RUBRIQUES DU CV • Ce CV est un peu « triste », mais fonctionne. Le candidat ne bénéficie pas d'une très longue expérience professionnelle, cependant il ne tente pas d'attirer l'attention sur d'autres points pour le masquer, et propose des rubriques « classiques », ce qui est en général apprécié.

SUR LE FOND • La question essentielle est de savoir pourquoi ce candidat a enchaîné les contrats à durée déterminée. Peut-être aurait-il dû le faire comprendre dans sa lettre de motivation. Cependant, en développant ses deux dernières expériences, il met bien en valeur une progression de ses responsabilités dans les entreprises qui l'ont employé. Points confirmés par une lettre de motivation très bien structurée et explicite.

ILS ONT DIT… « Il n'est pas nécessaire de placer un titre dans le CV, si, dans la lettre de motivation, on a une orientation précise du candidat. Les CV que je lis le mieux sont ceux qui présentent les expériences par ordre chronologique, avec les dates précises. Tandis que la présentation par compétences permet souvent d'éluder les choses, et me pousse à chercher l'erreur, le CV chronologique me permet d'aller droit au but, de ne pas m'énerver en tentant de deviner ce que le candidat cache. »
• La directrice des ressources humaines d'une SSII spécialisée en informatique des marchés financiers.

Responsable achat

Nom Prénom
Adresse
Tél. 01.00.00.00.00.
E-mail nom@mail.fr

À l'attention du responsable du recrutement.

Boulogne, le 4 mars 2014

Madame, Monsieur,

De formation supérieure commerciale et marketing, je possède une expérience professionnelle réussie de 4 ans dans la fonction achat acquise dans le secteur de la grande distribution et de l'e-commerce.

J'ai passé 2 ans dans le groupe C., où j'ai successivement occupé les postes de chef de rayon jeux vidéo, acheteur papeterie, logiciels de loisirs...

Puis, j'ai participé à la création d'une start-up de vente de produits multimédia sur Internet (www.com) où j'ai défini, mis en place et pris la responsabilité de l'organisation des achats, de la stratégie commerciale et marketing.

Forte de mon expérience de la distribution, du marketing, des techniques achat, je souhaite aujourd'hui exprimer mes compétences au poste de responsable achat vidéo et contribuer, avec mon équipe, au développement de ma famille de produits vidéo.

Pour compléter mon curriculum vitæ ci-joint, je souhaite indiquer que j'ai su, au cours de mes différents emplois, manager, analyser, anticiper, construire, convaincre et faire adhérer à mes choix de stratégie et de produits. Enfin, ma capacité d'adaptation et de gestion des priorités, ma faculté de privilégier l'écoute et le travail en groupe me permettront de répondre efficacement à ma future mission.

Motivée et dynamique, je reste à votre disposition pour toute information complémentaire.

Je vous prie d'agréer, Madame, Monsieur, l'expression de ma sincère considération.

Signature

Responsable achat

Nom Prénom
Adresse
Code postal
Tél. 01.00.00.00.00.
E-mail : nom@mail.fr

EXPÉRIENCE PROFESSIONNELLE

Depuis oct. 10 WWW.COM, SITE E-COMMERCE B TO C - Paris.
Actionnaire majoritaire de Mondeweb (groupe D.J.)

RESPONSABLE DES ACHATS petit matériel

- Analyse du marché, recherche et sélection des fournisseurs, construction de l'assortiment.
- Sélection des produits, négociation des conditions d'achat, approvisionnement. 5 000 références.
- Maîtrise des coûts et des marges, gestion des stocks.
- Mise en place de la stratégie commerciale : assortiment, politique de promotion et de fidélisation.
- Mise en place du marketing opérationnel : positionnement, animation, choix et mise en avant des produits et du contenu sur le site et chez les partenaires (freedom, axis...).
- Rédaction du cahier des charges pour les fonctionnalités du Back Office.
- Management de 3 acheteurs et de 2 rédacteurs.

2010-2011 CENTRALE D'ACHAT X - LEVALLOIS-PERRET

ACHETEUR papeterie, livre, bagage et loisirs créatifs.
Gestion d'un CA de 305 millions d'euros.

ACHETEUR jeux vidéo, logiciels de loisirs et support vierge.
Gestion d'un CA de 76 millions d'euros.

- Négociation des conditions d'achat.
- Négociation des opérations promotionnelles nationales.
- Construction, suivi et développement des gammes.
- Organisation des collections papeterie, bagage et maroquinerie scolaire.
- Organisation d'un salon multimédia.
- Mise en place d'une gamme courte et longue en fonction de la typologie des 70 magasins.
- Animation de la file, des sous-files et de réunions d'informations avec les chefs de rayons.

Sept. 2008-2009 SUPERMARCHÉ X - Magasin de Villacoublay.

CHEF DE RAYON culture papeterie, livre, disque, bagage, maroquinerie scolaire et rangement

- Gestion d'un CA de 30 millions de francs, +5 par rapport à 2007.
- Management d'une équipe de 4 personnes, + 2 saisonniers à la rentrée des classes.
- Mise en place de la politique commerciale : assortiment, implantation et animation.

FORMATION

2007 Institut d'études politiques, ville, Master 2 de recherche études soviétiques et est-européennes, dirigé par Mme (nom connu).

2006 Master 2 Commerce International, option marketing. Mention bien. Université Paris.

2005 Master 1 AES, option commerce international anglais. Mention bien. Université Paris.

LANGUES

Anglais lu, écrit, parlé. Séjours aux États-Unis et en Angleterre. Négociation en anglais.

Allemand lu, écrit, parlé.

Commentaire :

SUR LA FORME ET LES RUBRIQUES DU CV • Trop de gras et de lettres capitales « tuent » un peu les informations contenues dans le CV, pourtant intéressantes. La candidate a bien équilibré les paragraphes, mais, en choisissant un corps (à l'origine) un peu trop grand et un interlignage très serré, elle noie le lecteur.

SUR LE FOND • La description des expériences dans le CV prouve un véritable travail préparatoire sur la candidature. La candidate aurait sans doute dû synthétiser davantage ses deux premières expériences professionnelles, en s'attardant sur la dernière. Cependant, la progression professionnelle apparaît de façon bien évidente. La première phrase de la lettre de motivation « accroche » efficacement l'attention du lecteur, qui s'essouffle un peu à la fin à l'énoncé des nombreuses qualités ou compétences mises en œuvre.

ILS ONT DIT... « J'attends systématiquement la présentation des expériences dans l'ordre chronologique inversé. C'est une règle implicite. »

• Le responsable de recrutement d'un groupe industriel.

Responsable comptes clés

Nom Prénom
Adresse
Tél. 02.00.00.00.00.
E-mail : nom@mail.fr

Objet : Candidature à un poste d'Ingénieur Commercial Systèmes
Réf : RR TTT

Rouen, le 4 mars 2014

Monsieur,

J'exerce depuis six ans une activité de responsable des ventes au sein de l'entreprise X, spécialiste de la vente de périphériques informatiques. J'assume la responsabilité d'un portefeuille de clients générant un chiffre d'affaires de 46 millions d'euros.

Développer des comptes clés en analysant leurs circuits de décisions, rédiger les réponses aux appels d'offres en négociant les contrats cadres auprès des responsables des achats et responsables informatiques, telles étaient, entre autres, les missions qui m'ont été confiées.

Mon aptitude à la négociation de haut niveau, à l'identification des besoins et à la mise en place de solutions, assortie de facultés d'adaptation sont autant d'atouts que je souhaite apporter à votre entreprise dans le cadre de sa stratégie de développement.

Ma double compétence technique et manageriale, dans un environnement de haute technologie, enrichie d'une expérience réussie dans la vente me semble correspondre à ce que votre entreprise recherche aujourd'hui pour les postes d'ingénieurs commerciaux systèmes.

Dans l'espoir de vous rencontrer très prochainement, je vous prie d'agréer, Monsieur, l'expression de mes sincères salutations.

Signature

RESPONSABLE COMPTES CLÉS

Nom Prénom
Adresse
Code postal
Tél. 02.00.00.00.00.
E-mail : nom@mail.fr

Célibataire, 34 ans

RESPONSABLE DES VENTES
RESPONSABLE COMPTES CLÉS

EXPÉRIENCES PROFESSIONNELLES (DANS L'ENTREPRISE X DEPUIS 1999)

01/08 à ce jour : **Directeur des ventes**
Responsable de la commercialisation des imprimantes lasers TNU auprès de la grande distribution, des grossistes et des revendeurs.

01/04 au 12/07 : **Ingénieur commercial grossistes** - grande distribution : consommables.

04/01 au 12/03 : **Ingénieur commercial vente indirecte** : imprimantes lasers.

11/99 au 10/01 : **Ingénieur commercial vente directe grands comptes** : solutions d'impression.

PRINCIPAUX MÉTIERS EXERCÉS

Fonction commerciale

- Organisation de journées portes ouvertes et de sessions de formation des forces de vente auprès des différents circuits de distribution.
- Mise en place et animation d'un réseau de revendeurs.
- Lancement d'un nouveau réseau de revendeurs donnant lieu à une réorganisation du service commercial.
- Identification des besoins et mise en place de solutions haut de gamme auprès de revendeurs informatiques et prescription aux entreprises.
- Prospection, développement et consolidation de grands comptes (solutions de gestion documentaire).
- Mise en place de solutions d'impression laser en environnement connecté aux systèmes informatiques (IBM 30XX, Bull DPS 7000...), auprès de grands comptes (Noms de grandes entreprises).
- Analyse des circuits de décisions et groupes d'influences avec création de revues de comptes.

Stratégie Commerciale et Management

- Management d'une équipe composée de 6 ingénieurs commerciaux et de 14 promoteurs des ventes.
- Définition des secteurs géographiques par IC et promoteurs.
- Définition et suivi des objectifs de CA et de la stratégie des différents canaux de distribution.
- Conduite de réunions intégrant le contrôle et l'analyse des objectifs (tableau de bord : objectif/réalisation).
- Analyse des marchés avec mise en place des plans d'action.
- Recrutement, animation et formation d'une équipe de promoteurs des ventes avec définition et analyse des objectifs de chacun.
- Responsable du référencement des produits en centrales d'achat.
- Négociation des contrats annuels et des catalogues nationaux et régionaux.
- Organisation des actions de dynamisation et d'animation des points de vente.
- Animation d'un réseau de grossistes informatiques et revendeurs.

Fonction Trade - Marketing

- Interface et coordination entre les équipes marketing et commerciale.
- Validation et organisation des opérations marketing, communications et offres promotionnelles.
- Gestion et exploitation d'un budget de coopération marketing de 127 M€.
- Mise en place des incentives auprès des grossistes et revendeurs informatiques.
- Signature des accords de participation publicitaire dans les communications et catalogues.

Fonction administrative

- Établissement des prévisions de ventes avec détermination des volumes de production en usine.
- Gestion hebdomadaire des stocks et diminution du risque client.
- Gestion et suivi des commandes et réassorts des centrales d'achat.
- Rédaction des contrats de ventes et des appels d'offres avec validation auprès des services juridiques.

Principales réalisations :

- Gestion et transformation en références actives de comptes-clés (secteurs : industries; assurances).
- Lancement de l'activité grande distribution en France et prise d'une position de leader (CA grande distribution passé de 0 en 2000 à 16 M€ en 2004).
- Rôle actif dans ce lancement d'activité impliquant une restructuration des services (logistique, administratif et commercial).
- Mise en place d'une stratégie de maintien du leadership dans un environnement fortement concurrentiel.
- Gestion en parallèle d'une activité grand public et professionnelle.
- Mise en place de partenariat avec des constructeurs : création d'offres spécifiques sur de gros volumes.
- Augmentation du chiffre d'affaires du département de 15 M€ en 2003 à 41 M€ en 2008.

FORMATION

1999 : BTS action commerciale.

1997 : BAC ES

- Cycles de perfectionnement professionnel : défense de la marge, analyse des bilans, prospection commerciale, techniques de vente PSS3...
- Formations sur les techniques de numérisation et de la couleur.
- Maîtrise des outils informatiques : Word, Excel, Lotus-Notes, PowerPoint.

LANGUES ÉTRANGÈRES

Anglais professionnel.

Nombreux séjours aux États-Unis : New York, Californie, Boston...

Commentaire :

SUR LA FORME ET LES RUBRIQUES DU CV • Ce candidat a choisi de placer les informations essentielles au début du CV, qui montre une bonne progression de ses responsabilités dans une même entreprise. Ayant réalisé jusqu'alors toute sa vie professionnelle dans cette société, il ne peut diversifier les informations sur son environnement de travail. Il a donc créé une rubrique originale, intitulée « métiers », quand d'autres l'auraient nommée « compétences ».

SUR LE FOND • La lettre de motivation est courte, concise, mais très informative. Le candidat respecte l'ordre conseillé par les recruteurs : il attire l'attention sur lui en présentant et ses activités et ses points forts, puis met en relation son profil professionnel et les besoins de l'entreprise.

ILS ONT DIT… « Il est important de montrer au recruteur que l'on est proche d'un profil intéressant pour l'entreprise. Il faut présenter ce que l'on sait faire, dans quels environnements on a travaillé, quelle est sa valeur ajoutée…, ce qui ne veut pas dire que l'on doit répondre systématiquement à tous les critères d'un poste. »
• La responsable de la gestion des carrières d'un équipementier automobile.

MARKETING DU LUXE

Nom Prénom
Adresse
Tél. 02.00.00.00.00.
E-mail : nom@mail.fr

Compiègne, le 4 mars 2014

Monsieur,

Passionnée par le monde du luxe, c'est tout naturellement que j'adresse ma candidature à l'une des entreprises les plus en pointe dans ce domaine. En rejoignant votre entreprise, je mettrais à profit mes compétences en matière de marketing opérationnel et communication internationale, mes qualités de contact, ainsi que ma bonne connaissance de ce secteur et tout particulièrement du haut de gamme. Titulaire d'un master marketing, trilingue anglais/allemand, j'ai développé lors d'expériences en France et dans le monde des compétences en communication écrite, avec la rédaction de product news pour XX, de plaquettes publicitaires pour YY, en communication orale, avec l'élaboration et l'animation de training commercial, ou également la gestion des contacts presse et VIP pour ZZZ.

J'ai également démontré, en plus de la créativité, de bonnes capacités de négociation et d'anticipation en assurant le développement de l'animation commerciale et du portefeuille des produits d'équipement pour www.com.

De plus, mon expérience de terrain m'a permis de mieux appréhender les exigences de la clientèle et de la force de vente en termes de qualité, d'images et de service.

Je vous propose de nous rencontrer afin de vous convaincre de ma motivation et de mes capacités réelles à vous apporter une collaboration efficace.

Dans cette attente, je vous prie de bien vouloir agréer, Monsieur, l'assurance de mes salutations distinguées.

Signature

MARKETING DU LUXE

Nom Prénom
Adresse
Code postal
Tél. 02.00.00.00.00.
E-mail : nom@mail.fr

29 ans, célibataire

EXPÉRIENCE PROFESSIONNELLE

Juillet 2012/septembre 2013 **ENTREPRISE XXX (principales marques)**- Francfort
(15 mois) assistant manager du premier magasin du groupe (1000 m^2)

- Recrutement, formation et encadrement d'une équipe de 5 personnes.
- Achat des collections, suivi des taux d'écoulement et réassortiments.
- Définition des actions merchandising et animation de la surface de vente.
- Gestion administrative et participation au développement du CA (1,52 M€).

Janvier/février 2010 **ENTREPRISE ZZZ- service presse**
(un mois)

- Organisation de la soirée d'inauguration de la nouvelle boutique.
- Encadrement et gestion du département « accessoires » (3 vendeurs).

Octobre/janvier 2008 **ENTREPRISE YYY- Service marketing**
(3 mois) assistante chef de produit

- Participation au lancement d'une gamme de foulards.
- Élaboration et suivi des plans d'animations commerciales.
- Réalisation de products news, analyse budgétaire, étude concurrentielle.

Avril/octobre 2007 **ENTREPRISE DDD- Washington**
(6 mois) assistante marketing and communication

- Création et gestion d'un service télémarketing.
- Élaboration d'un plan d'incentive commercial.
- Lancement d'un plan promotionnel grand public pour les services professionnels.

FORMATION

2013 Troisième cycle marketing et distribution du luxe-mention très bien.
Institut supérieur de marketing du luxe/école CCC.
Mémoire : (thème).

2012 Master de commerce international.
Institut d'études européennes/université (Nom de l'université).
Mémoire : (thème).

2009 BTS action commerciale, mention bien, école.

2006 Classe préparatoire HEC (nom des écoles dans lesquelles la candidate fut admise).

LANGUES

Anglais/espagnol : lus, écrits, parlés couramment.

Italien : initiation.

DIVERS

Informatique : Word, Excel, Powerpoint.

2012 : présidente junior entreprise, déléguée au Conseil académique de Paris.

2008 : création d'une journée Emmaüs (5 tonnes de vêtements et 1 600 € de vêtements collectés).

Commentaire :

SUR LA FORME ET LES RUBRIQUES DU CV • La présentation du CV est bien faite : les noms des sociétés (élément primordial dans le domaine du luxe, où les marques sont un signe de reconnaissance) sont en gras et capitales, l'intitulé du service en gras, le nom de la fonction occupée bien en évidence.

SUR LE FOND • Mais cette présentation est un peu trompeuse, car l'expérience professionnelle de cette candidate est finalement assez peu fournie. En dehors de la dernière, il s'agit en réalité de stages, le responsable de recrutement ne s'y est pas trompé. Les dates correspondent au moment où la candidate était en formation. La lettre de motivation montre un véritable enthousiasme, une passion pour le domaine qu'elle a choisi. Mais à trop en dire, on risque de noyer le lecteur. Cette lettre, écrite à la main mais avec un interlignage très serré, était trop « touffue ».

ILS ONT DIT... « Dans le domaine du luxe, nous vendons de l'image. La présentation est importante, et une belle lettre de motivation manuscrite, avec un beau papier, permet de se distinguer. »
• Le responsable du cabinet de recrutement Saint-James Consulting.

MARKETING PRODUIT

Nom Prénom
Adresse
Code postal
E-mail : nom@mail.fr
Tél. 04.00.00.00.00.

Marseille, le 4 mars 2014

Madame,

Sur les conseils de Monsieur Z (Nom de la société), je vous prie de trouver ci-joint mon curriculum vitæ.

Depuis plus d'un an responsable commerciale chez Nom de la société, j'ai acquis une très solide connaissance du secteur textile.

Cette expérience renforcée par les enseignements que j'ai tiré de mes fonctions chez Nom de la société et chez Nom de la société me dotent de compétences opérationnelles diverses et directement exploitables dans des domaines tels la vente à l'export ou le marketing produit.

J'ajoute que ma motivation et ma volonté sont sans failles pour exercer dans un secteur qui me passionne.

Dans l'attente de vous rencontrer, je vous prie d'agréer, Madame, l'expression de mes salutations les meilleures.

Signature

MARKETING PRODUIT

Nom Prénom
Adresse
Code postal
E-mail : nom@mail.fr
Tél. 04.00.00.00.00.

FORMATION ET LANGUES

2006-2010 Diplômée du **MBA Institute-Option Marketing (ville).**
École de Commerce et de Gestion.
Formation Bilingue Français/Anglais.
Mémoire : Le contrôle de l'efficacité publicitaire, en collaboration avec (nom de l'institut de sondage).

2005-2006 1re année de droit à (ville).

2004 Baccalauréat, série ES, (lycée français, Abidjan).

Anglais Bilingue (séjours linguistiques aux États-Unis).

Espagnol Bon niveau (séjours linguistiques en Espagne).

Informatique Maîtrise de Word, Excel, PowerPoint, FileMaker Pro, Access pour Windows.

EXPÉRIENCES PROFESSIONNELLES

Depuis décembre 2013 **CDI – Nom de la société (ville)**
Responsable Commerciale France
Gestion et suivi de la clientèle France. Responsable Grands Comptes.
Aide au développement de la marque. Aide à la gestion des nouvelles implantations.
Développement et préparation de salons professionnels. Ventes au show-room.

Mars/juillet 2013 **CDD de 5 mois – Nom de la société**
Assistante Marketing au sein de la Cellule Stratégie
Suivi du système de veille « stratégique et sociétal » sur des thèmes prospectifs tels que le marché du luxe, la consommation, la distribution, le management, la communication...
Suivi de l'étude « Marché du luxe et concurrence » : analyse des performances des concurrents et des potentiels sur chaque segment et sur chaque zone géographique.
Réalisation d'études de marché ponctuelles.

Juin/décembre 2011	**Stage de 6 mois – Nom de la société** **Assistante au sein du service des Achats.** Relations avec les fournisseurs en Europe, en Inde et aux États-Unis. Contrôle de la qualité des tissus et négociation des tarifs. Gestion logistique des nouveaux patrons et suivi du stock.
Juin/août 2010	**Stage de 3 mois – Nom de la société (ville)** **Responsable du magasin.** Vente à la clientèle, relations avec les fournisseurs. Aide à la création de la gamme 2008. Organisation de défilés de présentation.

AUTRES ACTIVITÉS

Associations :

2010-2012	**Association d'aide aux malades du sida** Organisation de réunions sportives ayant pour but de récolter des fonds intégralement reversés à l'association.
2008-2010	**Nom de la société** Aide au développement de la branche « décoration chambres d'enfants » : réalisation de deux études de marché et d'une base de données, démarchage clientèle.

Centres d'intérêt : danse, natation, voyages.

Commentaire :

SUR LA FORME ET LES RUBRIQUES DU CV • Il s'agit du CV d'une candidate ayant peu d'expérience professionnelle (les dates ont été changées volontairement) et ayant adressé son CV et sa lettre de motivation à un cabinet de recrutement, dans le but de rester « en veille » sur le marché de l'emploi. Les stages sont suffisamment bien distingués du poste actuel, la candidate ayant bien spécifié la nature des contrats. La rubrique « associations » prouve une véritable implication de la candidate, qui considère ses activités extra-professionnelles comme des activités à part entière.

SUR LE FOND • Il manque quelques résultats chiffrés au chapitre des expériences professionnelles, mais en dehors de cela, le CV est bien structuré, et la candidate n'en « fait pas trop » dans les descriptions.

ILS ONT DIT... « Ce qui m'a gêné dans la lettre de motivation de cette candidate, c'est qu'elle n'était pas adressée expressément à mon nom. C'est l'assistante de recrutement qui a ouvert la lettre, et elle n'était pas censée connaître la personne dont la candidate se recommandait. »

• Le responsable du cabinet Saint-James Consulting.

MARKETING OPÉRATIONNEL

Nom Prénom
adresse
Tél. personnel : 01.00.00.00.00.
Portable : 06.00.00.00.00.
E-mail : nom@mail.fr
28 ans
Célibataire, D.O.M., permis B

➢ **4 années d'expérience en marketing opérationnel**

➢ **Bilingue anglais, allemand courant**

EXPÉRIENCES PROFESSIONNELLES

RESPONSABLE MARKETING COMMUNICATION
Entreprise X (ville)
Solutions informatiques de réseaux
2010-2013

- Encadrement : 3 personnes.
- Définition et mise en œuvre de la stratégie marketing et communication.
- Lancement de produits (Check Point Software Technologies, ISS...).
- Mise en place d'opérations de stimulation auprès de la force de vente.
- Élaboration de campagnes d'e-mailing et de marketing viral.
- Développement de partenariats (revendeurs, SSII).
- Participation aux salons professionnels de l'industrie (Interop, Infosec).
- Création du site Internet et de l'Intranet de la société + référencement.
- Gestion du budget du département (1,4 M€).

2009
Assistant Marketing
(6 mois)

- Réalisation de la documentation : catalogue, brochures, fiches produits...
- Organisation de séminaires au niveau national.
- Réalisation de mailings, fax mailings, bus mailings.
- Mise en place d'actions de phoning.
- Rédaction des communiqués de presse pour l'agence de RP.

RESPONSABLE
DU DPT CADEAUX D'AFFAIRES
Groupe V (ville)
2008 Stage semestriel
en alternance

- Mise en place du département.
- Définition de la stratégie et du budget.
- Développement commercial (clientèle grands comptes).
- Prospection/négociation, rédaction de contrats.
- Gestion des approvisionnements.

ACHETEUR
Agence Z (ville)
Objets publicitaires
Été 2007

- Analyse de l'offre asiatique et sélection de fournisseurs.
- Définition des achats, délais et modes d'acheminement.
- Négociations des tarifs.
- Traitement des commandes et suivis.

FORMATION

2009 École supérieure de gestion (ESG) Bac+5, Paris - Diplôme d'Expert en Management avec félicitations du jury.
Spécialisation : Marketing.

2008 Freie Universität de Berlin (6 mois, cycle ESG).
Unités de valeur obtenues : Géopolitique, Études de cas, Marketing.

2005 Baccalauréat ES (Économique et Social), Académie de Rennes.

LANGUES ÉTRANGÈRES ET CONNAISSANCES INFORMATIQUES

Anglais : Langue maternelle, stage professionnel de 3 mois à Telford (été 2007).

Allemand : Courant - Second semestre à la Freie Universität de Berlin. Nombreux séjours linguistiques à Stuttgart.

Espagnol : Niveau scolaire.

Informatique : Maîtrise de Word et Power Point, solides connaissances d'Excel, Photoshop.

CENTRES D'INTÉRÊT

Activités sportives : Participation aux championnats de France de rameur en salle, tennis, équitation, ski.

Autres : Nouvelles technologies, finance, voyages (Antarctique, Syrie, Liban, Jordanie, États-Unis, Thaïlande, Côte d'Ivoire, Sénégal, Europe de l'Est...), théâtre, photographie, Backgammon.

Commentaire :

SUR LA FORME ET LES RUBRIQUES DU CV • Très clair, ce CV est un modèle du genre pour un poste du domaine commercial et/ou marketing. L'en-tête, dans ce cas précis, se justifie car il apporte des informations plus qu'il n'enferme le candidat dans un profil trop spécialisé.

SUR LE FOND • Ce candidat n'a pas le label « grande école », mais sait bien valoriser sa formation, en indiquant notamment les félicitations du jury. Petit ajout non nécessaire au chapitre des langues : si la mention « langue maternelle » est évidemment appréciée pour l'anglais, puis celle qui précise « allemand courant » se justifie par ses nombreux séjours en Allemagne et un semestre de formation à Berlin, l'espagnol de « niveau scolaire » est en trop.

ILS ONT DIT... « Une petite phrase sur deux lignes en en-tête du CV pour présenter ses motivations principales est bienvenue. Cela signifie que le candidat sait bien où il va, qu'il a réfléchi à son objectif. »

• Le service de recrutement de Adecco Cadres.

E-BUSINESS

Prénom Nom
adresse
Tél. 03.00.00.00.00.
E-mail : nom@mail.fr
34 ans, marié, deux enfants

École de commerce B, option marketing
DUT techniques de commercialisation
Anglais courant

10 ans d'expérience dans le marketing et le « business development » des services et l'e-business

DOMAINES DE COMPÉTENCES

Marketing

- ➲ Définir la stratégie marketing.
- ➲ Élaborer des campagnes publicitaires et promotionnelles « online » et « offline ».
- ➲ Structurer la politique de fidélisation et monter des opérations de marketing direct.
- ➲ Développer une stratégie de partenariat et d'échange.

Conduite de l'entreprise

- ➲ Construire un business plan.
- ➲ Structurer et mettre en place des outils de suivi (équipe, concurrence, contrôle de gestion).
- ➲ Identifier des leviers de développements et de réduction de coûts.

Management

- ➲ Recruter, former et animer une équipe.
- ➲ Diriger et coordonner l'ensemble des équipes en apportant une vision transversale.
- ➲ Piloter l'activité d'un point de vente.

Gestion de projets e-business

- ➲ Concevoir un site : du cahier des charges à son exploitation.
- ➲ Créer et mettre en place les process « back office ».
- ➲ Structurer l'approche « support » d'un site : régie, vente de données.
- ➲ Définir la politique d'affiliation, de marques blanches et de référencement.

PARCOURS PROFESSIONNEL

Depuis janvier 2012	Nom de l'éditeur multimédia, 200 personnes, CA : 46 M€, (ville). **Directeur du développement/Directeur de bienvenue.com**
2011	Nom de l'entreprise, 250 personnes, CA : 23 M€, (ville) agence de voyage en ligne. **Directeur marketing**
2009-2010	Nom de l'entreprise, 1 000 personnes, CA : 48 M€, (ville). **Responsable e-business** : lancement des sites internet.
2007-2010	Nom de l'entreprise, 400 personnes, CA : 75 M€ société d'assistance. **Chef de produits entreprise et tourisme** : refonte totale des gammes de produits
2001-2005	Nom de l'entreprise, 1 000 personnes, CA : 2 Mds €, (ville), régie publicitaire. **Responsable grands comptes**

INFORMATIONS COMPLÉMENTAIRES

- ➲ Jogging, roller, VTT, snowboard, plongée sous marine, canyonning, ancien 3e ligne.
- ➲ Membre du conseil d'administration de l'association « les Maisons vertes ».
- ➲ Membre du Comité Tourisme et Technologie.

Commentaire :

SUR LA FORME ET LES RUBRIQUES DU CV • La présentation de ce CV et en particulier ses rubriques, « compétences », puis « parcours professionnel » est un classique du genre pour les commerciaux. Les domaines de compétences sont particulièrement détaillés, comme s'il s'agissait du parcours d'un candidat moins expérimenté éprouvant le besoin de « remplir l'espace ». Les sous-titres : marketing, conduite de l'entreprise, management, gestion de projets e-business marquent néanmoins suffisamment le CV pour que l'on n'ait pas besoin, éventuellement, de lire le reste des paragraphes.

SUR LE FOND • Ce CV laisse par son contenu une forte impression de dynamisme, du début à la fin. Il s'agit d'un candidat apparemment volontaire, y compris dans ses loisirs.

ILS ONT DIT... « Quand la rubrique "Divers" n'apparaît pas, cela ne me dérange pas. Ou alors il faut qu'elle fasse état d'un projet fort, dans l'humanitaire par exemple. »
• La responsable de recrutement d'une société d'assurances.

CHEF DE PROJET MARKETING INTERNET

Prénom Nom
adresse – code postal Ville
tél.
E-mail : nom@mail.fr
26 ans, célibataire, française, Permis B

CHEF DE PROJET MARKETING INTERNET
Développement Produit /Gestion multi-projet / Marketing On et Off-line
Master Marketing Grande Consommation & Innovation – ESC Ville

2011-2013 Chef de projet marketing internet
Nom de l'entreprise / *Magazine Stratégies - Division Formations (27 mois)*
- Mise en œuvre et suivi des campagnes de marketing direct multicanal
- Création d'un blog évènementiel (adresse du blog), mise en place d'une présence de marque sur les réseaux sociaux et d'une plateforme collaborative pour initier une relation client 2.0
- Développement et gestion des partenariats on et offline (échanges de visibilité...)
- Gestion de projet : respect des plannings et des budgets, coordination des équipes internes (PAO, Marketing Direct, logistique...), externes (partenaires évènements, consultants-formateurs...) et des agences de communication (création des supports publicitaires)
- Développement et gestion de gamme « formations et conférences » en marketing et communication on-line

Résultats : X produits développés (ex. Buzz, blog marketing, Web 2.0, Entreprise 2.0...), un CA généré de 320k€, 260 clients, 130 formateurs et intervenants externes.

20011 Chargée d'études marketing
Nom de l'entreprise /nom du département, nom du Pôle (10 mois)
- Elaboration des questionnaires d'enquêtes
- Gestion de la relation prestataires (suivi des terrains...)
- Analyse des données statistiques
- Recommandations marketing

Résultats : 20 études réalisées : tests de concept, tests de formules, tests de nouvelle franchise de soin, test de pack, test de prix pour nom d'une marque

2008-2010 Chargée de recrutement
nom de la société d'Intérim (5 mois)

2008 Assistante Marketing
Nom de la société Conseil en marketing (2 mois) (noms des clients)
Réalisation d'un post-test publicitaire multi-pays et d'une étude concurrentielle

2007 Commerciale
Nom de la société - SSII (2 mois)

2006 Chargée de projet évènementiel
Nom de la société (2 mois)
Commercialisation de la Convention d'Affaires «nom de l'évènement»

FORMATION

2008-2011 Diplômée de la majeure « Marketing Grande Consommation & Innovation » - Sup de Co Ville
(Accrédité AACSB et EQUIS) (Sortie major de la majeure Marketing en 2005)

2008-2007 B.A « Business Administration », University of nom de l'université (G B)

2007-2005 DUT « Techniques de Commercialisation » option « Commerce International » (Ville)
Informatique: Word, Excel, PowerPoint, Outlook, Internet, Feedback 2.0
Langue : Bon anglais opérationnel

ET CÔTÉ PERSO ?
- Pour en savoir plus ? Consultez mon profil sur Viadeo ou LinkedIn.
- Ce qui me caractérise ? Curiosité, pugnacité, créativité et esprit d'équipe !
- Ce que j'aime ? La danse jazz, le hip hop, la salsa, la musique, la décoration, les voyages.

Commentaire :

SUR LE FOND ET LA FORME DU CV • adressé par Internet, ce CV a été conçu pour cette transmission, mais peut aussi être imprimé par un recruteur intéressé. En cliquant sur Viadeo ou LinkedIn, on obtient des éléments complémentaires essentiellement sur la personnalité de cette candidate. Une photographie de très bonne qualité présente quelqu'un de souriant et sympathique. Elle y indique de plus son objectif professionnel et a sélectionné des citations qu'elle affectionne, de Tite-Live ou de Proust...

CE QU'EN DIT LE RECRUTEUR • « La présentation du CV est très claire, sur une page, détaille Jacques Froissant, du cabinet Altaïde. L'encadré (sur fond bleu sur le document original) en début de CV précise bien la fonction visée et inclut des mots clés essentiels. Elle augmente ainsi ses chances de recherche par les moteurs. Elle s'attache aussi à employer d'autres mots clés dans son CV susceptible d'être recherchés (ex : Buzz, blog marketing, Web 2.0, Entreprise 2.0...). Elle fait des liens pertinents qui fonctionnent : vers un blog qu'elle a mené et vers ses profils Viadeo et LinkedIn en bas de CV. Le ton de la rubrique Côté perso est sympa tout en restant mesuré. »

Responsable d'agence d'intérim

Prénom Nom
Adresse
Tél. 01.00.00.00.00.
E-mail : nom@mail.fr

Service recrutement

Paris, le 4 mars 2014

Madame,

Suite à mon entretien avec le responsable de votre agence de (ville), j'ai pu constater que le métier de chef d'agence dans le domaine du travail temporaire correspondait en de nombreux points à mon projet professionnel.

Mes années d'expérience dans la gestion et le développement de centres de profit m'ont permis d'acquérir une démarche structurée dans l'animation d'une équipe commerciale.

Impliquée directement dans la rentabilité des agences qui m'ont été confiées, j'ai obtenu des résultats probants lors de missions de création, de redressement et de restructuration.

Attirée par goût vers le marché des services aux entreprises, dotée d'un bon sens du relationnel, dynamique et méthodique, je souhaiterais reprendre la responsabilité d'une agence alliant des missions d'encadrement, de conseil et de développement commercial.

Vous trouverez à cet effet mon curriculum vitæ.

Dans le cas où mon profil pourrait vous intéresser, je me tiens à votre disposition pour vous rencontrer et vous apporter des informations complémentaires relatives à mon expérience et mon projet professionnels.

Dans cette attente, veuillez agréer, Madame, l'expression de mes salutations distinguées.

Signature

RESPONSABLE D'AGENCE D'INTÉRIM

Nom Prénom
Adresse
Code postal
Tél. 01.00.00.00.00.
E-mail : nom@mail.fr
45 ans - Vie maritale - 1 enfant

DIRECTRICE D'AGENCE

Secteurs : Banque - Finance - Transport - Automobile - Machines Outils - Immobilier Équipements Entreprises

DOMAINES DE COMPÉTENCES

MANAGEMENT

- Créer, organiser et développer un centre de profit.
- Exercer un pouvoir décisionnel.
- Recruter, former, évaluer.
- Animer les équipes.
- Gérer le personnel et définir les stratégies en matière de recrutement et d'évolution du personnel.

COMMERCIAL

- Définir et mettre en œuvre une politique commerciale.
- Créer, animer et prospecter des réseaux de prescription.
- Négocier des partenariats et des gros contrats.
- Créer et mettre en place des challenges commerciaux.
- Fixer les objectifs en volume, en marge et en qualité.
- Créer les outils de suivi.

GESTION

- Suivre le respect des budgets.
- Gérer le compte d'exploitation de l'agence.
- Mettre en place des outils d'organisation et définir les process.

TECHNIQUE

- 20 ans de pratique en analyse financière.
- Évaluer les risques financiers et coordonner la récupération des impayés.
- Créer une procédure de contrôle du formalisme des contrats.
- Mettre en place des tableaux de bord.
- Utiliser des outils de score et prendre les décisions adéquates.

PARCOURS PROFESSIONNEL

De 2008 à 2013 Nom de l'entreprise (groupe bancaire)
Financement automobile - Agence de (ville).
CA 23 M€ - Effectif : 10 à 12 personnes.

2009-2013 Directrice des agences de (ville) et (ville) - 10 personnes.
Définition d'une stratégie de redressement de l'agence de (ville) puis mise en place d'une politique de réorganisation et de fusion des 2 agences

2008-2009 Directrice de l'agence de (ville) - 6 personnes.
Gestion d'une réorganisation liée à la fusion de 2 agences.

De 2003 à 2008 Nom de la banque
Financement automobile et équipements entreprise
Agence de (ville) - CA 60 M€. Effectif : 4 personnes
Directrice d'agence

De 2000 à 2003 Nom de la société financière - Filiale de Nom du groupe
Financement des équipements des entreprises du secteur immobilier et crédit à la consommation
Directrice d'agence

De 1992 à 2000 Nom de l'entreprise - (Nom de la société de financement)
Crédit d'équipement aux entreprises par prescription des réseaux bancaires.

1995-1998 Directrice d'agence

1990-1995 Attachée commerciale sur (ville) puis (ville)

De 1989 à 1992 Nom de l'entreprise - Paris
Groupement d'emprunts obligataires.
Analyste financière

De 1988 à 1989 ÉCOLE ccc - Paris
Professeur de comptabilité classes de CAP, BEP et adultes.

FORMATION

1984 BTS commercial

1987 École de commerce (ville)

ACTIVITÉS EXTRA-PROFESSIONNELLES

Sports pratiqués : tennis, ski.

Loisirs : voyages, lecture.

Commentaire :

SUR LA FORME ET LES RUBRIQUES DU CV • Comme c'est souvent le cas dans les candidatures de personnes très expérimentées, le souci du détail l'emporte et la rubrique « Domaines de compétences » prend trop d'importance sur la page.

SUR LE FOND • Le service recrutement de Manpower, destinataire de cette candidature, avait passé des annonces pour pourvoir des postes de directeur d'agence d'intérim. L'attention des recruteurs s'est donc presque naturellement portée sur le titre du CV et ses « mots clés », qui ne pouvaient que les intéresser. Le début de la lettre de motivation est bien tourné : se recommander d'une personne de terrain, appartenant à l'entreprise, pour vérifier l'adéquation de son profil au poste proposé est une preuve de motivation.

ILS ONT DIT... « On se rend vite compte si la lettre est personnalisée ou pas. Dans ce cas, le début prouve qu'elle l'est. Le mot clé du CV, qui nous intéresse le plus, est : "directrice d'agence", que la candidate a indiqué à plusieurs reprises. »
• Le service de recrutement de Manpower.

ANNONCE COMMERCIAL EXPORT

PARFUMS G

FILIALE DU GROUPE L

Au sein du premier groupe mondial du luxe, nous fabriquons et commercialisons des parfums et des cosmétiques de renommée internationale. Notre croissance soutenue (1 600 personnes - 380 millions d'euros de CA) repose sur notre forte notoriété produits, notre exigence de qualité et notre dynamisme commercial.

Nous recherchons un :

DÉLÉGUÉ COMMERCIAL EXPORT (h/f)

- Véritable ambassadeur de la marque Parfums G, vous êtes chargé de l'animation et de la formation de la Force de vente sur votre zone, depuis la motivation,jusqu'à la fixation d'objectifs ;
- Vous gérez la planification et la coordination des promotions notamment par le choix des outils promotionnels et l'animation des promotrices ;
- Vous participez activement au développement commercial de votre zone, en binôme avec le Responsable de zone. Vous recueillez et lui transmettez notamment les informations reçues sur le terrain ;
- Vous suivez de près la politique de merchandising par sa mise en place et le contrôle de l'image sur les points de vente.

Ce poste basé à Paris nécessite 50 % du temps de déplacements sur la zone.

De formation minimum École de commerce, vous possédez une vraie sensibilité à nos produits et une ouverture sur l'international.

Vous avez un tempérament dynamique et démontrez un très bon sens relationnel. Sérieux et fiable, vous avez le sens de l'organisation et du reporting.

Anglais courant indispensable plus troisième langue.

Merci d'adresser votre dossier complet (CV, lettre de motivation et prétentions) en précisant la référence à :
Parfums G
DRH
Adresse
ou par E-mail (adresse mail)

COMMERCIAL EXPORT

Nom Prénom
Adresse
Code postal
Tél. 04.00.00.00.00.
E-mail : nom@mail.fr

Offre d'emploi parue sur le site d'offres de l'ESC (ville)

Parfums G : Délégué commercial export

Référence : bbnbn

Lyon, le 4 mars 2014

Madame, Monsieur,

Je vous prie de trouver ci-joint un curriculum vitæ et par la présente, ma candidature au poste de déléguée commerciale export paru sur le site d'offres d'emploi de l'ESC (ville).

Diplômée de cette école, j'ai axé ma formation et mes expériences vers le commerce international. Pendant deux ans et demi, le poste de commerciale export pour une PME fabricant et commercialisant des beaux objets m'a permis de gérer un réseau d'agents en Europe. J'ai également participé aux choix et à la création des outils promotionnels (catalogue, site Web, PLV sur les salons internationaux des arts).

L'image de marque de vos parfums ainsi que la dimension internationale du poste constitue pour moi une vraie motivation.

Mes prétentions se situent dans une fourchette entre 32 000 € et 38 120 € selon le système de rémunération.

Je suis disponible et prête à vous rencontrer à un moment qui vous conviendra.

Dans l'attente de votre réponse, je vous prie de recevoir, Madame, Monsieur, mes salutations les plus respectueuses.

Signature

Commercial export

Prénom Nom
adresse
tél. 04.00.00.00.00.
Mob. : 06.00.00.00.00.
adresse E-mail : nom@mail.fr
27 ans, célibataire

Souhaite travailler avec l'Asie, mobile. Première expérience en Asie, apprend le mandarin. Commerciale export junior.

COMPÉTENCES/EXPÉRIENCES

- Commercial : prospection, négociation, suivi client, suivi livraison, suivi des règlements.
- Gestion : réalisation de tableaux de bords (CA export prévisionnel, budgets foires), élaboration des contrats (clients, agents), gestion de l'assurance crédit Coface.
- Organisation de salons.
- Communication : création de catalogue et site Web (rassemblements des données et suivi).
- Création et animation d'un réseau d'agents.

2013 Collaboratrice commerciale chef de zone Afrique - Nom de l'entreprise (Papetier) - Paris - juin-août 2013.
Offre de prix, gestion des demandes clients, recherche et relations fournisseurs.
Responsable commerciale - Nom de la société - Arles - fév.-mai 2013.
Commercialisation par vente directe des stylos VVVV.
Bilan : équilibre financier atteint au bout de trois mois.

2010-2013 Commerciale export Amérique du Nord, Europe - Nom de la société - Paris.
Participation aux salons internationaux des objets d'art (villes), missions de prospection à New York, Montréal et Varsovie.
Bilan : diversification et développement du parc clients (+25 %, nouveaux marchés : Danemark, Grèce).

2010 Chargée d'étude Telexport - C.C.I de (ville), Département International.
Promotion du dispositif d'aides à l'export pour les PME et des voyages d'affaires à l'étranger.

2009	Chargée des relations avec les entreprises - Centre Franco-chinois de Formation à la Gestion - Pékin - Chine - mai-déc. 2006. Organisation et suivi des stages en entreprise de 50 étudiants chinois. Professeur de français, assistance pédagogique à la rédaction de mémoires de recherche.

FORMATION

2008-2009 Master Commerce International - Université P.
- Séminaires : Asie, Moyen-Orient, Pays d'Europe Centrale et Orientale.

1999-2008 École Supérieure de Commerce, spécialisation en marketing
Suivi de cours de marketing pendant 3 mois à Ohio State University - Ohio - États-Unis.

1998-2005 Classe préparatoire HEC, option économie à (ville), après un baccalauréat S (mention bien).

LANGUES ET INFORMATIQUE

Mandarin	débutant, prend des cours depuis un an avec une étudiante chinoise.
Vietnamien	notions, 6 mois d'apprentissage dans une famille au Vietnam.
Anglais	langue de travail pendant deux ans et demi.
Allemand	niveau moyen.

Word, Excel, Internet.

INFORMATIONS COMPLÉMENTAIRES

Participation à l'APAR : Asie Pacifique Recherche, association loi 1901.
- Lectures : écrivains voyageurs (Nicolas Bouvier, Lucien Bodard...).

Commentaire :

SUR LA FORME ET LES RUBRIQUES DU CV • Les noms des rubriques sont en bleu, de même que l'en-tête du CV. C'est une couleur qui passe bien. Cependant, le gras utilisé pour les « compétences » est en trop.

SUR LE FOND • Cette candidate consulte régulièrement les offres d'emploi transmises par le service emploi de son école de commerce. Elle s'est fixée pour objectif de partir travailler en Chine. Elle a donc décidé de répondre de façon détournée à l'offre d'emploi passée par une grande marque de parfum, et exigeant un profil plus expérimenté que le sien, c'est ce que les professionnels du recrutement appellent « se mettre en bernique sur une offre ». C'est souvent une bonne méthode pour transmettre son CV. Cependant la difficulté principale de cette candidate est de se contraindre à accepter des postes d'un niveau inférieur à ce que pourrait lui permettre son niveau d'études, pour travailler en lien avec l'export. Elle a néanmoins bien mis en valeur son expérience dans les « objets d'art », dans un environnement pouvant être comparé à celui des parfums G.

ILS ONT DIT... « Je n'aime pas quand les candidats sont trop "pile dans la cible" de l'annonce. Leur valeur ajoutée, c'est quand ils sont un peu à gauche ou un peu à droite, quand on voit qu'ils sont adaptables, polyvalents. »

• Le responsable de recrutement d'un groupe automobile.

SPONSORING INTERNATIONAL

Prénom Nom
Adresse
Code postal
Tél. 01.00.00.00.00.
E-mail : nom@mail.fr

Versailles, le 4 mars 2014

Candidature spontanée

À l'attention de Monsieur Durant

Account Executive (société) Europa - UEFA Champions League
Junior Sponsoring Coordinator - (entreprise)
5 langues

Monsieur,

Suite à de nombreux articles parus dans la presse sur votre nouvelle filiale « G. Sports », je souhaite vous adresser ma candidature spontanée, afin d'avoir la chance de pouvoir participer à votre nouvel essor.

Après presque deux ans d'expérience dans le sponsoring international et notamment dans le sponsoring d'événement sportifs, chez H. Corporate et pour Nom de la société Europe, je cherche aujourd'hui à intégrer une agence de renommée internationale afin de poursuivre mon expérience professionnelle en sponsoring international.

Je pense pouvoir vous apporter d'utiles compétences : trois ans d'expérience marketing, dont deux chez l'annonceur, cinq langues parlées couramment, un sens rigoureux de l'organisation, des responsabilités et du relationnel en plus d'une certaine facilité d'intégration.

Dans l'attente de vous rencontrer, je vous prie d'agréer, Monsieur, l'expression de mes salutations distinguées.

Signature

Commentaire :

SUR LA FORME • Cette candidate postulant dans une entreprise internationale, son CV est en anglais (il n'est pas reproduit ici). Elle a repris en en-tête de sa lettre des éléments que l'on voit souvent apparaître sur un CV, mettant en valeur ses points forts. Il est conseillé dans ce cas de « doublonner », en indiquant également sur le CV ses atouts principaux : la connaissance de cinq langues, et les expériences dans des entreprises prestigieuses. Ainsi si le recruteur ne conserve que ce document, il gardera trace de ces éléments essentiels.

SUR LE FOND • L'intérêt principal de cette lettre est de mettre en avant l'actualité de l'entreprise, surtout quand on a pour métier de véhiculer l'image d'une marque.

ILS ONT DIT... « Les candidats doivent se renseigner sur la société, ils disposent de suffisamment de moyens pour cela. Les sites Internet, les campagnes de promotion, les salons sont des sources faciles à consulter. Il faut montrer que l'on sait ce que l'on recherche. »
• Le responsable de recrutement d'une SSII.

Responsable marketing

Nom Prénom
Adresse
Code postal
Tél. 01.00.00.00.00.
E-mail : nom@mail.fr

Paris, le 4 mai 2013

Madame, Monsieur,

Vous recherchez une responsable marketing, qui fera preuve de méthode et de créativité dans des contextes variés... Dotée d'une expérience significative dans l'organisation d'évènements, j'ai une bonne connaissance des problématiques et méthodologies relatives à [nom des thèmes]. Le profil de ce poste paru dans [nom du journal] correspond à mes compétences et à l'orientation que je souhaite aujourd'hui donner à ma vie professionnelle.

Les missions que j'ai réalisées en tant que chargé d'études marketing, chef de produit junior et chef de produit pour la marque (nom de la marque) m'ont permis d'acquérir un réel savoir-faire pour exercer cette fonction, en ayant une très bonne connaissance de l'amont et de l'aval ; Savoir-faire qui me permet de mettre ces différentes techniques et méthodologies au service d'une large variété de produits.

Côté événementiel, j'ai acquis une expérience de l'organisation de manifestations promotionnelles à l'occasion des salons professionnels (noms des salons). D'abord, au sein du groupe [nom du groupe], à l'occasion d'une mission rattachée à la direction du marketing. Ensuite, au sein de la société A, puisque dans le cadre du poste que j'occupe actuellement, je gère la participation de notre entreprise à une quinzaine de manifestations dans le monde.

En espérant pouvoir valoriser mon expertise au sein de votre établissement, veuillez agréer, Madame, Monsieur, l'expression de mes sincères salutations.

Signature

Commentaire :

SUR LE FOND • il s'agit d'une candidature spontanée, adressée à un employeur du secteur de la grande distribution pour un poste à dominante marketing. La candidate a peu d'éléments sur un éventuel poste à pourvoir, mais s'est bien renseignée au préalable sur l'organisation des différents services au sein de l'entreprise. Ainsi, elle sait que la direction de la communication et la direction du marketing sont associées, et qu'elles sont dirigées par un même responsable. Elle met donc en valeur sa double compétence en marketing et communication. Ce choix comporte cependant un risque : si un poste est effectivement à pourvoir, la candidate ne sait pas s'il nécessitera cette polyvalence. La candidate s'adresse d'abord à l'employeur en utilisant le « vous » (vous recherchez…), puis le « je » (j'ai réalisé), elle aurait pu aller plus loin en concluant par le « nous » (pourquoi « nous » pourrions travailler ensemble…).

ILS ONT DIT… « Suivre la logique du « vous », « je », « nous » est une méthode sécurisante pour le candidat, mais il ne faut pas que cela devienne un procédé automatique. Si vous n'avez pas suffisamment d'informations sur un poste éventuel, il est inutile de vouloir expliquer à toute force les liens entre l'entreprise et vous. » Une responsable d'une boutique emploi.

Prénom Nom
Adresse
Tél. 06.00.00.00.00.
E-mail : nom@mail.fr

Paris, le 4 mars 2014

Madame, Monsieur,

Ayant déménagé sur Paris depuis tout dernièrement, je suis actuellement à la recherche d'un emploi à plein temps et en CDI.

Je souhaiterais en effet mettre à profit mon expérience dans les secteurs de la communication et du marketing au sein d'un département chargé de la commercialisation ou de la promotion de biens ou services.
Mes prétentions salariales : de 16 800 € à 21 350 €.

Animé à la fois par le goût du contact, du défi et par la volonté constante d'innover, j'ai su au travers de mon métier, mes expatriations, mes stages et mes activités extra-professionnelles :
– d'une part, développer un sens aigu des responsabilités, de l'organisation d'événements, ainsi qu'une aisance relationnelle et une adaptabilité confirmées ;
– d'autre part, appliquer et conforter mes connaissances en communication, marketing et logistique dans différents secteurs et au sein de diverses structures ; PME, associations (étudiants en marketing), parti politique, groupe hôtelier, plateau de régie, établissements de nuit...

C'est en qualité de responsable achat logistique et face à un environnement concurrentiel agressif que j'ai pu développer et optimiser le service des achats et la logistique dans une société tournée vers des marchés de technologie avancée.
Depuis mon adolescence, je cultive ma passion pour la communication en m'engageant dans de nombreux projets détaillés dans mon curriculum vitæ ci-joint.

Ces atouts qui mettent en évidence ma polyvalence et mon ouverture d'esprit me portent à croire que je peux efficacement contribuer à la réussite de votre entreprise.

Actuellement en mission pour l'agence R., je participe deux soirs par semaine à l'opération de lancement du dernier parfum X.

Je reste à votre disposition pour que nous puissions approfondir ensemble ma candidature.

Dans cette attente, je vous prie d'agréer, Madame, Monsieur, l'expression de mes sentiments distingués.

Signature

Marketing et communication

Prénom Nom E-mail : nom@mail.fr
né le ... à (ville)
adresse
tél. 06.00.00.00.00.

MARKETING
COMMUNICATION
LOGISTIQUE

Photo

FORMATION

2005 - 2013	Niveau DUT techniques de commercialisation, IUT de (ville).
Juin 2005	Baccalauréat scientifique, lycée (ville).
Langues	Anglais lu, écrit, parlé.
Informatique	Familiarisé avec Word, Excel et Access. Notions de Photoshop et Powerpoint.

COMPÉTENCES

Expériences professionnelles

Sept. 13-Nov. 13	Nom de l'agence (ville en région parisienne). Agence de travail temporaire spécialisé « luxe ». **Chargé de représenter la maison E** pour promouvoir le dernier parfum (nom du parfum), (2 jours par semaine).
Jan. 12 - juil. 13	Nom de l'entreprise (ville, département) 25 employés. CA 01 : X M€ • **Responsable Achat-Logistique** (Dépt Parfumerie) de cette PME engagée dans la production et la commercialisation de matières premières aromatiques et parfums. À ma charge, la mise en place et l'optimisation d'une politique d'achat intégrant les critères d'un contexte « qualité », l'expression des besoins, la sélection et le suivi des fournisseurs, la logistique; Coordination des commandes en termes de qualité, quantité et délais.
Juil. 10 - déc. 11	• **Responsable Fabrications & Expéditions** Sous ma responsabilité, les fabrications, la gestion des stocks et les expéditions.

Stages

Sept. 07 - avr. 2008	<u>Spécialisation</u> « Commerce International » à l'Institut C de (ville).
Mars 2008	• **Marketing ;** Étude de faisabilité axée sur l'implantation d'un site touristique en (pays africain).
Déc. 07	• **Communication** ; prospection et relations publiques (Haute Couture). Membre de la délégation française représentant le savoir-faire de la région PACA. Investigations menées pour le compte du couturier B, lors du Salon International de Mode à (ville). Mission de 3 semaines. <u>Objectif :</u> introduire, promouvoir et développer la marque en Europe de l'Est.

Avr. - juin 07	• **Marketing politique** ; Étude de notoriété d'un candidat aux élections municipales de (ville). Investigations et enquête auprès des responsables d'associations de (ville) : « La vie des quartiers de (ville), les attentes de la population ».

CENTRES D'INTÉRÊT & DIVERS

Janv. 13 à ce jour	• www.fr : site sur la culture électronique. Reportages, interviews, agenda, infos et échanges de matériel de musique, forum... Chargé de la promotion du site ; veille concurrentielle, sourcing et partenariats publicitaires (échanges de bandeaux, liens...).
Août 11 - fév. 10	• Chargé de la communication au sein de l'association TT (association loi 1901). • Organisateur de soirées électroniques avec support multimédia : 350 à 1 000 personnes.
Déc. 09 - mai 10	• Raid de 12 000 km en Afrique Occidentale, dont une mission humanitaire sur le fleuve Sénégal, région du Fouta à la frontière Sénégalo-Mauritienne. Sénégal, Mali, Burkina Faso, Niger, Togo, Bénin.
Mai 04 - mai 07	• Président de l'Association des Étudiants en Marketing (A.E.M, IUT de ville) Organisation des événements du département (de 250 à 1 200 pers.) ; Soirées « Tech 2 Co », week-end rafting, voyage promotion, soirée de gala, rencontres professionnelles et sportives. CA brut : 130 000 €.
Jobs d'étudiant	• Assistant régie lors du tournage du film « Nom du film » (nom du réalisateur). • Convoyages côtiers de voiliers en Méditerranée. • Vendeur en téléphonie professionnelle « B to B » (entreprise, ville). • Préparateur de commandes en cosmétiques (nom des produits). • Responsable de salle (Restaurant Golf Country Club de ville ; 4 étoiles). • Night-auditor (Hôtel M, ville). • Barman & Chef de rang (restaurant, ville). • Accueil en roller, chauffeur lors de diverses manifestations (congrès, salons, festivals...). • Chauffeur-livreur (nom des marques).
Intérêts	La musique, la vidéo & la photo (initiation à l'infographie), Internet, les voyages, la sociologie, le domaine de l'olfaction.
Sports	Voile, planche à voile, snowboard, canyoning, trekking, surf.

DIVERS

Français, permis B, célibataire, mobile.

Commentaire :

Ce candidat a adressé une nouvelle fois son CV et sa lettre de motivation dans une agence de travail temporaire dans laquelle il était déjà inscrit, pour signaler son changement d'adresse et sa disponibilité parisienne.

SUR LA FORME ET LES RUBRIQUES DU CV • La mise en page, la photo sur le CV et le papier (couleur crème) sont très soignés, avec des touches de couleurs et des caractères « ombrés » pour les titres de rubriques, et une teinte plus claire pour les dates.

SUR LE FOND • Il s'agit d'un candidat qui « assume », son diplôme non obtenu, ses centres d'intérêt (qui prennent plus d'importance que ses expériences professionnelles et stages), son dynamisme et ses talents d'organisateur. C'est, à la limite, plus « l'énergie » qui se dégage de cette candidature que chaque point qu'elle développe qui peut intéresser le recruteur. Le candidat a recentré son CV sur des expériences professionnelles plus « classiques » (dont plus de trois ans dans la même entreprise), mais l'a grossi avec d'autres éléments moins courants dans un CV (raid de 12 000 km en Afrique occidentale, par exemple...).

ILS ONT DIT... « Quand on postule dans l'intérim, c'est bien d'indiquer sur sa lettre de motivation et/ou son CV les missions que l'on a déjà effectuées. J'ai remarqué cette candidature avec un papier de couleur et plus épais que les autres. Quand on doit choisir entre plusieurs dizaines de CV chaque jour, c'est bien de se distinguer ainsi. »

• Le service recrutement de Adecco Cadres.

Chargée de portefeuille

Nom Prénom
Adresse
Code postal
Tél. 01.00.00.00.00.
E-mail : nom@mail.fr

Reims, le 4 février 2014

Madame,

Je me permets de vous contacter car je suis à la recherche d'un poste de chargée de portefeuille particuliers en assurance.

Je travaille depuis maintenant bientôt cinq ans comme chargée d'accueil au sein de la société (nom de la société). Dans le cadre de ce poste, je réponds aux appels téléphoniques, je reçois les clients, je prends des rendez-vous pour les chargés de clientèle... Mais j'ai aussi des objectifs de vente sur des produits dérivés (nom des produits), objectifs que j'ai d'ailleurs dépassés l'année dernière de 15 %. Cette expérience m'a permis de me forger une solide connaissance du terrain et de la palette des produits destinés aux particuliers. Je souhaiterais continuer à m'investir dans le secteur des assurances sur un poste comprenant plus de responsabilités.

Consciencieuse, motivée et rigoureuse, aimant le travail en équipe, je serais ravie de pouvoir vous rencontrer afin de vous exposer mes compétences.

Dans cette attente, je vous prie d'agréer, Madame, l'expression de ma respectueuse considération.

Signature

Commentaire :

SUR LE FOND • C'est un véritable pari que fait cette candidate en adressant cette lettre à des groupes d'assurance et des agences générales. Son entreprise ne lui a en effet pas permis de progresser comme elle le souhaitait, elle décide donc de postuler chez les concurrents, qui vont être intéressés par sa démarche, mais se poser des questions sur les raisons pour lesquelles, en ces temps de pénurie de commerciaux, on ne lui a jusqu'alors pas permis d'évoluer. « Je me permets » est une expression un peu trop réservée, en retrait, surtout quand on postule pour une fonction commerciale qui nécessite d'être assez offensif.

ILS ONT DIT... « mettre en avant ses résultats en termes d'objectifs est pratiquement obligatoire pour un candidat à la fonction commerciale, soit dans la lettre de motivation, soit dans le CV ». Un responsable de recrutement d'un groupe bancaire.

Ingénieurs, informatique, métiers du Web

Les recruteurs sont pratiquement unanimes : peu de candidatures d'ingénieurs figurent parmi les modèles dont on pourrait s'inspirer de A à Z. Avec l'expérience, les tendances observées dès les premiers pas dans la recherche d'emploi ou de stage se confirment malheureusement souvent. Le souci du détail confine parfois à l'obsession dans le CV, tandis que les lettres de motivation sont rarement l'expression d'une ferveur remarquable pour l'entreprise. Cependant, il faut remarquer que les ingénieurs commerciaux se distinguent souvent du lot : ils font preuve à la fois d'esprit de synthèse, de par leur formation initiale, et d'un sens de la communication « marketing ». Ce qui produit de bonnes candidatures.

Les points à mettre en avant

• **Les compétences techniques.** Pour des postes purement techniques (développement, réseaux), ces éléments doivent être immédiatement repérés par les recruteurs.

• **L'environnement de travail.** Les ingénieurs en recherche de responsabilités d'encadrement ou à fonctions transversales (les chefs de projet par exemple) devront, eux, mettre en avant les contextes professionnels dans lesquels ils ont exercé plus que les aspects purement « techniques », dont on sait qu'ils ont la maîtrise.

DIRECTEUR COMMERCIAL INDUSTRIEL

Nom Prénom
adresse
code postal
Tél. 01.00.00.00.00.
E-mail : nom@mail.fr

Diplômé de l'École nationale
d'Ingénieurs de (ville)

DIRECTEUR COMMERCIAL

■ EXPÉRIENCE PROFESSIONNELLE ■

07/2012 Nom de l'entreprise (ville). Directeur commercial France et export.

Mission : suivi des offres client, démarche marketing des nouveaux produits, installation et validation d'un plan de gestion de production et de S.A.V., formation et motivation d'une équipe.

02/2010 Nom de l'entreprise (ville). Ingénieur technico-commercial Ouest de la France, Grande-Bretagne.

Mission : fidélisation de la clientèle, identification de nouvelles cibles et de nouveaux besoins, lancement de nouveaux produits, création d'une base de données informatique.

02/2009 Direction Départementale de l'Équipement de l'Indre-et-Loire.

Mission : chargé de la mise en conformité des installations classées.

09/2008 Nom de l'entreprise) Guyancourt. Ingénieur d'études.

Mission : conception et réalisation d'un système didactique automatisé, maquette d'une application industrielle, pour l'enseignement des classes préparatoires aux grandes écoles.

09/2006 Nom de l'entreprise, centre de production (ville). Ingénieur de production.

Mission : garantir le zéro défaut sur une chaîne de montage, définition des moyens et solutions possibles.

06/1998 Bureau d'études XXX, (ville, pays). Ingénieur d'études bâtiment.

Mission : conception et réalisation dans le domaine génie civil.

■ DIPLÔMES ET FORMATIONS ■

2013 Master Administration des Entreprises de l'Institut d'Administration des Entreprises de (ville).

2010 Formation intensive à l'anglais, Chambre de Commerce et d'Industrie de (ville).

2008 Diplôme d'ingénieur bac+5 - École Nationale d'Ingénieurs de (ville).

2003 Classe préparatoire aux grandes écoles.

2002 Baccalauréat série S.

Anglais : lu, parlé et écrit couramment. **Allemand :** notions.

Commentaire :

SUR LA FORME ET LES RUBRIQUES DU CV • Les deux éléments du titre de ce CV (ingénieur et directeur commercial) étaient en couleur, petite touche qui accentue bien la double compétence du candidat, l'une acquise par la formation, l'autre par l'expérience. C'est un élément positif, qui reflète l'ensemble de la candidature. Ce candidat a plus de dix ans d'expérience, mais est parvenu à bien synthétiser les informations sur sa vie professionnelle. Ce CV se lit vite, on repère bien les informations essentielles.

SUR LE FOND • La progression (presque une reconversion) est claire. D'ingénieur production, le candidat est devenu directeur commercial, en passant par ingénieur commercial. Un tournant assumé et que le candidat a souhaité professionnaliser (en s'engageant dans une formation plus commerciale), qui sera certainement l'un des thèmes de l'entretien de recrutement.

ILS ONT DIT... « Indiquer en en-tête un métier, une fonction, est intéressant quand on a changé d'orientation en cours de vie professionnelle. Cela permet d'éviter les ambiguïtés sur le parcours. » • Le responsable de recrutement de Sopra.

R&D NOUVELLES TECHNOLOGIES

Prénom Nom
Adresse
Code postal
Tél. 04.00.00.00.00.
E-mail : nom@mail.fr

À l'attention du responsable recrutement,

Objet : Recherche un poste de Responsable Études et Développement/Nouvelles Technologies

Saint-Étienne, le 4 mars 2011

Monsieur,

Master professionnel d'informatique, j'ai, lors de ma première expérience professionnelle, consolidé et élargi mes domaines de compétences informatiques : gestion de projet, études, conception ainsi que programmation.
Durant cette période, j'ai mis en place le système d'information de l'entreprise, par la conception et le développement d'un progiciel permettant la gestion (XML/INFORMIX), puis la diffusion automatique de contenus sur différents médias électroniques (html, e-mail, PDA, wap..., via des feuilles XSSL et processeur JAVA/XSSLT). J'ai également mis en place une architecture réseau (LAN) proposant l'ensemble des services Internet/Intranet, travail collaboratif et émission massive de flux électroniques (e-mail, http, ftp, TSE...). Cela m'a permis également, en tant que chef de projet technique, de gérer une équipe de cinq personnes, afin d'assurer le suivi des applications. Mais je souhaite aujourd'hui rejoindre un groupe comme le vôtre, qui, je le crois, pourrait me permettre d'accroître mes connaissances et aussi satisfaire mes envies d'un travail de qualité et de haut niveau.

Les postes d'ingénieur en recherche et développement proposés par votre entreprise me semblent être en adéquation avec mes aspirations personnelles et je pense correspondre aux critères demandés.

En espérant qu'un entretien vous permettra de mieux apprécier l'ensemble de mes qualités et de mes motivations, je vous prie de croire, Monsieur, à l'expression de ma considération.

Signature

Prénom Nom
Adresse
Code postal
Tél. 04.00.00.00.00.
E-mail : nom@mail.fr

Poste recherché :
Ingénieur Recherche et Développement

COMPÉTENCES INFORMATIQUES

- Langages de programmation et algorithmique : Java, Swing, Servlet, JSP, Perl, php, Shell, (linux), XML, XSSL, DHTML (JavaScript).
- Administrateur Systèmes : UNIX (LINUX), Windows (2000, NT 4).
- Bases de données : SQL, MySql, SQLServer, Informix.
- Méthode : UML.
- Cartographie informatique : Mapinfo, Star et ses modules, CorelDraw, Illustrator.

FORMATION

2008-2007 Master professionnel d'informatique.
Conception et développement de logiciels pour internet/extranet, Université de (ville).

2007-2008 Maîtrise (mention très bien) de statistiques, Université de (ville).

Allemand Courant, séjour d'un an en Allemagne.

EXPÉRIENCES PROFESSIONNELLES

Depuis juin 2008 Responsable du Service informatique de Nom de la société (10 personnes).

- Conception et développement d'applications en architecture distribuée : Intranet/Internet, UNIX, JAVA, PHP, SQL, XML.
- Conception d'un Système de Production (références) en ligne (Java Server, JSP, XML, XSSLT, XSSL, Informix), et fourni en ASP.
- Conception et administration d'une architecture réseau pour Nom de la société : serveurs Linux, NT 4, (sécurité, backup, balancing, serveur Web et Java, moteur de Servlet-JSP, DNS, MX, mailing list, forum...).

Été 2007 Stagiaire à la banque X, service statistiques (1 mois et 1/2)

2007-2008 Surveillant (au lycée X, nombre d'heures par semaine)

LOISIRS

Moniteur de plongée subaquatique, titulaire du niveau 5 de plongeur, titulaire du brevet d'initiateur.

2009 Titulaire de l'A.F.P.S. de secourisme.

Commentaire :

SUR LA FORME ET LES RUBRIQUES DU CV • C'est une erreur classique de débutant. Ce candidat a placé la rubrique formation avant celle consacrée à son expérience professionnelle. Dans une période de recrutements soutenus d'informaticiens de tout niveau, ce n'est finalement pas très important. Ce n'est pas le cas quand le marché est plus favorable aux candidats expérimentés.

SUR LE FOND • La lettre de motivation est bien faite, même si elle met l'accent encore une fois sur le diplôme avant d'insister sur l'expérience professionnelle. Ce candidat a débuté sa carrière dans une petite entreprise, et voudrait intégrer un grand groupe, notamment pour le côté formateur qu'une telle expérience lui apporterait. Il l'exprime de manière un peu naïve, mais cela n'a pas choqué la personne chargée de la sélection des candidatures pour ce grand groupe.

ILS ONT DIT... « Pour nous, ce type de candidature a l'avantage de la clarté. On sait où veut aller ce candidat, il est motivé, exprime distinctement ses objectifs. Nous pouvons savoir rapidement si ce profil correspond à ce que recherche notre client. »
• Une consultante chez Planet Carreers, cabinet de recrutement.

INGÉNIEUR ÉLECTRONIQUE

Prénom Nom
adresse
code postal
Tél. domicile : 01.00.00.00.00.
Professionnel : 01.00.00.00.00.
Mobile : 06.00.00.00.00.
E-mail : nom@mail.fr
Marié, deux enfants

CHEF DE PROJET

11 ans d'expérience professionnelle

Depuis octobre **2006** : <u>NOM DE L'ENTREPRISE</u>

Tests et mesures en Électronique et Radiocommunications

- Suivi commercial des clients (grands comptes).
- Élaboration des offres techniques et commerciales.
- Étude, réalisation et installation de systèmes de test.
- Test en production.
- Contrôle qualité.
- Test et mesure en R&D.

Domaine d'activité :

- Téléphonie mobile et fixe.
- Faisceaux hertziens.
- Électronique générale.

Gestion de projets :

- CA de 30 500 € à 6,1 M €
- Encadrement d'une équipe technique (6 personnes).
- Gestion de la sous-traitance (hard, soft et mécanique).
- Suivi financier et du planning.

1997-2005 février - juillet : <u>NOM DE LA SOCIÉTÉ</u>

Radiocommunications - Élaboration des offres techniques et commerciales.

- Définition d'architectures radio.

• Responsable des travaux de simulation :
  – encadrement d'une équipe de techniciens,
  – calculs de couvertures radioélectriques,
  – calculs de bilans de liaisons,
  – modélisation d'antennes et de stations de transmission.

• Assistance et expertise technique auprès de maîtres d'ouvrages dans les domaines radio, antennes et propagation.

1996-1997 août - octobre : <u>NOM DE LA SOCIÉTÉ</u>

• Cartographie par imagerie radar. Analyse de données.

1994-1996 août - octobre : <u>NOM DU LABORATOIRE</u>

• Études et recherches en radiocommunication et propagation sondage ionosphérique, analyse des canaux de propagation

• Élimination automatique d'interférences.

1999-1994 novembre - août : <u>NOM DE LA SOCIÉTÉ</u>

• Études et recherches en compatibilité électromagnétique.

• Étude de l'efficacité de blindage des câbles et connecteurs.

• Essais d'équipements en simulateur IEM/CEM.

FORMATION

1992 septembre	Diplôme d'Ingénieur en Électronique (Conservatoire National des Arts et Métiers).
1990 septembre	DEA Systèmes Physiques et Métrologie (Institut National de Métrologie).
1989 juin	DUT Génie Électrique et Informatique Industrielle, IUT de (ville).
1987 juin	Baccalauréat.

LANGUES ÉTRANGÈRES

• Anglais : lu, écrit, parlé

DIVERS

Alpinisme, ski de randonnée.

Commentaire :

SUR LA FORME ET LES RUBRIQUES DU CV • Ce CV a été transmis par Internet et le candidat n'a pas cru bon d'innover dans la présentation, misant sur la précision et l'efficacité sans laisser de place à l'originalité. On ne sait pas si le titre, « chef de projet », et le nombre d'années d'expériences qui lui est rattaché se rapportent aux fonctions qu'il a déjà exercées ou qu'il souhaite occuper à l'avenir dans une autre entreprise.

SUR LE FOND • Il s'agit d'un CV typique d'ingénieur, détaillé et précis. Il est intéressant, car il montre tout de même une réflexion approfondie sur les expériences passées, que le candidat a réussi à résumer très factuellement.

ILS ONT DIT... « À partir d'un certain nombre d'années d'expérience professionnelle (cinq ans), ce n'est plus la peine de détailler sa formation à outrance en remontant jusqu'au bac. Il est tout de même intéressant pour nous de savoir si quelqu'un a intégré une formation d'ingénieur après une classe prépa ou après un DUT. Dans ce dernier cas, ce candidat aura un côté opérationnel qui nous intéresse. »

• Le responsable de recrutement d'une SSII.

Ingénieur géomètre

Prénom Nom
Adresse
Code postal
Téléphone : 03.00.00.00.00.
Adresse électronique : nom@mail.fr
30 ans.

INGÉNIEUR GÉOMÈTRE

FORMATION

2005 : Diplôme d'INGÉNIEUR E.S.T.P. (École supérieure des travaux publics).

EMPLOI DE GÉOMÈTRE

Oct. 2007 - jan. 2008 : Responsable d'exécutions informatiques (nom de l'entreprise, ville)
· Copropriétés, plans parcellaires.
· Plan de V.R.D.
· « Moulinette ».
· Plans topographiques et plans de façades.

Avr. 2006 - oct. 2007 : Ingénieur Géomètre (nom de l'entreprise, ville)
· Animateur qualité pour Norme XX.
· Bornages - Lotissement - Copropriété.
· Cadastre - Expertises foncières - Loi Carrez.
· Certificat d'urbanisme, Division.

Oct. 2004 - fév. 2006 : Ingénieur Géomètre (nom de l'entreprise, ville)
· Levés et plans topographiques à toutes échelles.
· Expertises judiciaires - Loi Carrez - États et plans parcellaires.
· Banque de données - S.I.G. - « moulinettes » informatiques.
· Voirie et réseaux divers.

Juin 2004 - Oct. 2004 : Chef de brigade (ville)
· Bornages.
· Relevés topographiques avec codification, plans à différentes échelles.
· Dossier concernant un câble France Télécom (suivi complet).
· Lotissement - Z.A.C.

Mai 2003 : Topographe, Muséum national d'Histoire naturelle (ville)
· Rehaussage du carroyage de fouilleurs en vue d'un accès au public dans la grotte de L.

STAGES FORMATEURS

2005 : Concepteur d'une Étude de Stratégie Urbaine : quatre mois pour (nom de la société, ville).

2004 : Conducteur de travaux : trois mois chez (nom de la société, ville).

2003 : Dessinateur et collaborateur d'architecte : un mois au Cabinet DDDD (ville).

INFORMATIQUE

Pratique courante de la C.A.O. et P.A.O. : « AUTOCAD », « PHOTOSHOP »;

Pratique ponctuelle : « MICROSTATION »;

Logiciels de calculs topographiques : « TOPOGIS »;

Utilisation courante des logiciels suivants : « Word », « Excel », « In-Design »;

Collaboration au S.I.G. de la ville de M. et conception d'une base de donnée à l'aide du logiciel « ACCESS ».

Commentaire :

SUR LA FORME ET LES RUBRIQUES DU CV • Tout est très « cadré », à l'image de la formation de ce candidat. Il a donc choisi un rubriquage très précis, correspondant à chaque étape de sa vie professionnelle. La notion de « stages formateurs » lui permet de faire comprendre au recruteur qu'il a effectué une sélection des expériences les plus intéressantes, ce qui est un bon choix...

SUR LE FOND • Il s'agit d'un descriptif d'activités très méthodique et très précis, montrant que chaque expérience, même au service militaire, a été l'occasion de mettre en œuvre une technique, une compétence. Les connaissances informatiques, de plus en plus importantes dans le domaine d'activité du candidat, sont bien présentées. Elles auraient cependant pu apparaître avant la fin du CV. Le fait d'indiquer d'emblée son diplôme est, dans ce cas précis, une bonne idée. Car il s'agit d'un diplôme qui a valeur de référence dans la profession.

ILS ONT DIT... « Il est important de bien positionner ses études sur le CV : indiquer quelle classe prépa on a faite, quelle école et si elle est réputée, bien la mettre en avant. »
• Un consultant d'un cabinet de recrutement.

CHEF DE PROJET

Prénom Nom
adresse
Code postal
Tél./fax : 01.00.00.00.00.
E-mail : nom@mail.fr

PHOTO

Célibataire, 33 ans
Nationalité française

EXPÉRIENCE PROFESSIONNELLE

2008-2010 **NOM DE L'ENTREPRISE A** Filiale de Nom du groupe en Autriche

Chef de projet : Interface technico-commerciale avec le client, Supervision technique et administrative d'un projet d'installation du système de surveillance High-Tech géré par des serveurs Windows NT sur un site, (CA : 3,2 M U$). Participation aux offres commerciales, sélections et lancements des achats équipements.

Responsable technique : Mise en service et installation des systèmes de : grille de commutation, cameras motorisées ; réseau informatique; ethernet en fibre optique et serveur en Windows NT ; lecteurs et contrôleurs des cartes magnétiques ; transmission vidéo et data en fibre optique.

Chef de service d'Ingénierie : Ingénieur en chef d'équipe d'ingénieurs en étude et conception des systèmes; réseau informatique (Network Server), pour des projets de surveillance en Autriche.

2001-2007 **NOM DE L'ENTREPRISE**

Adjoint du chef de projet : Concepteur système de sécurité, intégration de système : gestion du personnel. Installation et mise en service (Hard & Soft) du système au siège de l'entreprise.

Formateur technique : sur des produits de surveillance, auprès des techniciens, en dépannage et opérationnel.

1998-2000 **Nom de l'entreprise**
Technicien de Service Après Vente; Audio Vidéo avec obtention d'un Diplôme : « QUALIFIED ENGINEERING ACHIEVEMENT » de l'entreprise.

1996-1998 **Nom de l'entreprise**
Technicien d'installation tableaux de commande pour machines électriques, maintenance du parc machines et tableaux électriques.

FORMATION

2006-2007 Spécialisation Export International (niveau II; maîtrise, nom de l'organisme de formation).

2003-2004 Licence d'Ingénierie en génie électrique option Informatique industrielle (université de ville; formation continue).

1993-1996 BTS Électronique.

1991-1993 Bac technologique option Électronique.

LANGUES

Anglais : lu, parlé, écrit.

Allemand : lu, parlé, écrit.

SAVOIR-FAIRE

Gestion de projet.
Chef d'équipe.
Interface clientèle commerciale et technique.
Responsable mission technique étranger.
Formateur technique.
Hot-Line (assistance technique par téléphone).
Maintenance et S.A.V (électrique, électronique, électrotechnique et informatique).

DIVERS

Connaissances informatiques : DOS, Windows, NT, Word, Excel.
Connaissance en mécanique générale.
Permis de conduire B.

DISPONIBILITÉ

Décembre 2010.

Commentaire :

SUR LA FORME ET LES RUBRIQUES DU CV • Au terme de « compétences », ce candidat a préféré l'expression « savoir-faire ». Un choix qui se justifie bien pour des métiers assez techniques, et qui correspond de plus, dans son cas, à des compétences très concrètes. Transmis par Internet, accompagné d'une bonne photo, ce CV joue juste assez sur la couleur (vert et noir) et les gras pour bien mettre en valeur les éléments importants.

SUR LE FOND • Il s'agit d'un candidat qui s'est formé sur le terrain avant tout, et a poursuivi sa formation professionnelle tout en étant dans une entreprise. Il a appris, au cours de son expérience, à collaborer avec des équipes différentes jusqu'à devenir chef de projet, une fonction transversale que l'on peut d'autant mieux occuper que l'on a appris à travailler dans des environnements différents. Les deux évolutions en parallèle (progression professionnelle et du niveau de formation) sont bien mises en valeur.

ILS ONT DIT... « Je ne suis pas le recruteur. C'est le responsable du poste qui recrute un candidat. Il faut donc que celui-ci indique les caractéristiques techniques de son poste, afin que nous puissions savoir si ses compétences correspondent au poste proposé. »
• La responsable de la gestion des carrières d'un équipementier automobile.

INGÉNIEUR INFORMATIQUE

Prénom Nom
Date de naissance
adresse
tél. : 01.00.00.00.00.
E-mail : nom@mail.fr

Formation

2006-2010	Études à Nom de l'école, option Systèmes d'information.
2003-2006	Classes préparatoires scientifiques (ville).
2003	Baccalauréat série S (sciences), académie de (ville).

Langue

Anglais	Lu, écrit, parlé : 790 au TOEIC (Test Of English For International Communication).

Compétences techniques

Systèmes d'exploitation	Windows.
Langages de programmation	Langage C, C++, Java, Javascript, HTML, PL/SQL, Forté.
Environnements de développement	Jbuilder 4, Forté for Java et Power AMC.
Langage de modélisation	UML.

Expériences professionnelles

Décembre 2010
Nom de l'entreprise
Développement de l'interface graphique d'une application permettant de tester les montées en charge sur un serveur ou une base de données.
Ce développement a été réalisé à l'aide de l'API swing de Java.

Septembre 2008
Mission chez Nom de l'entreprise
Maintenance corrective sur leur application « antenne » permettant la gestion des programmes et des affaires des toutes les filiales du groupe.
L'application est écrite en Forté et utilise une base de données Oracle.

Septembre 2006 à septembre 2008 (5 mois)
Stage de fin d'étude au Pays-bas chez Nom de l'entreprise (SSII spécialisée dans le domaine de la finance)
Mise en place de l'Intranet de la société.
Réalisation en Java des modules de gestion des candidatures, de gestion des modèles de documents et de gestion de la structure de l'Intranet.
L'implémentation à été réalisée en Java avec l'utilisation de JSP, de servlets, en JavaScript et à l'aide de feuilles de style CSS.

Projet de fin d'étude
Réalisation du design, de l'implémentation, de l'ergonomie et de la recette d'une banque d'images.
L'implémentation à été réalisée en Java avec l'utilisation de JSP et de JDBC et en JavaScript avec une base de données Oracle 8i.

Centres d'intérêt

Sport	Football, Tennis.
Vie associative	Membre actif de l'équipe chargée des relations École/Entreprises de Nom de l'école.

Commentaire :

SUR LA FORME ET LES RUBRIQUES DU CV • L'encadrement des rubriques est fait avec sobriété et rigueur, il ne nuit pas à la lisibilité et permet de bien situer les choses.

SUR LE FOND • Il s'agit de la candidature d'un ingénieur peu expérimenté, qui est cependant parvenu à décrire avec une extrême précision les missions qu'il a effectuées, et surtout les logiciels et techniques qu'il a pu apprendre. Dans le domaine de l'informatique, où les matériels et techniques évoluent très vite, il est particulièrement important de détailler ainsi chaque mission. De plus, le candidat distingue bien ses expériences professionnelles, ses stages, et son projet d'étude. Au bout de quelques années d'expérience, il pourra supprimer cette rubrique.

ILS ONT DIT... « Le candidat a tout intérêt à être précis sur ses expériences professionnelles. Indiquer, par exemple : "j'ai contribué au développement de tel produit, sur lequel vous travaillez aujourd'hui". Les "softeux" peuvent placer la liste de produits qu'ils ont développés »
• La responsable de la gestion des carrières d'un équipementier automobile.

INGÉNIEUR COMMERCIAL

Prénom Nom
27 ans
adresse
Tél. : 06.00.00.00.00.
Nationalité : française
E-mail : nom@mail.fr

EXPÉRIENCE PROFESSIONNELLE

Ingénieur Commercial Export **Nom de l'entreprise** ville
depuis Juin 2010

Responsable Commercial Europe pour la vente de systèmes de télécommunications
* Prospection commerciale.
* Remise, présentation et suivi des offres auprès des clients.
* Négociation des contrats et suivi des commandes.
* Coordination des actions commerciales avec les représentations internationales, et les autres sociétés du groupe.
* Nombreux déplacements à l'étranger (Italie, Espagne, Grande-Bretagne...) .
* Participation à l'élaboration du budget prévisionnel.

Commercial/Marketing **Nom de l'entreprise** ville
Nov 2007 (12 mois)

Ingénieur stagiaire en charge de la prospection et de l'étude concurrentielle dans le domaine de la télémédecine et des réseaux de soins.
* Mise en valeur des supports de ventes d'une station de télémédecine.
* Réalisation d'études concurrentielles et pays.
* Participation à l'élaboration d'offres commerciales, et à des salons.
* Déplacements auprès des clients.

Animateur des ventes **Titre du journal (presse étudiante)** ville
Août 2006 (3 mois)

* Manager d'une équipe de 5 vendeurs.
* Vente d'abonnements à des revues.
* Augmentation du nombre d'abonnés du secteur de 15 %.

LANGUES ET INFORMATIQUE

Anglais	Lu, parlé, écrit, pratique professionnelle
Espagnol	Lu, parlé, écrit, un semestre d'étude à Madrid
Arabe	Lu, parlé, écrit, notions de base
Bureautique	Excel, Word, Power Point

FORMATION

2001-2006 **Nom de l'école d'ingénieurs**
École d'ingénieurs généraliste à dominante électronique et informatique. Spécialisation en négociation de produits industriels, formation en commerce international. marketing et achat.

2001 **Baccalauréat** série S

CENTRES D'INTÉRÊT

Sports	Natation, football, jogging.
Divers	Lecture, voyages.

Commentaire :

SUR LA FORME ET LES RUBRIQUES DU CV • Ce CV donne une impression de cohérence générale. Il est assez efficace, mais un peu « triste ».

SUR LE FOND • Ce CV est encore un peu trop imprégné de ce qu'était le précédent, quand le candidat était débutant. Le détail des expériences professionnelles ne va sans doute pas tout à fait assez loin dans la précision, les résultats obtenus, les missions effectuées à l'étranger. La description de sa première expérience ressemble à ce que pourrait être celle d'un candidat expérimenté, qui détaillerait l'une des expériences considérées comme « mineures ». Pour indiquer tout de même un résultat, le candidat rappelle une expérience de vente de journaux quand il était étudiant. C'est conseillé surtout quand on n'a pas beaucoup d'autres expériences, ce qui n'est pas le cas.

ILS ONT DIT... « Il faut donner plus de place à la dernière expérience sur le CV, que l'on ait cinq ou trente ans d'expérience professionnelle. Il faut montrer que l'on n'est pas dans une logique de reproduction d'une expérience à l'autre. »
• Le consultant d'un grand cabinet de recrutement.

CHEF DE PRODUIT BIOMÉDICAL

Prénom Nom
Adresse
Code postal
Tél. 01.00.00.00.00.
E-mail : nom@mail.fr

CHEF DE PRODUIT INTERNATIONAL

ATOUTS ET COMPÉTENCES

- Marketing stratégique : segmentation et positionnement, plan de communication.
- Études : analyse du marché, veille concurrentielle, synthèse, et rédaction de plans d'action.
- Actions promotionnelles : création d'outil de communication, gestion de projet, négociation.
- Formation scientifique : maîtrise des enjeux du secteur des sciences du vivant.

PARCOURS

Professionnel

Ingénieur d'affaires - depuis janvier 2010.
Nom de l'entreprise (Nom du groupe) : vente de réactifs de biologie et recherche sur contrat en pharmacologie et immunologie.

Conseil scientifique et négociation pour la vente de kits de dosage et de contrats de recherche
Marketing : études de marché, positionnement, création de fiches-produit, de mailing, et d'argumentaire.
Stratégie commerciale des Grands Comptes européens : prospection, devis, et suivi des ventes.

Responsable développement des ventes - Septembre 2008-décembre 2009.
Nom de l'entreprise (Nom du groupe) : laboratoire pharmaceutique - département des ventes

Visite médicale et hospitalière, techniques de négociation et de vente de médicaments
Plan d'actions commerciales sur un secteur après élaboration d'outils d'analyse des ventes
Management de projets régionaux ponctuels : management de données, organisation événementielle.

Chargé d'études de marché - Avril 2008-septembre 2008.
Nom de l'entreprise (Nom du groupe) : laboratoire pharmaceutique - service études de (nom du responsable du service).

Analyse de panels et analyse d'études qualitatives (interviews de médecins).
Veille concurrentielle : élaboration de tableaux de bords et gestion d'appels d'offres.
Construction d'études quantitatives pour des plans marketing en cardiologie et dermatologie.

Universitaire

Master en management médical, école A - Septembre 2007-avril 2008.

Formation en études, stratégie, marketing, publicité, finances, comptabilité.
Rédaction de 20 plans marketing validés par des managers de l'industrie pharmaceutique.
Analyse stratégique : Dossier d'études du secteur des antihypertenseurs.
Présentation d'une stratégie anti-générique sur le marché des antibiotiques.

Recherche fondamentale pour le **Master de recherche de pharmacologie** - Septembre 2005-septembre 2006.
(nom du centre de recherches et de l'Université sous la direction du Dr (nom).

Création d'une lignée de souris transgéniques pour un oncogène.
Participation à une revue internationale (références des articles parus).

Recherche fondamentale pour la **Maîtrise de biochimie** - Sept 2003-sept 2004.
Nom du centre de recherche, nom de l'université sous la direction du Dr (nom).

Création et validation d'outils immunologiques pour l'étude de la maladie d'Alzheimer.

DIVERS

Langues : anglais professionnel, allemand moyen.
Informatique : maîtrise des logiciels de bureautique (Office, Access, Photoshop), et de programmation (références du site personnel).
Théâtre : représentations en public et organisation de spectacles.
Loisirs : sports de montagne, running, lecture de philosophie et de littérature.

Commentaire :

SUR LA FORME ET LES RUBRIQUES DU CV • Ce CV se distingue des CV de candidats scientifiques, avec son découpage en deux grandes rubriques : « atouts et compétences » et « parcours ». Le nom des entreprises ne se détache cependant pas suffisamment par rapport aux fonctions occupées, ce qui nuit un peu à la lecture.

SUR LE FOND • C'est pratiquement un CV sans faute pour un chercheur qui est « passé » dans le monde de l'entreprise et, qui plus est, à une fonction commerciale. Sans renier aucunement son passé de chercheur, le candidat parvient bien au contraire à montrer (sans démontrer trop longuement) ses choix. Le parallèle entre sa formation et ses expériences se fait immédiatement, on comprend la cohérence.

ILS ONT DIT... « Les responsables des ressources humaines dans notre entreprise sont issus du monde scientifique. Moi, par exemple, j'ai à l'origine un diplôme de vétérinaire. Inutile donc de nous inonder de "mots clés" faisant référence à des techniques ou des produits sur lesquels nous pourrions nous appuyer. Nous sommes en mesure de comprendre tout seuls. »
• Le responsable de recrutement d'un groupe pharmaceutique.

INGÉNIEUR DÉVELOPPEMENT

Nicolas JEAN
Les jardins de Valbonne n° 10
828 Route d'Antibes
E-mail : nom@mail.fr

webcontact@nicolasjean.com
35 ans (24/08/1972)
Marié, 2 enfants

Ingénieur Développement Senior

Expériences

depuis 2002 — **NiKoZEN**, Sophia-Antipolis - France
Gérant / Ingénieur senior

Création de site : groupe 9, kelsurprise, comptasurf, rdbureau, diams-securite...

Webmaster: piscine, automobile, voyage, créer son site, code réduction (HTML, XHTML, CSS, Javascript, PHP4/5, DOM, Design, Référencement, Positionnement, PAO)

Administrateur Système: service d'hébergement de site Web pour les professionnels et infogérance de serveurs dédiés
(Linux/Debian, Apache, Mysql, PHP, Postfix, Protftpd...)

2004-2006 — 2,5 ans — **Nexo**, Sophia-Antipolis - France
Ingénieur senior - software Web team leader
Design & développement Java / Servlet: application web 3-Tiers de commande d'un module embarqué de sécurité automobile
Team leader de l'équipe Web (4 personnes, front end flash/servlet)
Prise en charge de l'équipe et du design après une journée de skill transfert
(Java, Tomcat, Servlet, Eclipse, SQL, CVS/SVN)

2003-2004 — 1 an — **Projet Genethink**, Sophia-Antipolis
Ingénieur développement logiciel senior
Conception et réalisation d'une barre d'outils internet explorer toolbar pour une application client-serveur de gestion de la connaissance.
(Windows, XmlRpc, C#, Internet Explorer, COM, MSHTML, programmation objet, UML)

2000-2002 — 2 ans — **Xevo Emea**, Sophia-Antipolis
Ingénieur développement logiciel senior et team leader
Développement pour le core du produit XevoWorks: plateforme d'administration pour les Service Provider.
Développement d'outils d'intégration avec des produits tiers. (team leader, 3 ingénieurs)
Conception et réalisation le système de provisioning Unix. (team leader, 3 ingénieurs)
Conception et réalisation de modules de provisioning pour windows 2000.
Installation et configuration du produit sur site.
Xevo était une start-up américaine; co-fondateur du site européen.
(Windows 2000, Unix -Linux, Solaris-, Java, C/C++, XML/XSLT, SQL, HTML/JavaScript/VB Script, programmation objet, Active Directory, SQL server, UML)

1999-2000 — 20 mois — **Shiva - Intel**, Sophia-Antipolis
Ingénieur développement
Conception d'un système de configuration pour système embarqué (technologies XML).
Ré-écriture complète d'une couche RNIS (Q931/Q921).
Conception et développement d'un serveur Web embarqué pour le LanRover Access Switch.
(RNIS, HTTP, langage C, environnement temps réel Unix, Linux, XML, HTML/JavaScript, Awk).

1997-1999 — 18 mois — **Centre d'Etudes et Recherches IBM**, La Gaude
Ingénieur développement (CDD)
Développement pour le switch ATM Nways 8265 IBM.
Conception et réalisation d'un outil de test de non régression du système de routage PNNI.
Conception et réalisation d'une application d'analyse de traces des protocoles de signalisation et de routage ATM pour le switch.
(langage C, environnement temps réel, Unix, Java, HTML/JavaScript, Awk, shell scripts, STk)

1996-1997 1 an	**SAGEM**, Paris *Ingénieur intégration et projet* Intégration d'un système de reconnaissance automatique d'empreintes digitales: personnalisation du système, de l'interface utilisateur, et de produits tiers au choix du client. Installation sur site (Qatar, France, Liban) (système de données réparties sous RS/6000, AIX, XFaceMaker/Motif, windows)
1995-1996 1 an	**Marine Nationale**, Toulon *Service National, Officier* Administrateur système du réseau national de la Marine: 21 serveurs UNIX, 40 réseaux locaux. Installation du Domain Name Server, du courrier électronique et d'un serveur Web.
1995 7 mois	**Centre d'Etudes et Recherches IBM**, La Gaude *Ingénieur développement (Stage + CDD)* Conception et réalisation d'un outil graphique d'analyse de traces de l'algorithme de routage du Hub IBM 8260 ATM. Conception et réalisation d'un outil de visualisation graphique temps réel des protocoles de signalisation ATM dans l'environnement de test du Hub. Conception des procédures de test pour les modules LAN Emulation du Hub. Rédaction d'une synthèse sur les techniques de routage dans les réseaux informatiques. (Programmation C/C++, lex, Motif, UNIX, X Windows)
1994 1 an	**SEIO - Junior Entreprise**, Angers *Responsable département informatique, Vente*
1993 2 mois	**SAFT**, Angoulême *Stagiaire développement logiciel*
1992 2 mois	**GECRI**, Angoulême *Stagiaire développement logiciel*

Expériences Personnelles

Formateur décembre 1998, cours de 4 jours sur la programmation korn shell

Publications

"Comprendre et programmer le protocole HTTP"
linux magazine france n°43, Octobre 2002

"Comprendre et programmer le protocole SMTP"
linux magazine france n°45, Décembre 2002

"Comprendre et programmer les protocoles POP et IMAP"
linux magazine france n°46, Janvier 2003

"Introduction à MIME"
linux magazine france n°50, Mai 2003

"XHTML, CSS : Le futur du Web a déjà ses standards"
linux magazine france n°57, Janvier 2004

Webmaster

www.iprelax.fr
Comprendre et programmer les protocoles du Web et de l'internet.

www.salemioche.net
Créer et animer un site Web sur internet.

Application Youhp3 : preprocesseur (x)html
http://www.youpee.org

Formation

1995 **Diplôme d'ingénieur en informatique et électronique,**
Ecole Supérieure d'Electronique de l'Ouest (ESEO, France).

Anglais Bon niveau
"Test Of English as a Foreign Language", score : 547 (1993).
FIRST Certificate of Cambridge (1994).

Compétences

Langages	C/C++, Java, C#, Awk, Shell (Ksh, Bash), SQL, UML programmation des systèmes embarqués temps réel, programmation objet.
Web	XML/XSL, HTML/CSS/JavaScript, CGI, Protocoles (HTTP, SMTP, POP...).
Systèmes	UNIX (Linux, Solaris, AIX, DG-UX, HP-UX), Windows 9x/2k/XP.
Réseaux	ISDN, ATM, TCP/IP, Algorithmes de routage, LAN, WAN, Ethernet.
Outils	Clearcase, Perforce, CMVC, CVS, ClearQuest, Bugzilla

Commentaire :

SUR LA FORME ET LES RUBRIQUES DU CV • Ce CV a été réalisé par un ingénieur informaticien spécialisé dans la création de sites Internet. Il était donc normal qu'il utilise les possibilités de l'outil d'une part pour présenter ses expériences et sa formation, d'autre part pour prouver ses compétences. C'est un exemple intéressant de CV sobre, qui peut garder son intérêt en étant imprimé tel quel, mais qui propose plusieurs lectures possibles grâce aux liens (en rouge sur l'original) qu'il permet, renvoyant sur des informations plus complètes. Un candidat non informaticien peut donc également s'en inspirer.

SUR LE FOND • Un rubriquage attractif : Nicolas a choisi de présenter d'emblée ses compétences et les outils et logiciels qu'il maîtrise, en accroche de son CV. Il propose ensuite un menu, permettant au lecteur de se reporter directement aux aspects de la vie professionnelle et éventuellement personnelle l'intéressant. Ainsi, la rubrique loisirs n'apparaît qu'à cet endroit. En cliquant, on découvre qu'il fait du parachutisme et de la plongée. La rubrique « accueil » propose une synthèse de son expérience professionnelle, une présentation de son entreprise et le lien vers un site Internet original qu'il a créé.

ILS ONT DIT... Des incitations sélectives au « clic » : Le premier désir de Nicolas est de présenter sa société, dont il est gérant depuis 2002. Et les sites qu'il a créés… Cependant, ce CV peut être également utile dans le cadre d'une recherche d'emploi, des liens ont donc été faits sur les sites de certaines entreprises dans lesquelles il a travaillé, ainsi que sur son école d'ingénieur, ce qui permet au recruteur de comprendre « d'où il vient », sans être obligé de lire le détail de toutes ses expériences.

Communication, édition, documentation

Voici des secteurs dans lesquels le droit à l'erreur sur certains éléments du CV et de la lettre de motivation n'est guère permis. Une mauvaise présentation graphique, des fautes d'orthographe ou des phrases trop longues... peuvent exposer les candidats à un rejet sans appel de leur candidature. Le secteur de la communication est cependant assez vaste. En fonction de la structure dans laquelle on postule, il est conseillé d'adapter sa candidature.

Les points à mettre en avant

• **Dans les secteurs les plus « créatifs »,** comme la publicité, il est conseillé de joindre des documents que l'on a réalisés ou auxquels on a collaboré (plaquette, journal...). La valeur ajoutée d'un candidat se mesurera également à la notoriété des marques et des supports pour lesquels il a travaillé.

• **Dans les organisations de type plus « institutionnel »** (collectivités territoriales, administrations, syndicats professionnels, grandes entreprises...), la communication est plus classique. Il est préférable d'insister sur sa connaissance des rouages de la structure dans laquelle on postule, de détailler ses expériences.

CHARGÉ DE COMMUNICATION

Prénom Nom
Adresse
Code postal
Tél. 04.00.00.00.00.
E-mail : nom@mail.fr

Chambéry, le 4 mars 2011

Madame, Monsieur,

Chargé de communication pour une collectivité territoriale depuis cinq ans, je suis à la recherche d'une mission me permettant de faire évoluer mes compétences dans un autre secteur d'activité.

J'ai acquis, au cours de ma dernière expérience, une parfaite maîtrise des outils de communication et un bon savoir-faire relationnel.
J'étais responsable de l'ensemble des supports de communication (magazine, brochure, dépliant...) ainsi que du développement de la promotion institutionnelle de la ville, par l'organisation d'événements ou auprès des médias.

Ainsi, j'ai élaboré les divers plans de communication pour les opérations événementielles et coordonné le suivi des actions marketing.

J'ai également contribué à intensifier la présence de la ville dans les médias en relançant les relations presse et en développant le réseau des relations professionnelles avec les journalistes locaux et la presse spécialisée.

Disponible, organisée et appréciant le travail en équipe, je souhaite vivement trouver une mission dans laquelle je pourrai m'investir.

Dans l'attente de vous rencontrer, je vous prie de croire, Madame, Monsieur, en l'assurance de ma considération distinguée.

Signature

Chargé de communication

Prénom Nom
Adresse
Tél. 04.00.00.00.00.
Tél mobile 06.00.00.00.00.
E-mail : nom@mail.fr
29 ans - Célibataire

CHARGÉ DE COMMUNICATION

EXPÉRIENCES PROFESSIONNELLES

Janv. 2007 à janv. 2011 Ville de XXX, 50 000 habitants
Chargé de communication et des relations presse à la Direction de la Communication et des Relations Publiques.
- **Responsable de l'organisation et du fonctionnement du service communication**
Management de 6 collaborateurs et gestion d'un budget de 145 000 €.
- **Responsable des publications municipales**
Rédaction, conception, suivi de fabrication et diffusion de l'ensemble des publications de la ville (bulletin municipal semestriel, guides, dépliants, affiches...).
- **Chargé des relations presse**
Organisation de conférences de presse, conception et rédaction de dossiers et communiqués de presse, gestion des contacts avec les journalistes locaux et nationaux.
- **Chargé de la communication événementielle.**
Organisation et promotion de manifestations événementielles en liaison avec l'ensemble des services municipaux et des partenaires de la ville (salon du livre, exposition universelle 1999, course du cœur annuelle...).

2006 Établissement public XX
Chargé de communication - trois mois en CDD
- Chargé de projet pour la conception d'un **nouveau rapport d'activité annuel** et pour la réalisation d'une **plaquette institutionnelle**.

2005-2006 Établissement public de recherche
Assistante de communication - 6 mois en stage et 4 mois en CDD
- Responsable de la conception, rédaction, fabrication et diffusion du **rapport d'activité**
- Chargé du **développement des contacts journalistes**, organisation d'un point presse pour l'inauguration d'un centre de recherche.

FORMATION

2006	Maîtrise de **Sciences de l'Information et de la Communication** (Université, Ville).
2005	Licence de **Sciences de l'Information et de la Communication** (Université, Ville).
2004	Diplôme Universitaire de **Communication Multimédia** (Université, Ville).
2001	Brevet de Technicien Supérieur en **Communication et Actions Publicitaires.**
1997	Baccalauréat ES.

CONNAISSANCES TECHNIQUES

- **Informatique (PC et Macintosh)** : utilisation professionnelle de Word, Powerpoint, logiciel de gestion de base de données de contacts journalistes.
- **Photographie :** prise de vue, reportage.
- **Imprimerie :** connaissance des techniques d'impression et de la chaîne graphique.

LANGUES

- **Anglais :** lu, écrit, parlé.
- **Allemand :** notions.

Commentaire :

SUR LA FORME ET LES RUBRIQUES DU CV • Ce CV est un exemple de sobriété dans la forme, pour un poste pourtant dévolu à la communication. Seul regret : la candidature faisait en tout quatre pages, deux pour le CV, deux pour la lettre de motivation manuscrite. Le corps choisi pour le CV était trop important.

SUR LE FOND • La dernière expérience est détaillée de manière précise, ce qui est très utile dans ce domaine, dans lequel les tâches peuvent recouvrir des aspects très divers. La candidate aurait cependant pu éviter d'ajouter une deuxième page à son CV en se contentant d'indiquer son dernier diplôme. « Remonter » jusqu'au bac n'apporte aucune information supplémentaire au recruteur. De plus, dans ce domaine, l'expérience et la formation professionnelle l'emportent souvent sur la formation initiale.

ILS ONT DIT... « L'écriture manuscrite de la lettre est agréable, on distingue bien dans le CV les expériences et les fonctions exercées. La candidate indique bien les principales réalisations dans son domaine d'activité. C'est une bonne candidature, même si elle est sur deux pages. »
• Une chargée de recrutement chez Adecco Cadres.

RESPONSABLE DE COMMUNICATION

Prénom Nom
Adresse
Code postal
Tél. 04.00.00.00.00.
E-mail

Valence, le 5 juillet 2010

Madame,

Dans le cadre du développement de votre société à l'international, vous recherchez un responsable de communication chargé d'être l'interface entre les différentes filiales de votre société, en France et à l'international.

Lors de mon expérience au sein du groupe [nom du groupe], j'étais chargée de la rédaction d'argumentaires et des bulletins d'informations pour la direction commerciale. Rattachée au directeur de la communication chargé de l'international, je coordonnais la réalisation des brochures et catalogues lors du lancement des produits dans les pays concernés par les campagnes en question. J'avais aussi comme missions l'analyse des plans de communication et la mise en place des stratégies locales en fonction des besoins des filiales demandeuses.

Je souhaite mettre à votre disposition aujourd'hui mes capacités d'analyse, de rigueur et de synthèse, ainsi que ma maîtrise de trois langues. Je sollicite dans ce but un entretien afin que nous puissions ensemble envisager mes compétences au regard de vos attentes.

Veuillez agréer, Madame, l'expression de mes salutations distinguées.

Signature

Commentaire :

SUR LE FOND • Répondant à une annonce, cette candidate résume parfaitement d'emblée les principaux éléments du poste et les relie à sa propre expérience. C'est une « accroche » de lettre de laquelle on peut s'inspirer, sans risque. De plus, les termes qu'elles utilisent pour relater sa propre expérience reprennent ceux de l'offre (international, filiales...). La maîtrise des langues, qu'elle doit également reprendre dans son CV (non reproduit ici) est également un facteur déterminant pour le poste. Seul bémol : le terme « envisager » mes compétences est trop vague. On peut lui préférer par exemple « analyser ». De plus, une mise en avant de l'intérêt que revêt l'entreprise pour la candidate (produit, activité, rayonnement international et pays concernés) aurait été un plus.

ILS ONT DIT... « Pour les postes qui nécessitent une mobilité géographique, nous nous posons la question de savoir si le candidat ou la candidate sera prêt(e) à bouger. Il est bon de donner des éléments de preuve dans la lettre ou dans le CV. »
• Un consultant d'un cabinet de recrutement.

RESPONSABLE DE COMMUNICATION/ORGANISATION

Prénom Nom
Adresse
Code postal
Téléphone : 06.00.00.00.00.
E-mail : nom@mail.fr

Objet : candidature spontanée

Valence, le 4 mars 2011

Madame, Monsieur,

Je vous communique le détail de mon parcours professionnel qui, je l'espère, pourra correspondre au poste que vous proposez.

Je suis actuellement en poste. Ma démarche, spontanée, est motivée par la récente cession de mon centre de profit à une société aux capitaux publics, qui ne me garantit plus la dynamique prévue lors de mon embauche.

Je souhaite mettre mes compétences en :
ORGANISATION, DÉVELOPPEMENT, COMMUNICATION, GESTION
au service d'une structure soucieuse de son développement et du respect des engagements pris. Je suis particulièrement intéressé par un poste de responsable d'un centre de profit, qui correspond de façon idéale à mon désir d'autonomie et de responsabilité.

La zone géographique visée se situe en France, au sud de la Loire et dans la totalité du massif Alpin. Je suis également prêt à m'expatrier.

Je vous prie de recevoir, Madame, Monsieur, l'expression de mes sincères salutations.

Signature

RESPONSABLE DE COMMUNICATION/ORGANISATION

Prénom Nom
adresse
tél. portable 06.00.00.00.00.
E-mail : nom@mail.fr
Date de naissance à (ville, département) - Marié

EXPÉRIENCES PROFESSIONNELLES

« Une riche expérience pour œuvrer de façon autonome au contact de réelles responsabilités »

■ **Directeur du Palais des Congrès et du Parc des Expositions de la Ville de (ville) (délégation de service public auprès de la municipalité pour le groupe X)**
Depuis août 2008

• **Représentation de la Nom de la société auprès de la Ville de XX**
- Communication auprès des élus et des agents publics.
- Relation constante avec l'environnement média.
- Interlocuteur privilégié des organisateurs de manifestations (congrès, festivals...).

• **Développement de l'activité commerciale du site**
- Activités locatives.
- Congrès, séminaires, réunion : proposition de produits « tout compris ».

• **Supervision du fonctionnement des infrastructures**
- Suivi de l'occupation : planning, réalisation, facturation, suivi commercial.
- Gestion du personnel (20 personnes) : planning, management, paie, formation.
- Respect des obligations administratives : sécurité, reporting de délégation.

• **Organisation de manifestations événementielles (salons, spectacles, expositions)**
- Programmation, promotion, communication, montage, réalisation.
- Bilan et perspectives d'évolution.

• **Suivi de gestion du centre de profit**
- Élaboration et suivi du budget global.
- Mise en place d'un reporting mensuel avec le siège et la Ville de (x) : tenue d'une comptabilité analytique.
- Pré comptabilité, comptes fournisseurs, comptes clients, définition des investissements.

■ **Responsable d'exploitation de la société CCC, gérante de 4 hôtels (4 hôtels de montagne compris entre 100 et 170 lits)**
De décembre 2004 à juin 2008

• **Suivi de la clientèle**
- Accueil et souci d'une prestation de qualité dans le respect des contraintes budgétaires.
- Optimisation du taux de renouvellement en arguant de la diversité de notre offre.

• **Interface du siège social avec les intervenants locaux**
- Lien régulier avec les autorités municipales et préfectorales.
- Communication permanente auprès des Offices de Tourisme et Centrales de Réservation.

• **Gestion du personnel (50 personnes)**
- Recrutement, animation et coordination, gestion administrative et salariale.
- Standardisation des différents postes de travail pour une rentabilité accrue et une qualité homogène.

- **Gestion des consommables**

- Achats et relations fournisseurs : négociation en amont, référencement.
- Suivi et contrôle des commandes et des stocks.

- **Gestion analytique, financière et suivi budgétaire**

- Pré comptabilité, comptes fournisseurs, comptes clients.
- Contrôle hebdomadaire des coûts de fonctionnement (énergie, restauration, blanchisserie...).

- **Conservation des locaux**
- **Dossiers administratifs divers : sécurité, demandes de subventions...**

■ **Responsable administratif et financier de la société Nom de la société (commercialisation et développement de logiciels pour l'industrie)**

- **Interface avec la direction Japonaise (filiale du groupe textile R.)**

- Traduction des données comptables pour s'adapter au schéma de consolidation du groupe.
- Préparation et présentation d'un rapport financier synthétique mensuel.

- **Gestion financière, comptable et de trésorerie**

- Facturation, enregistrement des écritures, situation mensuelle, analyse des écarts, prévision budgétaire.
- Suivi des échéanciers clients et fournisseurs, suivi bancaire, opération de couverture à l'exportation.
- Tenue des états de gestion budgétaires et analytiques.

■ **Gestionnaire en village de vacances du CLUB B.**

- Représentation de la société auprès de intervenants locaux : élus, prestataires de service...
- Suivi budgétaire, contrôle des comptes et analyse comptable.
- Gestion du personnel : coordination, administration, paye pour environ 100 salariés.
- Reporting au siège social.

- **Mission - Export en Grèce pour les éditions Nom de la société**

- Développement d'un annuaire spécialisé sur le secteur des fruits et légumes.
- Vente d'espaces publicitaires auprès des producteurs et autres intervenants du marché local.
- Étude du marché national Grec pour analyser ses potentialités.

■ **Assistant au contrôleur de gestion de la Direction Logistique du groupe Nom de la société**

- Découverte du secteur de la grande distribution.
- Définition des objectifs pour l'exercice 2000 et du plan quinquennal : gestion prévisionnelle.
- Analyse des coûts du système « réapprovisionnement - automatique » de la région parisienne.
- Étude Marketing sur l'implantation du secteur électroménager en hypermarché.

FORMATION

- 2000/2007 :	Diplômé de l'École de commerce X, ESC reconnue par l'État au niveau II. - Obtention du Diplôme préparatoire aux études comptables et financières.
- 1997/1999 :	Préparation H.E.C. au Lycée O. de (ville).
- LANGUES :	ANGLAIS : lu, écrit, parlé. ITALIEN : lu, écrit, parlé.
- INFORMATIQUE :	Utilisation quotidienne sous WINDOWS. Progiciels de gestion commerciale et comptable. Développement d'outils de gestion spécifiques.

AUTRES CENTRES D'INTÉRÊT

Moniteur de ski fédéral premier degré.
Sports pratiqués : ski, course à pied, parapente, vélo.
Vice-Président d'une association d'anciens étudiants (Nom de l'association).

Commentaire :

SUR LA FORME ET LES RUBRIQUES DU CV • Ce CV a été transmis par Internet, c'est pourquoi le candidat a choisi de ne pas faire trop de fioritures, qui risquent d'alourdir le fichier et ne sont pas forcément lisibles par le destinataire. Il a juste surligné les rubriques par un grisé, une couleur qui passe bien à l'impression noir et blanc. La phrase d'introduction, vers laquelle l'œil est naturellement attiré, est un peu grandiloquente, mais appuie bien le désir d'évolution du candidat.

SUR LE FOND • La lettre de motivation accompagnant le CV n'a pas été adressée en l'état aux employeurs. C'est un canevas, en réserve sur l'ordinateur du candidat et qui lui sert de base pour chacune de ses candidatures. Le texte est légèrement modifié et adapté en fonction des destinataires. Dans tous les cas, il explique bien la volonté de ce candidat de passer d'une structure « reprise en main » par le secteur public au secteur privé.

ILS ONT DIT... « Quand un candidat postule chez nous parce qu'il a des difficultés dans son entreprise actuelle, ce n'est pas une tare. Il faut l'expliquer avec tact, mais ce n'est pas gênant. On peut utiliser des expressions comme "je suis dans une société en pleine mutation", ou "je dois reconsidérer ma carrière". Sinon, cela signifie soit que le candidat ne parvient pas à gérer son problème, soit qu'il a des difficultés à poser le problème en termes choisis. »

• Le directeur des ressources humaines d'un groupe pharmaceutique.

Chargé de communication presse

Prénom Nom
adresse
tél. portable : 06.00.00.00.00.
E-mail : nom@mail.fr
35 ans

Chargé de communication-presse

COMPÉTENCES

Maîtrise de l'ensemble des outils de communication externe.
Parfaite connaissance du marché du tourisme et du sport.
Important réseau de journalistes fidélisés.

CURSUS PROFESSIONNEL

Nom de l'entreprise - secteur du Tourisme - 150 000 clients - 76,2 M € de Chiffre d'affaires.

- **2008-2010 Chargé de Communication-presse** (Direction Marketing - Ventes)

Objectifs : Accroître la notoriété de Nom de la société et de ses produits auprès de ses différents marchés.
Garantir le respect du positionnement créatif de la communication externe.
Assurer une croissance qualitative et quantitative des relations presse.

Missions et résultats :

- Promotion (budget : 61 000 €/an sur trois ans).
  Mettre en œuvre la stratégie de communication sur les points de vente et les centres.
  Création de la charte de communication externe sur les centres.
  Création du kit de communication sur les points de vente.
  Développement d'outils de fidélisation.
- Communication électronique (budget : 45 700 €).
  Développer des outils de vente à distance.
  Pilotage des rubriques promotionnelles.
  Création du site internet et animation des rubriques.
- Publicité (budget : 130 000 €).
  Mettre en place le plan de communication publicitaire dans la presse écrite.
  Pilotage d'achats d'espaces et conception de publicités.
- Relations Presse (budget : 70 130 €).
  Définir et mettre en œuvre les actions de relations presse (100 contacts « actifs »).
- Réalisation et diffusion de communiqués et de dossiers de presse (20 000 courriers ciblés envoyés).
- Organisation de voyages de presse et reportages : 1 500 retombées presse, + 42 % en trois ans.

- Partenariats (budget : 61 000 €).
  Renforcer les partenariats média et hors média.
  Signature et mise en place de 3 partenariats (nom des journaux).
  Suivi de partenariats existants.
- Relations publiques et événements (budget : 107 000 €).
  Développer la notoriété de la société, par le biais d'événements grand public.
  Organisation de la présence de l'entreprise au Salon du livre (2000 visiteurs sur 4 stands).
  Amélioration de l'impact du Trophée des régates (50 bateaux et 450 participants). + 106 % de retombées sur quatre ans.

2009-2011 RESPONSABLE DU SERVICE PRESSE (Direction Marketing - Ventes)

Objectifs : Réorganiser et développer les actions du service presse.
Instaurer une relation clients/fournisseurs avec les directions domaines.

Missions et résultats - (budget : 107 000 €).

- Rédaction du plan de communication-presse, construction et mise en œuvre des plans d'actions annuels.
- Rationalisation et recentrage des actions, optimisation du budget.
- Organisation et pilotage du 15e anniversaire de l'entreprise (400 invités).
- Conception et réalisation des outils de communication.

2006-2009 ASSISTANT DU RESPONSABLE DU SERVICE PRESSE

Objectif : Participer à l'ensemble des actions du service.

Missions et résultats

- Rédaction de dossiers de presse, communiqués, organisation de conférences et voyages de presse.

NOM DE L'ASSOCIATION. Association loi 1901, spécialisée dans la promotion artistique (457 000 € de budget).

2003-2005 ATTACHÉ DE PRESSE

Objectifs : Création du service presse.
Promotion des artistes et organisation de tournées d'un groupe musical.

Missions et résultats :

- Recrutement et pilotage des principaux fournisseurs.
- Mise en place et suivi des actions de promotion et de relations presse.

FORMATION

2011 Nom de l'organisme de formation - stage de conduite de projets (formation continue).
1997-2010 École de communication.
1993 Baccalauréat série B.

Informatique : Windows (Word, Excel, Power Point).

Commentaire :

SUR LA FORME ET LES RUBRIQUES DU CV • Ce CV, transmis par Internet, témoigne d'un grand souci du détail. Or, les informations essentielles et la distinction entre les rubriques n'apparaissent pas de manière évidente à l'impression, ce qui nuit à la compréhension globale de la candidature. Nous ne reproduisons pas ici la rubrique « centres d'intérêt », qui était également très développée.

SUR LE FOND • Ce candidat a un bon sens de la communication écrite, mais aurait sans doute dû « élaguer » quelque peu son propos. Car, si on comprend bien les compétences qu'il a mises en œuvre, les résultats qu'il a obtenus, et la progression qu'il a connue dans l'entreprise, on se perd un peu dans l'inventaire. Les détails sur son dernier poste sont, cependant, très convaincants sur ses domaines d'activité.

ILS ONT DIT... « Il est conseillé de bien détailler la dernière fonction exercée, et de montrer l'évolution que l'on a pu avoir dans sa vie professionnelle. Il ne faut pas suivre une logique de reproduction, en accordant la même importance et la même valeur à toutes ses expériences. Il faut que le recruteur puisse se dire : "cela vaut le coup de le rencontrer, parce qu'il a eu une marge de progression". »
• Le consultant d'un cabinet de recrutement spécialisé.

Chargé de relations publiques

Prénom Nom
Adresse
Code postal
Tél. 05.00.00.00.00.
E-mail : nom@mail.fr

Poitiers, le 4 mars 2014

Madame,

Actuellement en poste au sein d'une association, mais souhaitant enrichir mon parcours professionnel en intégrant un grand groupe, je me permets de vous soumettre ma candidature. Titulaire d'un Master en politique internationale et d'une maîtrise d'histoire, bénéficiant d'une première expérience en matière de relations presse et relations publiques, acquise notamment auprès de la compagnie ZZZ et du bureau de presse YYY, je serais très heureuse de rejoindre l'une de vos équipes.

La maîtrise de deux langues étrangères, de l'outil informatique, le sens de l'organisation et des responsabilités ainsi qu'une certaine aisance rédactionnelle et relationnelle sont mes principaux atouts pour y prétendre.

En espérant que le CV ci-joint saura vous convaincre et dans l'attente de vous exposer de vive voix l'étendue de mes motivations, je vous prie d'agréer, Madame, mes sincères salutations.

Signature

CHARGÉE DE RELATIONS PUBLIQUES

Prénom Nom
Date et lieu de naissance
Célibataire
Adresse
Tél. 05.00.00.00.00.
E-mail : nom@mail.fr

Une formation polyvalente

2006-2007	Master politique internationale à (université, ville), mention AB.
2003-2005	Maîtrise d'histoire à (université, ville), mention TB.
2002-2003	Khâgne au lycée S (ville). 99e sur 451 au concours de l'ENS.
2002	Baccalauréat L, mention Bien.

Une expérience professionnelle ciblée

Relationnel...

Chargée des relations internes à l'École supérieure de (ville).
Relations avec la presse et le public pour la compagnie ZZZ.
Mécénat et subventions - Compagnie RRR (ville).
Accueil et interprétariat trilingue du Festival international des lettres.

... Et rédactionnel

Articles (nom des publications).
Documents de communication - Musée de (ville).
Conception de projets - (association, ville).
Dossiers de presse compagnie UUU (ville).

Des connaissances linguistiques et informatiques

Langues pratiquées : anglais : courant
espagnol : courant
allemand : notions

Logiciels : Claris Works, Word, Paradox, Pagemaker, Publisher.

Centres d'intérêt

Ligue d'improvisation de (ville) (membre de l'équipe théâtrale et du conseil d'administration).

Spectacle vivant (danse, théâtre, concerts, théâtre de rue...).

Commentaire :

SUR LA FORME ET LES RUBRIQUES DU CV • L'idée de donner des vrais titres aux rubriques à la place d'une présentation classique est intéressante. La candidate qualifie ainsi ses compétences sans alourdir son propos.

SUR LE FOND • La mise en valeur de sa formation, avec son rang de classement au concours de Normale sup, est perçue différemment selon les lecteurs du CV ; certains jugent cette mention un brin prétentieuse, d'autres au contraire y voient la preuve d'une candidate brillante. La spécificité de cette candidate est justement d'avoir un profil essentiellement littéraire. L'indication de rang de classement au concours est une façon, surtout quand on ne peut justifier que d'une courte expérience professionnelle, de se distinguer et de s'affirmer. Envoyée à un grand groupe, cette candidature n'était cependant pas assez ciblée. Un minimum de connaissances est requis sur les activités et exigences de l'entreprise

ILS ONT DIT... « Il est bon d'indiquer ses mentions quand on a obtenu une distinction spéciale du jury, ou que l'on a été major de promotion, surtout en début de carrière. Sinon, ce n'est pas la peine. »

• Le responsable de recrutement de Sopra.

Secrétaire de rédaction

Nom Prénom
Adresse
Code postal
Tél. 01.00.00.00.00.
E-mail : nom@mail.fr

Créteil, le 4 mars 2014

Cher Monsieur,

Comme convenu lors de notre entretien téléphonique de ce jour, vous trouverez ci-joint mon curriculum vitæ. Sept années d'expérience en tant que secrétaire d'édition et secrétaire de rédaction pour plusieurs sociétés retiendront, je l'espère, votre attention pour l'une de vos publications.

Je me tiens à votre disposition pour venir réaliser un test dans vos locaux.

Dans l'attente d'une prochaine collaboration dans votre service, veuillez recevoir, Cher Monsieur, mes salutations les meilleures.

Cordialement,

Signature

SECRÉTAIRE DE RÉDACTION

Prénom Nom ——— Journaliste
Adresse carte de presse 5555
Tél. 01.00.00.00.00.
E-mail : nom@mail.fr
Date de naissance

Expériences professionnelles

Secrétaire de rédaction

- **Nom de l'entreprise (dates)**
Caractéristiques de l'entreprise, première secrétaire de rédaction.
- **Nom de l'entreprise (dates)**
Caractéristiques de l'entreprise, secrétaire de rédaction.

Rédactrice

- **Nom de l'entreprise (dates)**
Caractéristiques de l'entreprise, responsable de la rédaction.
des hors série
- **Nom de l'entreprise (dates)**
Caractéristiques de l'entreprise, responsable de la rédaction.
de la rubrique loisirs
- **Nom de l'entreprise (dates)**
Caractéristiques de l'entreprise, rédactrice polyvalente.
- **Nom de l'entreprise (dates)**
Caractéristiques de l'entreprise, secrétaire de rédaction.
et rédactrice du magazine
- **Nom de l'entreprise (dates)**
Caractéristiques de l'entreprise, secrétaire de rédaction.
des guides annuels
- **Nom de l'entreprise (dates)**
Caractéristiques de l'entreprise, écriture et réécriture.
des ouvrages pratiques
- **Nom de l'entreprise (dates)**
Caractéristiques de l'entreprise, secrétaire d'édition du quotidien.

Réalisation

- **Nom du film (date).** Film documentaire en préparation. Durée, production.
- **Nom du film (date)**. Cadre de la réalisation.

Photographies ___________________________

Formation Diplôme, école, année

Commentaire :

SUR LA FORME ET LE FOND DU CV • En rendant ce CV totalement anonyme (c'est-à-dire en ôtant les informations liées à l'identité de la candidate et des sociétés pour lesquelles elle a travaillé et la fonction occupée), on s'aperçoit que cette candidature est véritablement allée à l'essentiel, alors que son auteur a déjà une longue expérience. C'est le CV le plus « épuré » qui nous ait été transmis, et l'un des plus efficaces également par rapport à la fonction visée. Présenté sur une page, avec des paragraphes équilibrés, il ne dit que ce qui intéresse le responsable du secrétariat d'édition d'un groupe de presse qui l'a sélectionné comme l'une des meilleures candidatures transmises. Le fond et la forme sont totalement liés.

ILS ONT DIT... « Toute faute d'orthographe ou de style est, pour moi, rédhibitoire. Il m'est arrivé de faire passer un test de correction à un candidat dont le CV n'était pas très bon, et, effectivement, le résultat n'était pas à la hauteur. »
• Le secrétaire général de la rédaction d'un groupe de presse.

SECRÉTAIRE DE RÉDACTION SUITE À UNE RECONVERSION

Prénom Nom

adresse

00 00 00 00 00 - 06 00 00 00 00

nom@mail.fr

Objet : candidature S.R.

Madame,

Je m'adresse à vous car je serais ravie de collaborer à votre magazine.

Le stage puis les piges que je viens d'achever à (nom du journal) me confortent dans ma détermination d'exercer le secrétariat de rédaction.

J'étais auparavant rédactrice-conceptrice publicitaire. Mais mon goût pour la presse et les circonstances économiques m'ont conduite à envisager une reconversion. En découvrant cette facette du journalisme, j'ai compris qu'elle me permettrait de poursuivre ma relation avec l'écrit et d'exploiter un certain nombre d'acquis professionnels et personnels : capacité de transmettre un message, rédaction de titraille, esprit de synthèse, rigueur et précision, sens de l'organisation et du travail en équipe.

Je souhaite vivement vous rencontrer et me permettrai de vous contacter très prochainement.

Dans l'attente d'un rendez-vous, je vous prie d'agréer, Madame, l'expression de mes salutations distinguées.

Signature

SECRÉTAIRE DE RÉDACTION SUITE À UNE RECONVERSION

Prénom Nom
Adresse
00 00 00 00 00 – 06 00 00 00 00
nom@mail.fr

SECRÉTAIRE DE RÉDACTION

FORMATION

2013 – Secrétariat de rédaction

Nom de l'organisme de formation : formation qualifiante (5 mois). Préparation de copie, relecture, réécriture, édition d'une page, chemin de fer...

Nom de l'organisme de formation : stage complémentaire (3 semaines).

Logiciels : maîtrise de XPress, InDesign, Illustrator et Photoshop.

1986 – Licence d'anglais

EXPÉRIENCE

Presse – Secrétaire de rédaction

Octobre 2013-Janvier 2013. Nom du journal : remplacement d'un secrétaire de rédaction dans le service (nom du service).

2013 – Nom du journal: stage puis pige.

2010 – Piges de rédaction pour le journal interne de Nom de l'entreprise

Publicité – Conceptrice – rédactrice

2009-2011 – Nom de la société – Campagnes presse et édition de brochures pour (nom des marques).

2008 – Nom de la société – Presse et TV pour (nom des marques).

2001-2007 – Nom de la société – Presse, TV, radio et affichage pour (nom des marques).

1996-2000 – Grey – Presse, TV et radio pour (nom des marques).

1995 – Mandarine – Presse pour (nom des marques).

1994 – Harmony – Presse et TV pour (nom des marques).

1991-1993 – Eldorado – Presse pour (nom des marques).

Commentaire :

SUR LA FORME ET LES RUBRIQUES DU CV. L'important pour cette candidate est de mettre en avant son nouveau métier, suite à une reconversion. En l'absence d'une expérience professionnelle très significative, elle a préféré placer sa formation spécialisée et se positionner d'emblée comme secrétaire de rédaction. Le placer en titre dans son cas est une bonne solution. Quand son expérience professionnelle dans ce nouveau domaine sera suffisamment étoffée, elle pourra débuter son CV avec cette rubrique.

SUR LE FOND. Ajouter quelques lignes à son CV pour peu à peu réduire la place de son expérience dans la publicité afin d'attirer l'œil du recruteur et obtenir un poste de plus longue durée dans une rédaction est le but de la candidate, qui a réussi à convaincre à plusieurs reprises des employeurs. Sa lettre de motivation est courte mais pose très bien l'essentiel : la nécessité économique (le chômage dans la publicité l'a touchée de plein fouet) et une attirance pour la presse, jointes à des capacités rédactionnelles utiles à ce nouveau métier, l'ont conduite à changer de voie. Si elle explique bien ce parcours, elle aurait cependant pu détailler son choix de ce titre de presse auprès duquel elle postule, en montrant quelques preuves qu'elle le connaît.

ILS ONT DIT... « Un conseiller m'a dit qu'il était préférable de présenter mon CV par compétences, témoigne la candidate. Mais je pense que les professionnels de la presse préfèrent reconnaître assez vite des noms d'organismes de formation et de titres de journaux qu'ils connaissent dans le CV. J'ai effectué un travail sur les compétences communes entre mon ancien métier et ma profession actuelle, mais j'en réserve le résumé à ma lettre de motivation. »

Nom Prénom
Adresse
☎ 02.00.00.00.00.
E-mail : nom@mail.fr
nationalité
date de naissance

Documentaliste

Expériences professionnelles

- **2012-2013 Directrice du développement**

Société d'édition spécialisée dans la recherche d'archives inédites :
– création, recherche, gestion et développement du marché français en collaboration avec différents organismes culturels (publics et privés) : musées nationaux, bibliothèques, médiathèques, Archives nationales, associations C, V et B...
– recherche d'archives (rares et inédites) iconographiques et rédaction d'un livret français-anglais (2 000/3 000 mots).
– gestion et organisation de l'équipe française : chercheurs, rédacteurs, correcteurs, traducteurs, secrétaires.
– gestion administrative et financière.
– développement du marketing et de la distribution française.

- **2008-2011 Consultante marketing**

– diverses études de marché : informer, documenter, rechercher.
– analyse conseil et suivi des projets pour créateurs d'entreprise et demandeurs d'emploi.

- **2004-2006 Professeur d'anglais**

– conversation, débats, grammaire, vocabulaire, préparation des examens.
– cours du soir pour adultes et enfants - groupe de 15 personnes.

Langues

Anglais courant

Commentaire :

SUR LA FORME ET LES RUBRIQUES DU CV • Ce CV est très réussi dans sa forme, et la couleur choisie (jaune d'or), ainsi que le bandeau de côté et le carré central lui permettent de bien se détacher de la masse, d'être original sans être excentrique. Cependant, la médaille a son revers. Parvenu par Internet, il met beaucoup de temps à s'afficher sur l'écran. De plus, les caractères laissés en blanc sur fond jaune apparaissent très mal.

SUR LE FOND • Ce CV témoigne d'une bonne ouverture d'esprit, et d'une volonté de vivre des expériences dans divers domaines. La formation, qui était une formation courte en marketing, et que nous n'avons pas reproduite, correspondait à la première expérience professionnelle de la candidate, mais plus à la suivante. Elle postule pour un nouveau poste de documentaliste, opportunité offerte par l'intermédiaire d'un ami. Il est préférable d'être recommandé avec ce type de CV et de parcours. Car la cohérence entre les expériences n'étant pas évidente, mieux vaut que la personnalité soit bien mise en valeur par ailleurs.

ILS ONT DIT... « La mention des langues connues est très importante. C'est encore mieux quand on peut montrer que l'on a vécu à l'étranger, que l'on a eu une expérience, un échange, le tout est de rester honnête sur sa pratique. »

• La responsable de recrutement d'une société d'assurances.

Documentation financière

Prénom Nom

Adresse

Tél. 01.00.00.00.00.

E-mail : nom@mail.fr

Évry, le 4 mars 2014

Madame,

Titulaire d'une maîtrise de sciences économiques et du diplôme de documentaliste de Nom de l'école spécialisée, j'ai exercé cette fonction pendant un peu plus de deux ans au sein du service Marketing-Communication de Nom de l'entreprise du domaine financier. À ce titre, j'ai participé aux tâches courantes à toutes les étapes de la chaîne documentaire, à travers le traitement de l'information.

Après une année passée à l'étranger, je souhaiterais aujourd'hui orienter ma carrière vers un autre domaine que celui que je connais déjà, en utilisant les compétences que j'y ai acquises en tant que documentaliste. Le poste que vous proposez répondant exactement à mes attentes, je me permets de vous adresser ma candidature.

Je vous remercie de l'attention que vous voudrez bien porter à ma demande et vous prie d'agréer, Madame, l'expression de mes salutations distinguées.

Signature

Documentation financière

Prénom Nom
Adresse
Tél. 01.00.00.00.00.
E-mail : nom@mail.fr

EXPÉRIENCE PROFESSIONNELLE

Septembre 2008 - septembre 2012 - Nom de l'entreprise financière, ville
Documentaliste, rattachée à la Direction Marketing et Communication :
– réalisation de produits documentaires à destination du personnel du service (revues de presse, dossiers documentaires, recherches);
– informatisation de la documentation relative à l'euro ;
– collaboration à la création d'un base de données sur les prospects et clients de la société.

2007 (4 mois) - Centre de documentation X, ville
Chargée d'études documentaires :
– réalisation d'une synthèse documentaire sur les archives de la Révolution française (disponible sur le site Internet, www.fr).

FORMATION

2009 Diplôme de documentaliste de (nom de l'école)
2007-2009 Maîtrise de Sciences et Techniques de Finance et Licence en droit à l'Université d'Orléans.

INFORMATIQUE ET LANGUES

Informatique
- Maîtrise des logiciels Word, Excel et Texto.
- Maîtrise des outils de recherche sur Internet et banques de données documentaires.
- Réalisation d'un projet pour le centre de documentation T de Paris : création sous Texto d'une application permettant un suivi automatisé du public du centre (profil, thèmes de recherche, habitudes de fréquentation du centre) facilitant l'élaboration du tableau de bord annuel.

Langues
- Anglais et Espagnol : bon niveau.

CENTRES D'INTÉRÊT

2013 Voyage de 12 mois en Afrique (pays).

Commentaire :

Après cinq ans d'expérience professionnelle dans une banque, cette candidate a décidé de prendre une année sabbatique et de la mettre à profit pour vivre une expérience à l'étranger. Les retours sont parfois difficiles, elle choisit de remettre tout de suite sa candidature sur le marché du travail et répond à des annonces. Le poste proposé étant en CDD, l'occasion est intéressante pour la candidate de se remettre dans le bain « en douceur ».

SUR LE FOND • Ce qui pourrait être considéré comme un « trou », un vide gênant dans le CV n'est pas caché, et la candidate a, de plus, bien réussi à mettre en valeur son expérience professionnelle. Les recruteurs devraient être intéressés par cette expérience à l'étranger, que la candidate aura à détailler au cours de l'entretien.

ILS ONT DIT... « J'ai reçu un jour un CV qui comprenait un "trou" de huit mois, mais qui était rendu très visible. On se demande tout de suite pourquoi il y a un trou, mais on préfère qu'il apparaisse clairement. Lire un CV pour moi, ce n'est pas rechercher les failles, mais c'est comprendre ce que la personne veut vous dire, vous donner, pourquoi elle a laissé visible un "trou" dans son CV. Voir si quelqu'un est franc ou au contraire dissimulateur. »

• La directrice des ressources humaines d'une SSII.

Documentaliste de presse

Prénom Nom
Adresse
Code postal
Tél. 01.00.00.00.00.
E-mail : nom@mail.fr

Objet : Candidature spontanée

Vitry-sur-Seine, le 4 janvier 2014

Madame, Monsieur,

J'assure actuellement dans le centre de documentation de Nom de la société le remplacement de la documentaliste principale jusqu'au (date) inclus, après y avoir effectué un stage. Je m'occupe des différentes étapes de la chaîne documentaire (collecte, traitement et diffusion de l'information), ainsi que de la gestion des abonnements et des acquisitions.

Tout en effectuant ce remplacement, j'ai préparé et terminé une maîtrise en Sciences de l'Information et de la Documentation à (ville).

Auparavant, j'ai suivi par goût personnel un cursus universitaire en sciences à (ville) et j'ai été admise au CAPES de physique, ce qui m'a permis d'acquérir une bonne connaissance de votre domaine d'activité. Ma dernière expérience m'a, par ailleurs, donné l'occasion de prouver mes facultés d'adaptation, ma motivation et ma curiosité.

Au terme de mon contrat, je souhaiterais compléter et diversifier mon expérience professionnelle dans ce domaine. Une place de documentaliste en CDD ou CDI dans votre société me donnerait l'occasion de continuer à mettre en pratique le savoir-faire acquis dans mon précédent emploi et d'élargir mes connaissances dans le domaine des sciences.

Je reste à votre disposition pour de plus amples informations et vous prie d'agréer, Madame, Monsieur, l'expression de ma considération distinguée.

Signature

Documentaliste de presse

Prénom Nom
Adresse
Code postal
Tél. 01.00.00.00.00.
E-mail : nom@mail.fr

Objet : réponse à une annonce

Vitry-sur-Seine, le 4 mars 2014

Madame,

Par votre annonce du (date) parue sur le site spécialisé (www.fr), vous recherchez une documentaliste.

J'assure actuellement au magazine F le remplacement de la gestionnaire du service après y avoir effectué un stage pour valider mon master Sciences de l'Information et de la Documentation.

Je m'occupe des différentes étapes de la chaîne documentaire, du courrier des lecteurs, ainsi que de la gestion des abonnements – tâches qui nécessitent rigueur et sens de l'organisation.

Une première expérience à la médiathèque de (ville) pendant un an et demi comme vacataire m'a par ailleurs donné l'occasion de prouver mes qualités relationnelles en renseignant un public varié.

Un remplacement dans votre société me permettrait d'enrichir mon expérience professionnelle de la documentation de votre secteur.

Restant à votre disposition pour tout renseignement complémentaire, je vous prie d'agréer, Madame, l'expression de ma considération distinguée.

Signature

DOCUMENTALISTE DE PRESSE

Prénom Nom
Adresse
Code postal
Tél. 01.00.00.00.00.
E-mail : nom@mail.fr

ÉTUDES

Nom de l'université (ville)

2013 Master Sciences de l'Information et de la Documentation (option Banques de données)

Nom de l'université (ville)

2010 CAPES de physique (admise en liste principale)
2009 Maîtrise de physique (mention Bien)
2008 Licence de physique
2002 Baccalauréat S

CONNAISSANCES EN INFORMATIQUE ET DOCUMENTATION

- Utilisation de Word, Excel et Access.
- Utilisation de logiciels de gestion documentaire : Dynix, Absys.
- Utilisation d'outils de recherche documentaire : Electre, DocTheses, Sudoc, Myriade, PubMed...
- Interrogation de bases de données : BRS, Ingres.
- Recherche d'informations sur Internet.
- Initiation au langage HTML.
- Réalisation de produits documentaires : bibliographie spécialisée sur le traitement de l'actualité scientifique, thésaurus, dossiers documentaires sur (sujets précis), analyse d'un site internet d'archives scientifiques, cahier des charges pour l'information d'une photothèque scientifique.

LANGUE VIVANTE

Anglais courant

EXPÉRIENCE PROFESSIONNELLE

Décembre 2012-décembre 2013 Nom du journal

Documentaliste (remplacement) : revue de presse quotidienne, recherches et dossiers documentaires, recherches bibliographiques, courrier des lecteurs, gestion des abonnements et des acquisitions (périodiques et livres), proposition de livres pour la rubrique Livre, indexation, bulletinage.

Octobre-novembre 2012 Nom de la société

Stage en documentation : archivage de la revue Untel, Magazine sous Access, établissement d'un plan de classement Environnement.

Août-septembre 2012 : Nom du journal

Stage au service Documentation : revue de presse quotidienne, dossiers documentaires, recherches documentaires ponctuelles, révision de listes d'autorités en sciences, rédaction d'un rapport de stage, indexation, bulletinage.

Emplois d'étudiant :

- Assistante de bibliothèque vacataire à la médiathèque de (ville).
- Soutien scolaire.

Commentaire :

Le même CV est arrivé par deux fois à la même entreprise de presse, avec deux lettres de motivation différentes. La candidate en question avait envoyé une première candidature spontanée à l'entreprise, qui ne proposait pas de poste à cette époque. Elle a envoyé une seconde lettre en réponse à une annonce repérée sur un site Internet.

SUR LA FORME ET LES RUBRIQUES DU CV • Bien « rangés » et sans surprises, les CV de documentaliste laissent souvent peu de place à l'originalité, et c'est bien considéré par leurs employeurs. Celui-ci ne déroge pas à la règle.

SUR LE FOND • Étant donné la spécificité de leur fonction, les documentalistes sont souvent recrutés directement par la ou le responsable de la documentation des entreprises, des centres de recherche ou des journaux. La candidate a ainsi laissé des informations personnelles (mais en rapport tout de même avec l'univers de l'employeur) sur sa lettre de motivation, mais axé le CV sur les aspects concrets de ses missions, exprimant ses savoir-faire dans tous les détails.

ILS ONT DIT... « Nous avons passé une annonce pour recruter une documentaliste pour un CDD de six mois. C'était un peu délicat, parce qu'il s'agissait d'un poste de remplacement, mais exigeant quand même des bonnes connaissances de notre domaine et une expérience assez conséquente. J'ai choisi cette candidature parmi des dizaines d'autres parce que l'expérience de la candidate correspondait bien au poste. »
• Brigitte Vinclair, responsable d'un centre de documentation.

Documentaliste de presse

Prénom Nom
Adresse
Tél. 01.00.00.00.00.
E-mail : nom@mail.fr

Massy, le 4 mars 2014

Monsieur,

Savoir repérer les informations pertinentes, gérer les dossiers documentaires et satisfaire les demandes de recherches, telles sont les missions que vous souhaitez confier au documentaliste qui vous rejoindra.

Documentaliste de presse depuis sept ans, j'ai eu pour mission de réaliser des revues de presse, d'alimenter des centaines de dossiers et de faire de nombreuses recherches documentaires pour plusieurs sociétés.

Disponible immédiatement, je me tiens à votre disposition pour convenir d'un rendez-vous.

Veuillez agréer, Monsieur, l'expression de mes sentiments distingués.

Signature

Documentaliste de presse

Prénom Nom
Adresse
Tél. 01.00.00.00.00.
E-mail : nom@mail.fr

EXPÉRIENCES PROFESSIONNELLES

Depuis octobre 2008 **(NOM DE L'ÉDITEUR)** (nom des publications)

- Documentaliste

Revue de presse française et internationale sur les nouvelles technologies et la Net Économie, recherches documentaires pour les rédactions, constitution de dossiers, indexation, mise à jour mensuel d'un index thématique, suivi des abonnements.

- Responsable de rubriques sur le site www.fr

Rédaction des résumés des articles de presse, mise en ligne de la revue de presse et mise à jour de rubriques.

Septembre/octobre 2008 **(GROUPE DE PRESSE)**

Revue de presse quotidienne, création d'un plan de classement par thèmes et genres, indexation.

STAGE

(GROUPE DE PRESSE)

Revue de presse, recherches documentaires, étude de l'informatisation du fonds documentaire, indexation, commandes d'ouvrages.

COMPÉTENCES INFORMATIQUES

Matériel : Utilisation du PC et du Macintosh.

Logiciels : Word, Excel, Access, 4D, notions du logiciel Photoshop et du langage HTML.

LANGUES

Anglais Lecture de la presse anglo-saxonne.
Espagnol Très bonnes notions.

FORMATION

2007 Nom de l'école, ville.

Commentaire :

SUR LA FORME ET LES RUBRIQUES DU CV • Le début de cette lettre de motivation correspond très bien à ce qu'attend un recruteur : le style est dynamique (ce qui prouve, au passage, les capacités rédactionnelles du candidat, qualités importantes pour le profil du poste qu'il convoite), et il parvient bien à résumer ses compétences. De même, la présentation des postes et entreprises dans lesquelles il a travaillé est claire, l'information correctement hiérarchisée.

SUR LE FOND • Tout est précis, mais peut-être trop concis. Plus de détails sur chacune des expériences, sur l'environnement de travail, sur les contacts que le candidat a noués dans l'entreprise auraient été bienvenus.

ILS ONT DIT « Il est préférable d'indiquer précisément les périodes de travail avec le nombre de mois et le type de contrats signés. Je n'aime pas rester dans le vague, quand le candidat ne place que les années au cours desquelles il a vécu son expérience professionnelle. »
• Le responsable de recrutement d'un groupe automobile.

Responsable PAO

Prénom Nom
Adresse
Tél. 01.00.00.00.00.
E-mail : nom@mail.fr

Aubervilliers, le 16 avril 2013

Monsieur,

Passionné d'arts graphiques, j'ai douze ans d'expérience dans les domaines de l'édition, la presse et les agences de communication. J'ai exercé notamment chez (nom de sociétés du monde de l'édition et de la presse). J'ai ainsi acquis une solide connaissance de la chaîne graphique et suis en mesure de mettre en place les ressources et synergies nécessaires à la production d'un produit de communication, de sa conception à sa fabrication.

J'ai collaboré, tout d'abord en qualité de responsable PAO à (nom de la société) à de nombreux projets d'édition, ensuite comme responsable trafic pour (nom de la société) sur l'ensemble de la documentation technique, et enfin j'ai assuré pour des agences de communications la production de (exemples de publications) Toujours à l'affût des nouveautés technologiques, connaissant les méthodes de travail et l'organisation d'un service pré-presse et convaincu de l'avenir de l'informatique éditorial, je serai ravi de collaborer avec vous en qualité de responsable PAO.

Dans l'attente de vous rencontrer, je vous prie, d'agréer, Monsieur, l'expression de mes salutations distinguées.

Signature

Commentaire :

SUR LE FOND • Ce candidat met en valeur sa passion, ce qui n'est pas toujours conseillé surtout en début de lettre. Le risque est en effet de lasser d'emblée le lecteur, qui connaît déjà ce type d'accroche. Cependant, il devait trouver une formule permettant de mettre en valeur son goût pour l'ensemble d'un secteur (les arts graphiques) et non pour un métier en particulier, pour correspondre au profil du poste (responsable PAO) proposé par un grand quotidien régional, que lui a indiqué une relation. Le terme de « passion » englobe bien son fort intérêt pour tous les aspects du secteur. Il place de plus le nom de sociétés connues en début de lettre, ce qui valide et rend immédiatement intéressante sa candidature. Il a peu de renseignements sur le poste, car il envoie sa lettre sur les conseils d'un ami qui l'a informé de la création de cette nouvelle fonction. Il détaille donc ses propres compétences pour laisser à l'entreprise le soin de vérifier si elles sont en adéquation avec ce qu'il recherche. Le CV, non reproduit ici, montrait des responsabilités importantes mais sur des périodes relativement courtes.

ILS ONT DIT... « En l'absence d'éléments très précis sur le contenu exact du poste à pourvoir, le candidat peut dans sa lettre montrer l'étendue de ses compétences dans un même domaine. Mais le mieux est quand même de se renseigner sur le contexte (nombre de salariés, situation géographique) de l'entreprise et de dire par quel moyen on a eu l'information. »

• Le consultant d'un cabinet de recrutement.

Consultant nouveaux médias	Prénom Nom
adresse du blog *Bac +5 ESC (Ville)) spécialisation Marketing & Management des Technologies de l'information* *2 ans d'expérience*	Contact : adressemail Tel : adresse code postal Ville Né le date de naissance – Célibataire / Permis B

Compétences Clés

Innovation Marketing & Stratégie Web 2.0 :
Définition et analyse de contexte media et hors media, planning Web & analyse des opportunités, synthèse et recommandation stratégique

Gestion de projet : gestion technique & maîtrise d'ouvrage
Rédaction cahier des charges fonctionnel, recommandation technique, encadrement d'équipe projet, maîtrise d'ouvrage

Marketing relationnel & CRM :
Gestion de communautés, analyse d'activité et capitalisation des connaissances, stratégies acquisition & fidélisation, opérations spéciales, buzz & influence marketing.

Missions principales

Depuis Avril 2010 : **Consultant & Fondateur du pôle nom du pôle/nom de la société**
Création et développement du pôle nom du pôle et de l'offre associée
Suivi transversal des activités Innovation Marketing pour les grands comptes (noms des clients)
Planneur Web sur les compétitions (nom des clients)

Septembre 2008 – Février 2009 : **Account Manager // (nom de la plateforme)**
Gestion du développement publicitaire de la plateforme nom de la plateforme)
(800 000 visiteurs uniques/mois, 2 millions pages vues/mois, 15 auteurs)
Supervision de la communauté.

Novembre 2009 – Février 2010 : **Junior Account Manager // Nom de la société**
Data-Mining des avis consommateurs, veille concurrentielle, mise en place de la communauté d'utilisateurs de Netvibes (750 000 à travers le monde en janvier 2007).

Juillet 2009 –Octobre 2009 : **Chargé d'étude // Nom de la société**
Étude sur l'insertion des weblogs en entreprise et leur impact sur le marketing et la communication. Vendue à nom du client.

Janvier 2009 – Juin 2009 : **Assistant chef de projet // nom du client**
Assistance à maîtrise d'ouvrage, reporting/suivi, analyses statistiques, création d'outils de fidélisation.

Formation & Activités non professionnelles

Langues : Anglais professionnel (TOEIC 805) / Allemand scolaire / Japonais débutant
Technique : Programmation en PHP / HTML / CSS2 / PackOffice 2003, Photoshop CS.
Activités non professionnelles :
Bloggeur actif avec un blog personnel élu meilleur blog hi-tech français en 2008 par *nom du magazine*.

Commentaire :

SUR LA FORME ET LES RUBRIQUES DU CV • Sur la forme et les rubriques du CV : presque trop classique pour un document transmis par Internet, ce CV est cependant efficace, surtout pour un débutant. La rubrique « Missions principales » résumant deux ans d'activités est à conseiller pour un consultant. De même le choix du terme « activités non professionnelles » est judicieux , car il résume, avec les formations du candidat, des expériences non réalisées en entreprise mais susceptibles d'intéresser un recruteur car en lien avec ses compétences.

SUR LE FOND • Attention aux liens qui ne fonctionnent pas, c'est le cas de celui qui doit permettre d'accéder à son blog (placé sous l'intitulé : Consultant nouveaux media). Dans ce domaine d'activité en particulier, c'est gênant.

ILS ONT DIT… « Le candidat a bien exploité les mots clés dans sa rubrique « compétences clés » lui assurant une bonne visibilité des moteurs de recherche. L'utilisation de cadres en haut du CV est à bannir, car ils sont mal reconnus par certains outils de recherche ». • Jacques Froissant, cabinet Altaïde.

CONCEPTION DE SITES WEB (PA)

Nom de la société : JCL

Compétence principale
Édition - Création - Production
Auteurs - Concepteurs multimédia - Scénaristes - Directeurs artistiques

Description du poste :

Vous avez une expérience d'au moins 3 à 5 ans en conception réalisation de site internet/intranet pendant laquelle vous avez exercé votre créativité intellectuelle dans la mise en œuvre de solutions pertinentes et efficaces dans le domaine de la conception éditoriale, de l'e-marketing, de la conception ergonomique.

Vous êtes un expert et votre potentiel vous permet d'aborder, avec aisance, tous les sujets et toutes les prestations (conception, audit, tests utilisateurs) qui gravitent autour de la création de site.

Vous concevez, mais vous êtes également capable de transmettre vos idées et d'obtenir l'adhésion de vos clients, collaborateurs et partenaires.

Vous avez un bon sens de l'écoute qui vous garantit de ne jamais ignorer ou passer à côté des besoins essentiels de vos clients. Votre capacité de conception se met naturellement au service des besoins des clients.

Vous êtes autonome pour mettre en œuvre vos concepts (capacité de manipulation des outils de conception Web) mais vous savez aussi déléguer et guider vos collaborateurs.

Si vous êtes tout cela et, pourquoi pas, plus encore, nous serons heureux de vous accueillir au sein de notre équipe de conception/réalisation graphique et ergonomique dans le cadre d'une création de poste à forte valeur ajoutée.

ENVOYER CV AVEC RÉFÉRENCES

Lieu : Île-de-France
Durée : CDI
Rémunération : comprise entre 35 et 45 Keuros brut annuel
Commentaire : rémunération selon expérience
Date de début : le plus tôt possible
Contact : Monsieur D - **Fax :** 01.00.00.00.00.
E-mail : entreprise@mail.fr

CONCEPTION DE SITES WEB

Objet : Votre offre passée sur le site www.fr pour un concepteur Web senior, en date du 9-02-12

Monsieur,

Votre recherche d'un concepteur Web senior a attiré toute mon attention, car la conception de sites Web, tant sous ses aspects ergonomiques que sous ses aspects éditoriaux, est aujourd'hui celle de mes missions qui me passionne le plus.

Après un master en multimédia, j'ai occupé le poste de responsable Internet du groupe (...). En « free-lance » depuis cette expérience, mes missions se sont spécialisées dans la conception de nouveaux sites, par exemple celui du festival de (ville), de (www.fr), site musical et culturel pour les adolescents, et de Nom de l'entreprise (en cours de développement). Parallèlement, je conserve une activité de journaliste spécialisée dans les applications éducatives de l'Internet, et de formatrice en conception et écriture de sites Web.

L'ergonomie d'un site, sa lisibilité, mais aussi sa capacité à fournir des contenus pertinents et des services novateurs sont donc des sujets qui m'intéressent tout particulièrement et sur lesquels je souhaite continuer à travailler à l'avenir.

Je serai ravie de vous rencontrer afin d'envisager avec vous une éventuelle collaboration et dans cette attente, vous prie de recevoir, Monsieur, mes meilleures salutations.

Prénom Nom 01.00.00.00.00. ou 06.00.00.00.00.
E-mail : nom@mail.fr

PS : Vous trouverez le détail complet de mon CV (avec liens vers les sites réalisés) à l'adresse suivante : http://www.nomdusite.

CONCEPTION DE SITES WEB

JOURNALISTE SPÉCIALISÉE NTIC
FORMATRICE

Prénom Nom, adresse, téléphone, E-mail

CONCEPTRICE, CHEF DE PROJET WEB

Quelques exemples :

2014 Nom de l'organisme de formation : rédaction d'un document de préconisations en vue de la refonte du site www.fr (janvier 2006).

2013 Nom de la société : rédaction du cahier des charges du futur site Web en concertation avec les différents services (juillet-août 2006).

2012 cc.com (www.cc.com) : site musical et culturel pour les adolescents, lancé en septembre 2001 : conception du contenu et de l'ergonomie, rédaction du cahier des charges et de certaines rubriques (juin-décembre 2005).

2012 Festival de (ville) (www.festival.com) : conceptrice chef de projet et rédactrice pendant le Festival (journal quotidien).

2011 Nom de l'entreprise : étude préalable pour le lancement d'un site Internet portail destiné au grand public.

JOURNALISTE

- Conception et rédaction entre juin et décembre 2007 du site grand public de Nom de l'entreprise (www.fr).
- Divers articles sur le e-learning, le recrutement par Internet, le knowledge management, Titres des journaux.
- Participation à la rédaction d'une étude professionnelle « La formation sur Internet » Éditions jjj.

FORMATRICE

- Chargée de cours à Nom de l'organisme de formation depuis trois ans. Domaines : conception et animation de sites Web éditoriaux, initiation à internet.

EXPÉRIENCES ANTÉRIEURES

Nom du groupe : février 2008 - mars 2011

- Responsable Internet : création, suivi des développements et animation du site Internet (www.nomdusite.fr).
- Chef de projet pour le site de Nom de l'entreprise (www.fr).

Nom du journal : septembre 2002 - février 2008

- Création d'une rubrique faisant appel aux nouvelles technologies d'analyse du langage naturel.

FORMATION

- 2010-2011 : Master Multimédia Hypermédia - École Nationale Supérieure des Beaux-Arts/École Nationale Supérieure des Télécommunications (ENST).
- 2001-2002 : Master 2 Information Documentation, Institut d'études politiques, ville.
- 2000-2001 : Master 1 Lettres Modernes, université, ville.

LANGUES

- Italien : lu, écrit, parlé.
- Anglais : lu, parlé.
- Allemand : scolaire.

LOISIRS

- Photographie.
- Danse de salon.
- Plongée sous-marine.

Commentaire :

SUR LA FORME ET LES RUBRIQUES DU CV • Cette candidate, spécialisée dans les nouvelles technologies de l'information et de la communication, bénéficie d'un atout important. Elle est en mesure de présenter à qui le désire le résultat de ses travaux, accessibles en ligne. C'est pourquoi elle a créé une rubrique spécifique réunissant, en début de CV, quelques-unes de ses réalisations récentes. Ayant un profil comprenant trois grandes compétences, elle a préféré créer trois sous-rubriques, correspondant à chacun des métiers qu'elle peut exercer (chef de projet, journaliste, formatrice).

SUR LE FOND • Répondant à une annonce, la candidate a adapté sa lettre et son CV en fonction de la proposition de l'employeur, publiée sur Internet. Elle explique dès le début de la lettre, son expérience de conceptrice Web, avant de spécifier qu'elle a suivi une formation spécialisée et possède de multiples compétences (conception/création/écriture...), ce qui correspondait également aux exigences du poste. Sa candidature intéresse l'employeur concerné, et il l'a mise en concurrence avec quelques autres sélectionnées.

ILS ONT DIT... « J'ai insisté sur l'aspect conception, parce que les annonces concernant ce type de profil sont très rares. Les employeurs proposent souvent des postes de chef de projet, qui comprennent un aspect essentiellement technique. Ce qui m'intéresse, c'est la polyvalence. »

• La candidate.

Directrice commerciale dans l'édition

Prénom Nom
Adresse
Code postal
Tél. 01.00.00.00.00.
E-mail : nom@mail.fr

20 ans d'expérience dans l'édition
DIRECTRICE COMMERCIALE

Mes atouts : *sens des responsabilités, organisation, passion pour le livre.*
Mon objectif : *mettre mes compétences au service d'une maison d'édition.*

DOMAINES DE COMPÉTENCES

COMMERCIAL

- Gestion des stocks (500 titres au catalogue) sur deux sites : stockeur et distributeur.
- Élaboration d'une politique commerciale et développement du chiffre d'affaires librairies (CA : + X % en 2014).
- Plan de promotion :
  (rentrée littéraire, nouvelles collections, opérations thématiques, PLV, rédaction des catalogues...).
- Relation libraires : conseils de lectures, mises en place de tables et vitrines opérationnelles, organisation de signatures d'auteurs et de rencontres-débats avec l'éditeur.
- Salons et fête du livre : organisation et gestion des personnels, rencontres d'auteurs.
- Publicité - gestion des budget achats et ventes d'espaces.

LITTÉRAIRE

- Secrétariat littéraire, planning des rendez-vous, courriers.
- Suivi du programme éditorial, enregistrement des manuscrits et gestion du fichier, planning des personnels de saisie et correcteurs, rédaction des divers contrats.

EXPÉRIENCES PROFESSIONNELLES

2011-2014 Directrice commerciale – Nom de la maison d'édition.
2004-2011 Chef de publicité – Nom de la maison d'édition.
1996-2004 Attachée de direction, responsable commerciale – Nom de la maison d'édition.
1991-1996 Collaboratrice littéraire – Nom de la maison d'édition.

Commentaire :

SUR LA FORME ET LES RUBRIQUES DU CV • Munie d'une longue expérience professionnelle dans un seul secteur, cette candidate a préféré dissocier ses domaines de compétences de ses expériences. La rubrique « Commercial » est classique, mais celle qui s'intitule « Littéraire » marque plus les esprits. Ce double profil est d'ailleurs le fil conducteur de l'ensemble du CV.

SUR LE FOND • Cette séparation compétences/expériences semble un peu gênante au premier regard, car quand la candidate annonce des résultats (+ X % de chiffres d'affaires), on ne comprend pas exactement ni de quels articles il s'agit, ni dans quel cadre précis cela s'est fait. Cependant, en allant au bout du CV, on comprend que c'est en tant que directrice commerciale dans la première maison d'édition citée dans le CV qu'elle a pu obtenir ce type de résultats. Le choix de présentation de ses expériences professionnelles met en valeur un parcours d'autodidacte et de passionnée, ce qui est un véritable atout dans le monde du livre, surtout quand il s'agit de le vendre...

ILS ONT DIT... « Nous cherchons actuellement une personne d'expérience, susceptible de nous éclairer sur le monde de la distribution des livres et de travailler pour et avec nous à la mise en place du plan de commercialisation de nos ouvrages. Son CV et ses expériences ne pouvaient que nous intéresser ! »
• Michèle Dubois, créatrice d'une maison d'édition.

DIRECTRICE ARTISTIQUE

Prénom Nom
adresse
Tél. : 01.00.00.00.00.
ou cell. : 06.00.00.00.00.
E-mail : nom@mail.fr

•français, anglais, allemand, espagnol
•31 ans, allemande, célibataire
•infographiste-conceptrice
•Web designer

Monsieur,

Je suis actuellement directrice artistique chargée de la création et la réalisation d'interfaces graphiques pour diverses applications numériques (télévision interactive, Internet/Intranet, newsletters HTML...).

Pendant 6 ans, chargée de la création graphique de maquettes de plusieurs collections d'ouvrages pour des éditeurs tels que Noms des éditeurs, mon rôle était de dynamiser et promouvoir les concepts de ces collections. J'ai souhaité allier ma maîtrise dans le domaine de la mise en page et du graphisme traditionnels (QuarkXPress, Photoshop, Illustrator) à celle, plus récente, des nouvelles technologies interactives du Web (Flash, Dreamweaver, HTML). Mon expérience dans le monde de l'édition et de la presse, ma capacité d'appréhension des problématiques de l'Internet et de la télévision interactive (accessibilité aux informations, poids des fichiers, interactivité, clarté de mise en page) me rendent immédiatement opérationnelle dans divers domaines.

Mon parcours pluriculturel (née en Allemagne, études primaires en France, secondaires et supérieures aux États-Unis), mon habitude de travailler en équipe et en délais contraints sur des projets variés, sont garants de ma faculté d'adaptation.

Passionnée par la création, je suis prête à apporter mon enthousiasme et mon dynamisme à vos nouveaux projets de communication.

Je vous prie de trouver ci-joint mon curriculum vitae, qui retiendra, je l'espère, toute votre attention.

Dans l'attente de votre réponse.

Sincères salutations.

Prénom Nom

Directrice artistique

Prénom Nom
adresse
Tél. : 01.00.00.00.00.
ou cell. : 06.00.00.00.00.
E-mail : nom@mail.fr

allemande, célibataire

- Macintosh et Windows
- QuarkXpress
- Photoshop/ImageReady
- Illustrator
- Flash, Dreamweaver, HTML
- Photo
- Français, anglais, allemand, espagnol

Directrice Artistique, passionnée par la création, j'ai une solide expérience dans le domaine de la mise en page traditionnelle et celui des nouvelles technologies, ainsi que des paramètres requis par l'ensemble de la chaîne graphique. Habituée à travailler en équipe, je suis prête à apporter mon enthousiasme et mon dynamisme à de nouveaux projets.

EXPÉRIENCE PROFESSIONNELLE

avril 2012 à ce jour Nom de l'entreprise > (ville) - Partenaire Solution Internet. Agence Web.

Directrice artistique

- Conception et réalisation d'interfaces graphiques : télé interactive, Internet/Intranet, bornes interactives, écrans de veille, newsletter HTML.
- Création et mise au point de chartes graphiques.
- Création d'animations, pictogrammes etc. pour support numérique (Illustrator, Photoshop/ImageReady, Flash).
  Références : Nom des entreprises.

avril 2010 à mars 2011 Nom de l'entreprise > (ville) - éditeur

Directrice Artistique

- Conception graphique et réalisation de différentes maquettes et collections pour de grands éditeurs.
- Définition du projet selon le résultat d'une étude de marché : choix du sujet, spécifications techniques du livre.
- Adaptation du synopsis avec les auteurs, photographes, illustrateurs et coordinateurs éditoriaux en conformité avec le cahier des charges.
- Illustrations, pictogrammes etc. pour support papier (Illustrator, Photoshop).
  Références : Noms des ouvrages.

2012 janvier à mars NOM DE L'ENTREPRISE > Singapour - éditeur d'ouvrages nautiques

Directrice Artistique

- Conception et réalisation d'un mensuel Nom du magazine et d'un bimensuel sur la pêche Nom du bimensuel.

2011-2012 L'esprit de Bougainville > Sud-Est asiatique - expédition scientifique à bord d'une jonque chinoise.
Responsable d'expédition.

2008-2011 NOM DE L'ENTREPRISE > Paris - éditeur

Directrice Artistique

- Conception et réalisation de maquettes de « livres » illustrés.

FORMATION SCOLAIRE ET STAGE

2003-2008 E.S.A.G. (Penninghen) > Paris, École Supérieure d'Arts Graphique et d'Architecture Intérieure.

2008 Diplôme en art et conception graphique.

2007 Royal College of Art > Londres, Royaume-Uni.
Erasmus - bourse européenne pour un trimestre scolaire en Europe.

2006 et 2007 • Stage en communication Publicis > Paris et Strasbourg création d'affiches de cinéma, communication visuelle, illustrations, roughs client.

2001-2003 University of Colorado > Denver, Colorado.
Études supérieures de commerce international et de beaux-arts.

RÉALISATIONS FREELANCE

2008-2014 (Exemples de réalisations.)

DIVERS

... plongée sous-marine, vélo, squash, roller, photographie, dessin, voyages.

Commentaire :

SUR LA FORME ET LES RUBRIQUES DU CV • Cette candidate a choisi la simplicité et la sobriété pour son CV, ce qui n'est pas toujours le cas des profils créatifs. Cependant, sa recherche d'emploi se situe dans le domaine de l'édition et non dans celui de la publicité par exemple, qui autorise plus de fantaisies dans les messages et les mises en page.

SUR LE FOND • La lettre de motivation (qui pourra utilement s'adapter en fonction de l'employeur sollicité) est à la fois claire et précise. Elle exprime très bien l'intérêt de la candidate pour son métier, et réussit à résumer son parcours pour en présenter l'essentiel. Le petit texte introductif du CV, soulignant le métier, l'expérience et les compétences, est assez bien tourné. La candidate aurait cependant pu se passer de la dernière phrase, un peu trop banale. De même, placer dans une rubrique « divers » l'énumération « photographie, dessin, voyages », quand on a été responsable d'une expédition scientifique dans le Sud-Est asiatique, affaiblit inutilement un parcours pourtant riche.

ILS ONT DIT... « Je n'ai rien contre les CV simples, sans mise en page complexe pour montrer que l'on est bon. Mais si quelqu'un décide de faire une candidature originale, alors il faut aller jusqu'au bout, en utilisant des logiciels comme Photoshop, XPress ou Indesign. Parce que sous Word, c'est un peu léger pour montrer ce que l'on sait faire ! »

• Philippe Anis, directeur artistique d'une agence de communication.

Ressources humaines, droit

Nous avons regroupé dans un même chapitre les candidatures de spécialistes de ressources humaines et celles de juristes, car elles présentent souvent des points communs : un développement à l'extrême des missions et des formations, une volonté de ne rien oublier et d'expliquer, ce qui engendre des candidatures très longues. Est-ce nécessaire ? « Pas plus que pour les autres profils, assure un consultant en recrutement. Les responsables des ressources humaines en particulier devraient appliquer les règles de synthèse et de hiérarchie des informations qu'ils conseillent aux autres. » Professionnels du droit et des ressources humaines rencontrent donc les mêmes difficultés pour présenter leur travail de manière percutante. L'une des solutions est de réaliser une première page de CV classique, avec les principaux métiers exercés et les entreprises, et un document joint détaillant les travaux et missions de manière plus précise.

Les points à mettre en avant

• **Pour les responsables des ressources humaines**, détailler le type de missions effectuées afin de montrer la variété des compétences mises en œuvre (recrutement, formation, gestion du personnel...).

• **Pour les juristes**, faire ressortir les domaines de spécialisation (droit des affaires, des assurances, droit anglo-saxon, droit de la concurrence...) et la connaissance de différents environnements professionnels.

Responsable Ressources Humaines

XXXXXXXX
19 rue xxxxx
75 xxx Paris
Tél. : +33 (0) 6 xx xx xx xx xxxxxxxxx@yahoo.fr

EXPÉRIENCE PROFESSIONNELLE

Juin 2011 **RESPONSABLE RESSOURCES HUMAINES FRANCE**
Septembre 2013 Groupe spécialiste du voyage

Objectif : Structurer et développer les RH dans un contexte de forte croissance

- Support et conseil auprès des managers et du CoDir sur les sujets RH, l'organisation de l'entreprise.
- Élaboration stratégique et pilotage opérationnel des politiques de recrutement, formation, gestion des carrières et mobilité.
- Déploiement de projets européens en relation avec les RH corporate.
- Supervision de la gestion administrative du personnel.
- Animation des relations sociales avec le DG ; veille juridique

Novembre 2009 **RESPONSABLE RESSOURCES HUMAINES**
Juin 2011 Constructeur mondial de solutions informatiques

Objectif : Être un « business Partner » RH pour les Directions opérationnelles commerciales

- Expertise et conseil sur l'ensemble des sujets RH auprès des managers de plusieurs entités de vente et marketing (250 salariés) : recrutement, formation, droit social, mobilité.
- Déploiement des politiques RH corporate : people reviews, talent management, C&B etc.
- Responsabilité transversale pour tout HP France des plans de rémunération des commerciaux.
- Participation aux projets de GPEC pour les métiers de vente.
- Relation avec les IRP pour le déploiement de projets RH.

Janvier 2004 **RESPONSABLE RESSOURCES HUMAINES**
Octobre 2009 SSII

- **Manager RH de la BU Industrie et Services – 200 consultants (2008 – 2009)**
  Support des managers : recrutement, formation, procédures disciplinaires.
  Suivi des collaborateurs de la BU (entretiens annuels, évaluations).
  Management d'une chargée de recrutement.
- **Chef de projet Compétences métiers informatique et conseil (2007 – 2008)**
  Réalisation de la cartographie des métiers et compétences.
  Création d'outils d'évaluation des compétences et définition de process RH.
- **Manager recrutement (2004 – 2007)**
  Management de 3 chargés de recrutement, et recrutement de profils techniques et fonctionnels IT.

2003 **CHARGÉ DE RECRUTEMENT ET DE L'INTÉGRATION**

- Recrutement de profils techniques ingénieurs et chefs de projets IT.

FORMATION - LANGUES

2002 Master RH et Formation, titre de psychologue – École des Psychologues Praticiens Paris (Psycho-Prat)

Anglais Courant (utilisation professionnelle quotidienne)

Commentaire :

SUR LA FORME ET LES RUBRIQUES DU CV • Les titres des fonctions sont en clair, et un objectif est indiqué pour les deux dernières missions. L'ajout de cette rubrique est à conseiller, même si, en l'occurrence, d'après le recruteur qui a reçu ce CV, « être un business partner RH pour les directions opérationnelles commerciales » sent un peu le réchauffé dans l'expression, et n'est pas vraiment un objectif, plutôt une mission opérationnelle. Le candidat met bien en exergue le secteur d'activité, dans le document original il avait également indiqué le nom des sociétés.

SUR LE FOND • « C'est un candidat qui est purement ressources humaines dans son parcours, mais qui a pu changer de secteur, constate le recruteur, et l'indique bien. » La dernière mission est assez courte, faudrait-il le justifier dans une lettre de motivation ? En temps de crise particulièrement, il n'est pas rare que dans ce domaine d'activité on soit recruté pour une mission précise, par exemple dans le cadre d'une restructuration, d'une fusion… donc cela n'étonnera pas obligatoirement le recruteur.

ILS ONT DIT… « Ce qui manque dans ce CV à mon avis c'est l'indication des effectifs de l'entreprise et le chiffre d'affaires, estime Yves Razafi, associé du cabinet Confidentium Associates. Pour les fonctions de responsable de ressources humaines, les effectifs sont particulièrement importants. Il ne s'agit pas du même métier si l'on est responsable des ressources humaines dans une entreprise de 50 ou de 2 300 personnes… »

RESSOURCES HUMAINES ET INGÉNIERIE DE LA FORMATION

Prénom Nom
Adresse
Tél. 05.00.00.00.00.
Portable : 06.00.00.00.00.
E-mail : nom@mail.fr

Gestion des ressources humaines, ingénierie de formation
Un secteur d'expérience : l'assurance
Un atout : être force de proposition

CHAMP DE COMPÉTENCES

- **Gestion des ressources humaines :**

  Création d'outils et suivi : description des fonctions, établissement de grilles de compétences et des modes d'apprentissage des métiers de l'assurance. Mise en place d'un test de compétences, mise en place et suivi de tableaux de bord de gestion de l'emploi. Encadrement et animation d'une équipe de cinq personnes (Société de marketing), recrutement (Société d'intérim).

  Audit et conseil : études et préconisations, gestion de projet, animation et encadrement de groupes de travail, animation de groupes de salariés autour du thème de l'organisation du temps de travail.
  Audit de climat social.

  Ingénierie de formation : analyse des besoins, cahier des charges, animation de formations, participation au plan de formation et évaluation des ateliers de formation, expérience de la formation en alternance (avec l'école X), mise en place d'une formation au tutorat, encadrement pédagogique.

- **Communication :** capacité rédactionnelle, recherche de sujets et créativité : rédaction d'articles et de supports documentaires (Société Y), création, définition de la ligne éditoriale et animation d'un journal mensuel (Société X).

PARCOURS PROFESSIONNEL

- **CHARGÉ D'ÉTUDES ET DÉVELOPPEMENTS DE PROJETS EN RESSOURCES HUMAINES**

  2012-2013 Nom de la société
  - Réalisation d'études, d'audits et de préconisations.
  - Suivi de projets avec création d'outils de formation et de ressources humaines.
  - Activité de conseil auprès du directeur de la bourse dans le cadre d'un projet de mobilisation de ressources humaines : climat social, compétences et motivation.

- **CHARGÉ D'ÉTUDES**

  2009-2011 Nom de la société, direction du personnel
  - Réalisation d'études et de préconisations dans le domaine des ressources humaines et de la formation.

- **FORMATEUR**

  2014 Nom de l'organisme de formation
  - Mise en place d'un système d'analyse des besoins de formation.

  2009-2011 Noms des organismes de formation
  - Techniques de communication, méthodologie d'enquête.

FORMATION

Une formation professionnelle spécialisée

- Master de ressources humaines (ville).
- Diplôme professionnel en gestion de la formation.

Une formation générale en sciences humaines

- Licence d'histoire (ville, année).
- Diplôme de l'école des hautes études internationales, ville.
- Classes préparatoires, lettres modernes, ville.

Compétences informatiques :

Maîtrise de l'environnement Windows : Word, Excel, Publisher, Access...

Commentaire :

SUR LA FORME ET LES RUBRIQUES DU CV • Ce CV est « calé », cadré, mis en page, avec un titre général, des gros titres et des sous-titres. On sent que ce candidat a effectivement dû, dans son travail, apprendre à maîtriser le traitement de texte. Cependant, les informations sont un peu « tassées » (nous avons ici coupé quelques informations), ce qui nuit à la lisibilité.

SUR LE FOND • Ce CV est typique d'une candidature d'un professionnel des ressources humaines. Il est précis et les expériences sont extrêmement détaillées. Le candidat veut visiblement, comme il l'a fait au cours de sa vie professionnelle, décrire fidèlement les différentes étapes et toutes les facettes des fonctions occupées. Toutes ces informations sont intéressantes, mais un certain nombre d'entre elles auraient sans doute pu apparaître dans un document séparé. Car trop d'informations tuent le message !

ILS ONT DIT... « Quand on a dix ans d'expérience, on peut détailler les cinq dernières années de son expérience professionnelle. Il faut que le recruteur comprenne comment s'est construite l'expérience, il ne faut pas adopter une démarche excessivement comptable. »
• Le responsable de recrutement de Sopra.

GESTION DES RESSOURCES HUMAINES

Prénom Nom
Adresse
Code postal
Tél. 02.00.00.00.00
E-mail : nom@mail.fr

PARCOURS PROFESSIONNEL

2014 : Nom de l'entreprise (secteur)
Animation du programme d'accueil et de relation avec les clients auprès de plusieurs centaines de collaborateurs de 10 succursales.
1988/2014 : Nom de l'entreprise (secteur)
2002/2003 : Responsable Ressources Humaines et Formation.
1996/2002 : Chef des Relations Humaines.
1992/1996 : Assistant Chef du Personnel.
1988/1991 : Comptable.
1988 : Diverses expériences en comptabilité.
L'entreprise en bref :
historique de l'entreprise
chiffre d'affaires
– nombre de commerciaux
– nombres de salariés
– masse salariale
– budget annuel formation

RESPONSABILITÉS ASSUMÉES

Les ressources humaines

J'ai mené un ensemble d'actions ayant pour objectif de permettre la réalisation des résultats économiques attendus, en privilégiant un mode de relations sociales basé sur l'information, la participation, la responsabilité personnelle...

La formation

J'ai proposé et animé une politique de formation (conception, animation, évaluation...) qui a contribué au développement des affaires.

DESCRIPTION DES MISSIONS RESPONSABILITÉS ET TRAVAUX ACCOMPLIS

dans l'entreprise dans le cadre de ma dernière fonction.

- **Pôle formation**
  – Détection des besoins de formation, au moyen de questionnaires et d'entretiens individuels,
  – Élaboration du Plan Annuel de Formation,
  – Gestion et suivi du Budget de Formation (logiciel x),
  – Déclaration fiscale,

– Établissement du Bilan Annuel de Formation,
– Présentation du bilan et du plan devant les Instances représentatives,
– Évaluation des actions de formation réalisées,
– Recherche et négociation d'actions externes,
– Animation d'actions internes :
Management (Méthode GO Manager),
Marketing téléphonique,
Animation de meetings commerciaux,
Animation formation à l'Euro (mallette de formation).
– Brevet de GO M Trainer (capacité à animer GO M, auprès des Cadres et Collaborateurs).

• **Pôle Ressources humaines**

[détails idem paragraphe précédent]

Missions ponctuelles

Quelques réalisations....
– Mise en place et animation d'une action de formation en Management (détails)
– Actions de reconnaissance et d'adaptation auprès des Pouvoirs Publics (détails)
– Une quarantaine de licenciements à caractère individuel ou économique.
Résultat mesurable : une seule action prud'homale.

– Action d'harmonisation de la politique salariale (détails)
– Participation au développement et au maintien d'un climat social serein (détails)
Aucun mouvement social.

– Création, conception et réalisation d'un livret juridique et social à l'attention des déléguées commerciales.

FORMATIONS

Master ressources humaines.
Formation à la fonction de Chef du Personnel Nom de l'organisme.
Certification « GO.M Trainer » (programme de formation au Management, par la méthode de pédagogie « éclosive »).
Formations diverses en management et techniques d'animation.

Commentaire :

SUR LA FORME ET LES RUBRIQUES DU CV • Il s'agit d'un CV ayant une forme originale, comme « à tiroirs ». Très résumées dans le premier paragraphe, les expériences sont décrites de plus en plus précisément dans la suite du document.

SUR LE FOND • D'apparence assez fastidieuse, cette candidature a eu le mérite d'attirer l'attention du service recrutement qui l'a reçue. Les problématiques exposées, et que le candidat a dû résoudre, sont communes à toutes les entreprises, et le choix ainsi permis de lire tout ou partie des expériences a été considéré comme intéressant. Il s'agit plus d'un dossier personnel que d'un CV traditionnel.

ILS ONT DIT... « Si nous recevons beaucoup de CV au même moment, nous allons "naturellement" aller vers le plus facile à lire, vers celui qui offre la meilleure accessibilité aux informations essentielles. La lisibilité de celui-ci n'est pas immédiate, mais la présentation par "pôles" est intéressante. On peut faire le choix de le lire rapidement pour évaluer son intérêt par rapport aux postes proposés. »

• Le service recrutement de Manpower.

Gestion des ressources humaines

Prénom Nom
Adresse
Code postal
Tél. 03.00.00.00.00.
E-mail : nom@mail.fr

Amiens, le 4 mars 2014

Madame, Monsieur,

En poste depuis cinq ans dans la Gestion Prévisionnelle des Emplois et des Compétences, mon champ d'action se situe à la croisée des principaux aspects de la gestion des ressources humaines : recrutement, évaluation, mobilité, formation.

En effet, mon rôle est de concevoir et de réaliser des outils et méthodes d'aide à la décision dans ces différents domaines à destination du management opérationnel et de la direction.

La formation et le conseil aux managers sont des aspects importants de mon métier. Je leur apporte mon appui pour définir et actualiser les supports, mais aussi pour les exploiter.

Titulaire d'un Master en Ressources Humaines, j'ai également abordé les autres spécialités de la fonction.

Je souhaite aujourd'hui mettre mes compétences au service de votre organisation. C'est pourquoi je désire vivement vous rencontrer pour examiner l'adéquation de mon profil et de mes motivations à vos besoins.

Dans cette attente, je vous prie d'agréer, Madame, Monsieur, l'expression de mes salutations distinguées.

Signature

Commentaire :

SUR LE FOND • Cette lettre de motivation était plus intéressante que le CV pour cette candidature. La candidate met en valeur d'emblée sa polyvalence et sa connaissance des rouages de l'entreprise et des ressources humaines, ainsi que le public avec lequel elle a travaillé (les managers). Elle offre ainsi la possibilité au recruteur d'envisager le poste éventuel qui correspondrait à ce profil. Le seul bémol est l'avant-dernier paragraphe, qui semble un peu « copié-collé », plaqué comme une formule de politesse pour toutes les entreprises, comme le remarque un recruteur.

ILS ONT DIT... « Il nous arrive parfois de commencer la consultation d'une candidature par la lettre de motivation. Cela peut être une bonne chose pour le candidat, quand il met en relation son expérience avec l'un des postes que l'on propose au moment où on reçoit sa candidature. »

- Le service recrutement de Manpower.

JURISTE D'AFFAIRES INTERNATIONALES

Prénom Nom

Adresse

Code postal

Tél. 01.00.00.00.00.

E-mail : nom@mail.fr

Paris, le 4 mars 2014

Madame, Monsieur

Diplômée d'un Master de droit international, j'ai connu une première expérience professionnelle d'un an et demi au sein d'un cabinet d'avocats français basé à Washington. Je peux ainsi faire valoir une excellente maîtrise de l'anglais, tant à l'écrit qu'à l'oral. J'ai, au cours de cette expérience, pu exercer les diverses tâches que requiert la profession de juriste d'entreprise : études de contrat, recherches juridiques, conseils aux filiales des groupes français installés aux États-Unis, etc.
J'ai pu ainsi tester et faire apprécier mes compétences, ma polyvalence et ma disponibilité. Je dispose également d'une bonne connaissance des outils informatiques nécessaires à l'exercice de la profession.

Votre entreprise s'est toujours illustrée par sa créativité et son dynamisme. C'est la raison pour laquelle je me permets de vous contacter pour mettre mon expérience à votre service. Je me tiens à votre disposition pour vous exposer plus avant mes motivations et vous prie d'agréer, Madame, Monsieur, l'expression de mes sentiments distingués.

Signature

Commentaire :

SUR LE FOND • Cette lettre émane d'une candidate pratiquement débutante, qui parvient à mettre en valeur sa première véritable expérience sous tous ses aspects : maîtrise d'une langue étrangère, compétences professionnelles spécifiques au domaine d'activité, maîtrise de l'informatique. Le seul regret est que, s'agissant d'une candidature spontanée, la candidate devrait montrer un minimum de connaissance des besoins de l'entreprise, qui justifierait qu'elle l'ait choisie. Indiquer par exemple : « je souhaite intégrer votre service juridique chargé des contrats internationaux », plutôt que de déclarer sa flamme à un groupe qui reçoit des centaines de candidatures par semaine...

ILS ONT DIT... « Pour un débutant ou un jeune justifiant d'une première expérience, il est conseillé de détailler un peu cette expérience, tout au moins d'en extraire les points forts. En les liant, dans la mesure du possible, au dernier diplôme obtenu. Un CV peut être peu étoffé, mais dans ce cas la lettre de motivation doit expliquer. »

• Une consultante d'un cabinet de recrutement.

JURISTE D'AFFAIRES INTERNATIONALES

Prénom Nom
adresse
Tél. domicile : 01.00.00.00.00.
Tél.portable : 06.00.00.00.00.
Adresse E-mail : nom@mail.fr

Juriste anglophone en droit des affaires

EXPÉRIENCES PROFESSIONNELLES

2010-2013 Nom de l'entreprise, activité, nombre de salariés. Direction juridique.

Conseil en droit des affaires, droit de l'informatique et des télécommunications et contrats (notamment : cessions d'activités, licence de logiciels, études des contrats fournisseurs). Préparation des dossiers en droit de la concurrence.

Analyse comparative des législations européennes sur les méthodes de commercialisation.

Rédaction de contrats (notamment accords de partenariat et de confidentialité) et suivi des contentieux.

Langues de travail : français et anglais.

2008-2009 Nom de l'entreprise, activité, nombre de salariés. Direction des affaires internationales.

Responsabilités de la mise en place et de l'extension, au point de vue juridique, des activités de commercialisation de produits via Internet dans toutes les filiales de la Communauté européenne.

Mise en place de Competition law Compliance Programme (droit communautaire de la concurrence et droit de la propriété industrielle appliqués à l'élaboration des normes européennes de télécommunication).

Langue de travail : anglais.

FORMATION

2008 Master 2 droit et pratiques des affaires internationales, université de (ville).

2007 Master 1 en droit économique et droit des affaires mention « bien », université de (ville).

LANGUES ET INFORMATIQUE

ANGLAIS : très bon niveau. Certificat d'anglais juridique et économique, faculté de (ville).

INFORMATIQUE : Word, Excel, PowerPoint.

Commentaire :

SUR LA FORME ET LES RUBRIQUES DU CV • La présentation de ce CV est très classique. Cependant l'idée d'indiquer les langues de travail est bien trouvée. Le titre, « juriste anglophone en droit des affaires » laisse suffisamment de latitude au recruteur quant aux postes pouvant être proposés à ce candidat.

SUR LE FOND • Ce candidat a bien mis en valeur son expérience internationale et ses spécialités, sans réaliser un CV « fleuve » pour autant, ce qui est souvent le défaut des candidatures de juristes.

ILS ONT DIT... « Quand on indique que l'on maîtrise bien une langue, il faut pouvoir le prouver. On a tout intérêt à préciser dans quel cadre on l'a utilisée, professionnel ou non »
• La responsable de la gestion des carrières d'un équipementier automobile.

Responsable juridique

Prénom Nom
Adresse
Code postal
Tél. 01.00.00.00.00.
E-mail : nom@mail.fr

Paris, le 4 mars 2014

Madame,

J'ai exercé des fonctions de responsable juridique principalement dans le domaine de la grande consommation, mais aussi dans l'industrie, ainsi que dans le secteur des services. Cette activité développée à plusieurs reprises dans des contextes différents m'a permis d'acquérir une solide expérience, outre des techniques juridiques, du management et du conseil, et d'avoir de bonnes bases en anglais.

J'ai quitté mon dernier poste en entreprise dans le cadre d'un plan de restructuration. Après avoir exercé en tant que consultant indépendant dans un cabinet d'affaires judiciaires, je souhaite occuper à nouveau un poste à responsabilités.

Si mon profil est de nature à vous intéresser, je serais heureux de vous rencontrer afin que nous puissions évoquer ensemble les perspectives d'une collaboration.

Dans cette attente, je vous prie de croire, Madame, à l'assurance de mes sentiments distingués.

Signature

PJ : curriculum vitae

RESPONSABLE JURIDIQUE

Prénom Nom, adresse, tél. 01.00.00.00.00, E-mail : nom@mail.fr.

Responsable juridique
Management d'équipes - Audit - Conseil - Formation
Tous secteurs d'activités

De 2009 à 2010 :

Responsable des affaires juridiques de Nom de l'entreprise

J'ai eu la charge de l'ensemble des aspects juridiques des activités de la filiale française de l'entreprise. J'ai notamment suivi, en liaison avec la maison mère et les conseils extérieurs, le lourd dossier de sa démutualisation et de son introduction à la bourse de Paris.

De 2006 à 2009 :

Directeur de Nom de l'entreprise

Chargé du pôle juridique et fiscal de l'entreprise, j'ai dirigé un service spécialisé en droit et fiscalité des affaires. J'ai ainsi été amené à manager une équipe de 15 personnes, chargées de la création et du développement d'un portefeuille de clients en France et à l'étranger.

[autres expériences]

FORMATION

– Master droit des affaires
– Sciences Po (ville), section éco-finance (année)

LANGUES

– Anglais : « fluent ».
– Maîtrise écrite et parlée de l'allemand et de l'italien.
– Bonnes connaissances en russe et en espagnol.

AUTRES ACTIVITÉS

– Membre de l'Association Française des Juristes d'Entreprises (A.F.J.E.).

Commentaire :

SUR LA FORME ET LES RUBRIQUES DU CV • Ce candidat affiche d'emblée la couleur. Il est l'homme d'un métier, mais il est susceptible de l'exercer dans plusieurs secteurs d'activité, ce qu'il a déjà prouvé. La variété des environnements professionnels est d'ailleurs ce qui l'intéresse. C'est ce qu'il met en avant sur l'en-tête de son CV.

SUR LE FOND • Le candidat ayant très longuement développé toutes ces expériences professionnelles, nous avons reproduit ici seulement les deux dernières. Le problème de ce type de candidat est de parvenir à « vendre » un profil finalement assez généraliste, la mention « tous secteurs d'activités » le souligne peut-être un peu trop. Il a choisi de présenter ses expériences en langage très « écrit », et en utilisant la première personne. C'est un choix qui se défend quand on veut prouver ses capacités d'expression écrite, mais le risque est de paraître un peu prétentieux.

ILS ONT DIT... « À force de vouloir montrer que l'on peut faire beaucoup de choses dans plusieurs secteurs d'activité, on risque de faire une proposition trop vaste. On ne demande pas à un candidat de nous prouver l'étendue de ses capacités, mais de cibler sa proposition. »

• La responsable de recrutement d'une société d'assurances.

Gestion, finances, audit

Clairs, nets et précis : les CV et lettres de motivation des cadres ayant un profil de financier, de gestionnaire ou de comptable sont souvent des modèles de concision. Quand ils ont, en plus, une petite touche d'enthousiasme et de dynamisme, ils réunissent toutes les qualités des bonnes candidatures. Plusieurs explications à cela : d'une part, la formation initiale de ces candidats (grandes écoles de commerce et de gestion en particulier) est souvent similaire à celles des commerciaux. Ils ont donc l'habitude de « vendre » leurs compétences. D'autre part, l'activité même de ces professionnels les oblige à être méthodiques et synthétiques.

Les points à mettre en avant

• **La taille et le chiffre d'affaires des entreprises,** les budgets gérés. Pour des raisons évidentes, le maximum de précision dans les chiffres est bienvenu, même si, contrairement aux commerciaux, les financiers ne doivent pas s'attribuer à eux-mêmes l'évolution d'un chiffre d'affaires.

• **Les responsabilités d'encadrement.** Les cadres financiers doivent, à plus ou moins longue échéance, encadrer le personnel d'un service (d'un assistant à plusieurs comptables). Dans les plus petites structures, ils peuvent avoir une responsabilité en matière de gestion du personnel.

CONTRÔLEUR DE GESTION

XXXXX XXXXX
39, rue xxxxx
92200 Neuilly-sur-Seine
Permis B
Tél. : 06 xx xx xx xx
Fixe : 01 xx xx xx xx
E-mail : xxxxxxxxx@hotmail.fr

EXPÉRIENCE PROFESSIONNEL

Depuis 07/2012
Contrôle de gestion Haute couture et maroquinerie

GROUPE DU SECTEUR DU LUXE – Contrôleur de gestion

- Analyse approfondie des marges consolidées, marges de production et résultats opérationnels des activités haute couture et maroquinerie du groupe.
- Support décisionnel pour la Direction Générale : mise en place d'outils de pilotage, suivi des marges par ligne de sacs, suivi des couvertures de stock, impact des dépréciations liées aux soldes, suivi des coûts de développement des produits.
- Validation des provisions de clôtures, reporting mensuel groupe, budgets (3 fois par an) et participation à l'élaboration de plans stratégiques.
- Audit des filiales de production en Espagne.
- Participation à l'optimisation des systèmes d'information.

05/2009 – 07/2012
Contrôle de gestion marketing (management d'une personne)

GROUPE AGROALIMENTAIRE – Contrôleur de gestion

- Support financier dédié aux équipes marketing et trade marketing : mise en place d'outils de suivis budgétaires, P&L par marque, suivi des investissements média, recommandations financières de lancements de produits, de promotions, de hausses tarifaires, études de rentabilité *ad hoc*.
- Validation des provisions de clôtures, reporting mensuel groupe, budgets (3 fois par an) et participation à l'élaboration du plan stratégique.

Power User SAP (Finance)
05/2007 – 03/2008

- Conception et mise en place de process opérationnels.
- Servir d'interface entre les consultants internes SAP et les business units.
- Maîtrise de SAP (modules FI, CO, MM, SD), Business Warehouse, Hyperion.

12/2006 – 05/2009
Audit comptable et financier

CABINET INTERNATIONAL D'AUDIT – Auditeur Senior

- Analyser et certifier les comptes sociaux et consolidés de grands groupes de distribution et d'agroalimentaire.
- Auditer les procédures clefs du fonctionnement interne de clients et élaborer des recommandations.

10/2004 – 10/2006
Chef de projet junior

GROUPE DE COMMUNICATION – Chef de projet Internet junior en alternance

- Lancement d'un portail Internet santé grand public et un portail santé B-to-B.

LANGUES

Anglais	courant (utilisé quotidiennement dans le cadre professionnel)
Allemand	lu, écrit, parlé (niveau scolaire)

FORMATION

09/2003 – 12/2006

Audencia - Programme SUP DE CO
Spécialisation finance et contrôle de gestion

- Finance – Contrôle de Gestion
- Gestion de projets et système d'informations – certificat SAP
- Marketing et Stratégies Internationales

2001 – 2003
- classes préparatoires HEC

2001
- obtention du baccalauréat S, mention bien, lycée Stanislas (75)

Commentaire :

SUR LA FORME ET LES RUBRIQUES DU CV • Très classique, et très lisible, ce CV tient sur une page et contient les informations essentielles. Son seul défaut est peut-être de ne pas contenir de titre, mais le nom de la fonction du candidat, qui est contrôleur de gestion, est indiqué clairement au tout début du CV.

SUR LE FOND • Il s'agit, d'après le recruteur, d'un profil que « tout le monde recherche actuellement ». Bonne école de commerce, premières expériences dans l'audit et expériences de contrôleur de gestion dans des grandes entreprises... Fort de ce parcours, le candidat parvient à réaliser un document concis, d'une page, laissant suffisamment de place à l'intérêt du recruteur. Son expérience en Espagne notamment, juste mentionnée, pourra permettre l'échange lors d'un entretien d'embauche. Ce CV manque cependant de chiffres, le candidat aurait sans doute dû indiquer le CA global des entreprises dans lesquelles il a travaillé. « Cependant, constate Yves Razafi, associé du cabinet Confidentium Associates, il est difficile d'indiquer des chiffres précis dans les fonctions finance et gestion, le recruteur le comprendra. La confidentialité est à respecter. »

ILS ONT DIT... « Mentionner son bac quand, comme ce candidat, on est jeune et que l'on a obtenu une mention bien, c'est intéressant pour le recruteur. En revanche, je le déconseille pour les mentions assez bien. »
• Yves Razafi, Confidentium Associates.

Gestion comptable et administrative

Prénom Nom

Adresse

Code postal

Tél. 03.00.00.00.00.

E-mail : nom@mail.fr

Objet : Candidature spontanée

Belfort, le 4 mars 2014

Monsieur,

Neuf années et demie d'expérience en comptabilité et en gestion administrative m'amènent à rechercher un poste de comptable ou de responsable d'une petite structure administrative dans les domaines de la gestion des stocks, des services achats ou des services généraux.

En effet, ma polyvalence m'a permis de prendre en charge la comptabilité générale jusqu'au bilan, l'organisation des méthodes de travail et des procédures, comme la gestion administrative d'une entité.

J'ai le goût de l'effort et des responsabilités. Intégrer une équipe enthousiaste et dynamique serait pour moi une motivation supplémentaire.

En espérant qu'une opportunité se présente à votre siège ou dans l'une de vos agences, je serais heureux de vous présenter mon parcours.

Dans cette attente, je vous prie de croire, Monsieur, à l'assurance de ma considération distinguée

Signature

Commentaire :

SUR LE FOND • Le début de cette lettre de motivation est convaincante : dans ces métiers, le nombre d'années d'expérience est déterminant. De plus, le candidat donne des indications précises sur les fonctions qu'il souhaite exercer, en axant sa recherche sur les petites structures. Ce qui est confirmé par la suite du texte, où il insiste sur sa polyvalence. Ayant des postes à proposer dans des petites et moyennes structures, les recruteurs – une agence d'intérim – qui ont reçu cette lettre ont apprécié la concordance entre les différentes expériences menées par le candidat et les postes qu'ils sont susceptibles de proposer. Le troisième paragraphe est plus banal, et les qualités mises en avant assez « reproductibles » d'une candidature à l'autre.

ILS ONT DIT... « L'objectif de ce candidat est clair, et, même si le CV [non reproduit ici] était un peu trop long, on a assez de précisions sur la raison qui l'a conduit à nous adresser une candidature spontanée. »

• Le service recrutement de Manpower.

Comptabilité et consolidation

Prénom Nom

Adresse

Code postal

Tél. 04.00.00.00.00.

E-mail : nom@mail.fr

Grenoble, le 4 mars 2014

Madame, Monsieur,

Le poste de responsable comptable et consolideur m'a vivement intéressé.

J'ai pu, à l'occasion de cette fructueuse expérience professionnelle, démontrer mes compétences techniques et relationnelles.

Afin de vous apporter de plus amples informations sur ma candidature, je vous propose de nous rencontrer.

Dans cette attente, veuillez agréer, Madame, Monsieur, l'expression de mes sincères salutations.

Signature

Comptabilité et consolidation

Prénom Nom
Adresse
Code postal
Tél. 04.00.00.00.00.
E-mail : nom@mail.fr

EXPÉRIENCE PROFESSIONNELLE

Septembre 2011 : Cabinet X
Senior Audit (ville, département)

Août 2010- septembre 2011 : Nom de l'entreprise
Consolideur (ville)

2006-2011 : Entreprise (nom du groupe)
Responsable Comptable et Consolideur (ville, département)

- Consolidation des comptes du groupe (CA : 100 M€, Effectif : 200)
  – Consolidation de huit filiales selon les 3 méthodes de consolidation (intégration globale, intégration proportionnelle et mise en équivalence).
  – Élaboration du bilan et compte de résultat consolidé (fréquence : trimestriel).
  – Publication du CA trimestriel consolidé.
  – Participation à l'élaboration du plan de compte groupe consolidé.
- Traitement (comptable, fiscal et juridique) d'une fusion de quatre sociétés.
- Suivi complet de la comptabilité de 3 sociétés (environ 56 M€ CA chacune).

2003-2006 : Nom de l'entreprise
Comptable (ville, département)

- Suivi complet de la comptabilité et fiscalité... de la société.
- Gestion et suivi de chantier en comptabilité analytique.
- Répartition analytique des frais de personnels par centre de coûts.
- Établissement de statistiques et tableaux de bord.

FORMATION

- Diplômes : **2007 :** BTS de comptabilité-gestion
  2011 : DECF
  2012 : DESCF

CONNAISSANCES INFORMATIQUES

- Logiciels de bureautique : Excel, Word et Access.
- Logiciels de comptabilité : CCMX - Skipper, Saari, Maestria, ADONIX.
- Logiciels de consolidation : équilibre consolidation et CARAT.

CENTRES D'INTÉRÊT

- Instrument musical pratiqué : piano.
- Sports : triathlon.

Commentaire :

SUR LA FORME ET LES RUBRIQUES DU CV • Ce CV est bien agencé, en ce qui concerne les informations sur les entreprises, les expériences, les fonctions exercées. En revanche, la mise en page même montre que ce n'est pas le dernier poste occupé qui a le plus intéressé le candidat, car il prend très peu de place sur la page.

SUR LE FOND • La lettre est un peu courte pour expliquer les motivations du candidat, alors qu'il ne désire vraisemblablement pas poursuivre son expérience dans l'audit. Cela mériterait une explication plus fournie, d'autant que le contenu de sa rubrique « Formation » (il a passé ses diplômes de comptabilité en cours d'emploi) attire l'attention et prouve sa motivation pour son métier, et sa volonté d'y évoluer.

ILS ONT DIT... « Il faut dans tous les cas détailler sa dernière expérience (ou son poste actuel si on veut changer d'entreprise). Mais si on désire poursuivre sa vie professionnelle dans une fonction autre, il est préférable de le signaler. En la mettant en valeur dans le CV et en l'expliquant dans la lettre de motivation. »
• Le consultant d'un cabinet de recrutement.

Prénom Nom
adresse
Tél. : 01.00.00.00.00.
E-mail : nom@mail.fr

Célibataire

MAÎTRISE DE L'OUTIL INFORMATIQUE ET DES PROCÉDURES ADMINISTRATIVES COMPTABLES ET COMMERCIALES

ACTIVITÉS PROFESSIONNELLES RÉCENTES

Depuis novembre 2010

Consultant formateur, Nom de l'entreprise SSII revendeur (nom des logiciels) (ville, département).

Étude de cahier des charges pour mise en place de produits de gestion.

Gestion de Projets; Conseils en produits de gestion
Mise en place des logiciels : installation, paramétrage, et formation (transfert de compétences).
Formation produits SAGE : Comptabilité et gestion des règlements, gestion commerciale.
Immobilisations, Paie, Communication bancaire, Trésorerie, Rapprochement, ODBC.

Formation interne des consultants juniors
Assistance téléphonique.

Décembre 2009/octobre 2010

Assistante Marketing, Banque Populaire (ville).

Périmètre d'activité : Marché des particuliers.

Missions :
Rédaction des dossiers d'action Marketing (exemple : fidélisation de la clientèle, partenariats).
Mise à jour de la bible client.
Soutien des conseillers de clientèle.

FORMATIONS SPÉCIFIQUES	
Bureautique	Word, Excel, Powerpoint, Access, Cristal report, Cognos, Business Object.
Produits gestion	Comptabilité, Immobilisations, paie, gestion commerciale, Trésorerie, rapprochement, Banque
Réseaux et OS	Dos, Windows, réseaux Novell et NT.
Langues	Excellente maîtrise de l'**anglais (BILINGUE)**. Bonne maîtrise de l'**italien** et de l'**allemand**.

FORMATION	
2009	Diplômée de l'**École Supérieure de Commerce de (ville)**
Sept. déc. 2008	Séjour d'**études aux États-Unis** à Bowling Green State University (Toledo, Ohio, EU).
2006/2009	Étudiante à (école) spécialisation Finance.
2004/2006	**Préparation HEC**, lycée (ville).
2003/2004	**Baccalauréat S** avec mention, lycée (ville).

AUTRES EXPÉRIENCES	
2009	**Responsable d'études à l'agence Nom de l'agence** (Agence de publicité - Paris). Enquêtes diverses, études de positionnement, veille concurrentielle.
2008	**Chef de rayon dans la partie librairie** à (nom de l'entreprise, ville)
2007/2008	**Membre élu du Bureau des élèves** de l'école X : recherche de sponsors, relations fournisseurs, gestion des stocks, organisation d'une semaine d'intégration pour 300 étudiants.

CENTRES D'INTÉRÊT	
Sport	Tous sports de raquette (squash, tennis...), jogging, Plongée sous-marine.
Loisirs	Voyages, cinéma, bandes dessinées.

Commentaire :

SUR LA FORME ET LES RUBRIQUES DU CV • Les CV « encadrés » ne font pas l'unanimité chez les recruteurs. Mais quand il s'agit d'une spécialiste en comptabilité, cela peut apporter un plus. Car cela prouve une maîtrise (que la candidate affiche d'ailleurs d'emblée) de l'outil informatique, connaissance indispensable dans ces fonctions. De plus, la candidate organise des formations à la mise en place de produits de gestion : la moindre des choses est de soigner la présentation.

SUR LE FOND • Il s'agit du CV d'une personne n'ayant pas encore une grande expérience professionnelle, tout au moins peu diversifiée. Il garde donc les « traces » des candidatures de jeunes diplômés, avec une large place laissée à la formation, aux stages et aux expériences de début de carrière. Cependant, la candidate développe suffisamment, mais de manière synthétique, sa dernière expérience, ce que demandent les recruteurs. Elle a, de plus, eu raison de spécifier sa spécialisation « finance » prise pendant ses études. En revanche, préciser son bac en indiquant une vague « mention » sans dire laquelle, c'est dire au recruteur que l'on n'a pas été gratifié d'une mention très bien...

ILS ONT DIT... « L'expression "bilingue" doit correspondre à une vraie maîtrise de la langue, sinon, c'est très décevant pour le recruteur, qui termine parfois l'entretien en anglais. Mieux vaut mettre par exemple écrire "très bonnes notions", c'est moins risqué que "bilingue", ou "courant". »
• Le service de recrutement d'Adecco cadres.

AUDIT ET CONSEIL DE GESTION

Prénom Nom
Adresse
Code postal
Tél. : 01.00.00.00.00.
E-mail : nom@mail.fr

EXPÉRIENCES PROFESSIONNELLES

Depuis 2008 Consultant au sein du groupe Nom du groupe (ville)

Conseil en gestion locale (finances, assurances, services publics) CDI

- **Assistance à la gestion active de la dette** (diagnostic, stratégie, arbitrage) et à la **gestion active de la trésorerie.** Suivi des opérations de couverture. Accompagnement dans les actions de réaménagement de la dette.

- **Audit financier et comptable** (M14, M4, M49, M51, M52).

Principaux axes d'intervention :

- analyse des comptes de résultat et des bilans, étude de la structure financière (ratios de solvabilité et de rentabilité), élaboration des tableaux de financement (évolutions structurelles, santé financière, situation de trésorerie) des SEM et de collectivités locales;
- analyse de la situation de SEM et de collectivités locales au regard de la TVA, de la taxe professionnelle et de l'impôt sur les sociétés;
- analyse des modalités de rémunération de l'entreprise (modalités de révision des prix, analyse des index);
- audit financier de budgets annexes et identification des flux financiers avec le budget principal d'une collectivité locale;
- assistance à l'élaboration des principaux documents budgétaires et comptables. Mise en place d'une comptabilité d'engagement et d'un plan de trésorerie.

- **Assistance en matière d'assurances** (responsabilité civile, multirisques, statutaire, responsabilité pénale des élus, flotte automobile...).

Principaux axes d'intervention :

- audit des risques existants et potentiels;
- assistance juridique et technique à la passation des contrats (préparation des documents administratifs et des projets de polices d'assurance...) ;

- assistance à l'examen des propositions et aide à la négociation;
- gestion quotidienne des sinistres pour l'ensemble des marchés;
- session de formation du personnel des collectivités.
- **assistance en matière de délégations de services publics** (assainissement, eau potable, stationnement, collecte et traitement des ordures ménagères, abattoirs).

Principaux axes d'intervention :
- audit de fin de contrat;
- assistance à la procédure de délégation : rédaction du rapport de présentation et du document-programme;
- rédaction des documents administratifs : avis de publicité, délibérations, procès-verbaux et avis de la commission de consultation;
- analyse des offres des candidats (répartition des risques financiers entre la collectivité et le délégataire);
- assistance à la négociation avec les candidats.

FORMATION : juridique et financière

2009 **Master Droit des collectivités territoriales (université, ville)**

Langues
- Anglais, bonne compréhension orale et écrite.
- Espagnol, bonnes notions.

Bureautique : Excel, Word, Access, Power Point.

Commentaire :

SUR LA FORME ET LES RUBRIQUES DU CV • Mettant en valeur les points essentiels, ce CV, au contraire du précédent, accorde une grande place à la dernière expérience professionnelle. La seule de ce candidat, qui est jusqu'alors resté dans la même société de consultants.

SUR LE FOND • Quand ce candidat aura plusieurs expériences professionnelles conséquentes, il aura tout intérêt à moins les développer que dans ce CV. Mais il l'a très bien présenté ici, en valorisant son métier de consultant et en présentant la diversité des missions effectuées, et par conséquent la polyvalence qu'il peut mettre en avant.

ILS ONT DIT... « Les candidatures de consultant sont souvent "jargonnantes". Il faut préciser clairement ses missions et ce que l'on pourra apporter à l'entreprise. »

• Le responsable de recrutement d'un groupe automobile.

CONSEIL EN MANAGEMENT

Madame,

C'est en réponse à votre annonce sur le site de l'école A pour des postes de consultants en management, que je vous adresse ma candidature.

Actuellement en poste dans une agence de communication en tant que consultante en organisation, et après une expérience au sein d'un cabinet de conseil en management, j'ai eu l'occasion à diverses reprises d'accompagner des clients dans des problématiques stratégiques, souvent en collaboration avec d'importants cabinets de conseil, mais jamais en leur sein; c'était un choix personnel de ma part. Je constate que votre approche de ce métier n'est pas étrangère à mes aspirations, et je suis sensible à l'attention que vous dites porter à l'accompagnement et la formation de vos consultants.

Au cours de mes diverses missions, j'ai pu développer une capacité rapide d'adaptation et de compréhension des organisations en profondeur, ainsi qu'un goût pour les contacts de haut niveau dans des environnements exigeants et multiculturels.

Ma formation et mon expérience professionnelle m'ont conduite à un exercice quotidien et approfondi de la communication écrite et orale ainsi qu'à une pratique intensive des nouvelles technologies. De tempérament à la fois volontaire et conciliant, j'aime organiser le travail en équipe de manière efficace et constructive, dans un cadre où créativité et ouverture d'esprit sont favorisées.

Désireuse de mettre ces compétences au service d'un cabinet à taille humaine offrant de réelles perspectives, je me tiens à votre disposition pour m'entretenir de manière plus approfondie avec vous de ma candidature et de vos projets.

Dans cette attente, je vous prie d'accepter, Madame, l'expression de ma haute considération.

Prénom Nom
Tél. 06.00.00.00.00.
E-mail : nom@mail.fr

CONSEIL EN MANAGEMENT

Prénom Nom
Adresse
Tél. : 03.00.00.00.00./ 06.00.00.00.00.
E-mail : nom@mail.fr
26 ans, célibataire

EXPÉRIENCE PROFESSIONNELLE

2013 (12 mois) — **Nom de l'entreprise : consultant en stratégie et organisation pour des missions de cadrage ou d'accompagnement des projets de réorganisation de services commerciaux de grandes entreprises** (Noms des entreprises) **et de PME** (Noms des PME).
Réalisations : analyse des cibles, analyse des business models, veille concurrentielle, expression des besoins, animation de groupes de travail et de correspondants e-business à l'international, conseils en recrutement.

2011-2012 — **Consultant junior pour des missions auprès des directions générales de grands groupes et de PME visant à améliorer leur performance par la communication :**
a) **Nom de l'entreprise** : accompagnement de la croissance par la mise en place et la structuration d'outils de management et de communication sur-mesure.
Réalisations : charte d'entreprise, livret d'accueil, fiches de postes, questionnaires d'évaluation, plan de formation, séminaire d'intégration, mise en place de moyens de communication internes.
b) **Noms des entreprises** : en propre ou en partenariat avec d'autres cabinets (nom des cabinets), missions d'audit et d'accompagnement des entreprises confrontées à une réorganisation.
Réalisations : organisation d'entretiens, élaboration d'une méthodologie d'audit, présentations écrites et orales, préparation de séminaires dédiés (coaching d'équipes de direction, de cadres dirigeants...).

2010 (6 mois) — **Nom de l'entreprise** : société de services commerciaux - (ville)
Réalisations : Vente de services pour le compte d'entreprises du secteur de la grande consommation (noms des entreprises) et rédaction de rapports clients.

FORMATION

2010-2011 : **MBA** Nom de l'université, N.Y
Mémoire en Management des organisations.
2007-2010 : **Diplôme de grande école A** - spécialisation en finance.
Nom de l'école.
Langues : Anglais (courant)/Espagnol (courant).
Informatique : Maîtrise de Word, Excel, Powerpoint, Access, Dreamweaver, Photoshop...

DIVERS

Associations : vice-Présidente de l'association (...).
Sports : tennis de compétition (10 ans de pratique dans un club).
Voyages : (pays visités).

Commentaire :

SUR LA FORME ET LES RUBRIQUES DU CV • Ce CV est très lisible, car la candidate a organisé, sous des rubriques très classiques, la présentation de ses différentes expériences toujours de la même manière, jouant sans abuser des gras et des italiques.

SUR LE FOND • Le reproche souvent fait aux consultants de « jargonner » quand ils présentent leurs expériences ne s'applique absolument pas ni à la lettre ni au CV de cette consultante. Répondant à une annonce passée sur le site Internet de son école, elle argumente et explique précisément ses choix professionnels et les raisons qui l'ont incitée à répondre à l'offre d'emploi.

ILS ONT DIT... « C'est important de ne pas indiquer tous ses stages, il est préférable d'en choisir un ou deux significatifs, et d'être concis aussi sur les expériences professionnelles. Dans le domaine du conseil, il n'est pas bon d'indiquer des résultats chiffrés, c'est trop prétentieux. »

• La responsable de recrutement d'une société d'assurances.

AUDIT ET ORGANISATION

Les mots clés de ma lettre de motivation :
- *CAPACITÉ D'ADAPTATION*
- *RÉCEPTIVITÉ*
- *SENS DES RESPONSABILITÉS*
- *INITIATIVE*

Cergy, le 4 mars 2014

À l'attention de Mme L.

Madame,

Le double engagement de Nom de l'entreprise vis-à-vis de ses clients pour atteindre l'excellence et de ses équipes pour en développer le potentiel a suscité tout mon intérêt. L'attention portée à une ambiance de travail enrichissante et l'implication dans le succès de ses clients représentent ma conception d'un cabinet de conseil. Je crois en les valeurs d'humilité et de réceptivité à l'égard de mes clients et de mes collègues.

Mon expérience d'auditrice en systèmes d'information m'a appris la rigueur et la volonté de fournir des résultats fiables à mes clients. Je souhaite à présent m'orienter vers le domaine du Management de l'information, de sa gestion au sein d'une organisation en tant que donnée stratégique. Préalablement, j'ai pu acquérir chez Nom de l'entreprise quelques connaissances techniques de base, et surtout participer à des projets mettant en exergue des problématiques d'évolution de la valeur de l'information et de sa diffusion.

En travaillant dans une structure nouvellement créée, j'ai pu faire montre de capacités d'adaptation et d'initiative. Parallèlement, mes voyages et la diversité de mes études signalent mon désir d'apprendre constamment, qui motive aujourd'hui mon désir d'intégrer l'atmosphère motivante de Nom de l'entreprise.

En espérant que nous aurons l'occasion d'approfondir les éléments contenus dans cette lettre au cours d'un entretien, je vous prie d'agréer, Madame, l'expression de mes respectueuses salutations.

Signature

Nom Prénom
Tél : 33. (0)1.00.00.00.00. Adresse
E-mail : nom@mail.fr

Ma candidature en bref :

- CONNAÎTRE L'ENVIRONNEMENT DES PROJETS
- SAVOIR TRAVAILLER EN ÉQUIPE RÉDUITE
- APPRÉCIER LA DIVERSITÉ DES MISSIONS
- RECHERCHER UN CONTEXTE INTERNATIONAL

EXPÉRIENCE PROFESSIONNELLE

2011-2013 Nom de l'entreprise. Missions d'audit de projets informatiques et de conseil en organisation de la fonction informatique : réorganisation du département et des méthodes de la fonction informatique Nom de l'entreprise; audit de sécurité du système SAP Nom de l'entreprise.

2010 Nom de la société de consulting.

(9 mois de stage) Assistante des chefs de projet pour deux projets informatiques (installation et déploiement de SAP); en charge de la coordination des équipes anglophones et de la création et l'organisation de la documentation des projets.

ÉTUDES

2010-2011 École de commerce et gestion de catégorie A.

Filière anglaise; spécialisation « Organisation et Management de Projet ».

2009 University of (nom de la ville étrangère) : Programme d'échange avec (nom de l'université étrangère). Spécialisation « Strategic management » et « International Organisational Behaviour »; résolution de cas en groupe.

AUTRES QUALIFICATIONS

Langues Anglais : lu, écrit et parlé (filière anglaise à l'école A; TOEFL : 637).
Espagnol : auto-apprentissage.
Allemand : lu et parlé.
Chinois : débutante.

ACTIVITÉS

Voyages de trekking (exemples).
Gestion de dossiers de démarchage pour une association humanitaire.
Séances d'éveil à la littérature pour enfants.
Organisation de partenariats pour des manifestations sportives.

Commentaire :

SUR LA FORME ET LES RUBRIQUES DU CV • C'est une démarche assez originale. La candidate a résumé elle-même, au début de sa lettre de motivation et de son CV les mots clés qu'elle désirait que le recruteur retienne.

SUR LE FOND • Ces mots clés ont pour vocation à la fois de résumer les compétences acquises dans son jeune parcours (elle n'a que trois ans d'expérience professionnelle, hors stages), ses désirs professionnels (travailler dans une petite équipe, ce qui est le cas des entreprises auxquelles elle adresse sa candidature) et dans un contexte international. Les mots clés de la lettre de motivation concernent plus des capacités ou des attitudes au travail, autant d'atouts que la candidate pense avoir intérêt à mettre en avant. Pour postuler dans le domaine de l'audit et/ou du conseil, c'est plutôt une bonne idée. Amenés à établir des préconisations, à apporter des éléments d'analyse et de synthèse, les candidats au poste de consultant peuvent montrer dans leur lettre et leur CV qu'ils sont capables d'effectuer ce travail sur leur propre situation.

ILS ONT DIT... « Les candidats "juniors" ont particulièrement intérêt à soigner leur lettre de motivation. En revanche, quand on a un CV comportant des expériences conséquentes, ce n'est pas la peine de trop en rajouter dans la lettre. »
• Le service de recrutement d'Adecco cadres.

Contrôleur de gestion international

Prénom Nom

Adresse

Tél. : 02.00.00.00.00.

E-mail : nom@mail.fr

Objet : candidature spontanée

Angers, le 4 mars 2014

Madame,

Après cinq années d'audit (en France et en Espagne) et de contrôle de gestion international, je souhaite évoluer vers des fonctions d'encadrement dans une direction financière, en contrôle de gestion ou dans l'audit interne.

Mes diverses expériences professionnelles, alliées à un fort investissement personnel, m'incitent en effet à prendre de plus amples responsabilités, dans un contexte de fort développement.

Je souhaiterais également rejoindre un groupe international exigeant et offrant de réelles perspectives d'évolution, aussi bien en France qu'à l'étranger.

Je serais donc très heureux de pouvoir vous rencontrer prochainement afin d'étudier avec vous les opportunités éventuelles offertes par votre entreprise.

Je vous prie d'agréer, Madame, l'expression de mes respectueuses salutations.

Signature

CONTRÔLEUR DE GESTION INTERNATIONAL

Prénom Nom
Né le
adresse
Tél. domicile : 02.00.00.00.00. Tél. portable : 06.00.00.00.00.
E-mail : nom@mail.fr

EXPÉRIENCE PROFESSIONNELLE

• Depuis novembre 2012 (21 mois) : **Nom de l'entreprise - ville**

CONTRÔLEUR DE GESTION INTERNATIONAL (secteur d'activité)

- Suivi de la filiale (CA : X euros) et des projets de développement de l'entreprise en Espagne.
– Reporting mensuel et consolidation (30 filiales, CA : X euros) : coordination, validation et analyse des données financières pour la direction générale et l'actionnaire.

DAF ADJOINT DU GROUPE (budget : X euros, 30 pers.) :

- En charge du suivi comptable, financier, administratif, juridique et fiscal.
- Encadrement d'une assistante en contrôle de gestion.

• Janvier 2010 - janvier 2011 (1 an) : **Nom de l'entreprise - ville**

AUDITEUR : missions de CAC et audits d'acquisition pour des sociétés françaises implantées à l'étranger; encadrement d'équipes d'audit locales.

- Responsable du bureau : management, développement commercial.

• Janvier 2008 - janvier 2010 (2 ans) : **Nom de l'entreprise - ville**

AUDITEUR : missions de CAC et ponctuelles.

• Juillet - octobre 2008 (stage de 4 mois) : **Nom de l'entreprise - ville**

ANALYSTE FINANCIER

Service engagement - société d'affacturage.
(autres expériences)

FORMATION

Sept 2007 : D.E.C.F. - (ville)
Août 2008 (3 ans) : Institut d'Études Politiques - (ville) : section Eco-Fi

AUTRES COMPÉTENCES

Anglais : usage professionnel fréquent.
Espagnol : maternel.

DIVERS

Polo (activité hebdomadaire)
Plongée sous-marine

Commentaire :

SUR LA FORME ET LES RUBRIQUES DU CV • Expériences, stages et formations sont bien dissociés dans ce CV très classique. Sa forme est assez représentative des profils de gestionnaire ou de financier, qui rédigent souvent des candidatures ordonnées et claires.

SUR LE FOND • L'équilibre entre les désirs professionnels du candidat et les raisons de l'envoi de sa candidature spontanée à un grand groupe international, la conjonction d'intérêts entre lui et l'entreprise sont bien évidents. On comprend bien qu'il se sent désormais à l'étroit dans la structure dans laquelle il exerce depuis cinq ans, et qu'il a « fait le tour » des possibilités de progression dans cette entreprise.

ILS ONT DIT... « Montrer que l'on souhaite partir de son entreprise actuelle pour évoluer n'est pas prétentieux, mais légitime. Mais il ne faut pas pour autant dénigrer son poste, il faut rendre son expérience professionnelle positive dans tous les cas. »
• Un consultant en recrutement.

Contrôleur de gestion international

Prénom Nom
Adresse
N° mobile : 06.00.00.00.00.
E-mail : nom@mail.fr

CONTRÔLEUR DE GESTION INTERNATIONAL

EXPÉRIENCES PROFESSIONNELLES

Depuis juillet 2008 : Nom de l'entreprise - (ville française).

CONTRÔLEUR DE GESTION INTERNATIONAL

10 filiales consolidées, 4 marchés importateurs et 4 zones importatrices.

1. Reportings mensuels : analyse par effets et commentaires pour le Comité de direction. Résultats commerciaux et résultats économiques de l'entreprise.
2. Budget : préparation et cadrage budgétaire.
3. Gestion d'interface centrale : validation des résultats comptables, marge commerciale, validation du résultat consolidé de l'entreprise.
4. Conseiller de gestion d'une filiale (nom de la filiale).

De juillet 2007 à juillet 2008 Nom de l'entreprise (Londres)- Bureau commercial.

INGÉNIEUR : PROJECT MANAGER

1. Gestion du bureau commercial : mise en place, reporting financier et suivi budgétaire, système informatique, organisation et participation dans les conférences internationales.
2. International : développement de marchés dans plusieurs pays (noms des pays).

– Russie : chargé commercial des appels d'offre sur les établissements publics.
– Pologne : chargé commercial d'un projet de concession.

De mars 2005 à septembre 2008 Nom de l'entreprise et du groupe - Direction Internationale.

INGÉNIEUR : CHARGÉ D'ÉTUDES

1. International : développement de marché en Europe du Nord. Analyse de l'environnement juridique et commercial. Audits financiers et techniques des entreprises locales.
2. Gestion financière : projets : Gestion de Taxe Professionnelle. Conception, mise en place du système de gestion informatique (Access) et gestion de Comptes Rendus Financiers aux Collectivités (produits et charges d'exploitation, résultat brut et économique). Économie réalisée : 600 K€/an.

De décembre 2003 à avril 2005 : Nom de l'entreprise (ville)

CHARGÉ DE CLIENTÈLE

Coordination des services clients, suivi des comptes clients, suivi des indicateurs service clients (contentieux...), audits de services clients...

LANGUES

Anglais : TOEFL (600 points).

Allemand : BERLITZ, niveau 9/12.

Cours particuliers Allemand, Zertifikat der Sprachschule KAPITO.

FORMATION PROFESSIONNELLE

2011 Distance Learning MBA Programme : The Graduate School of Business Nom de l'université.

2002-2003 Programme Copernic (École des Ingénieurs de ville).
Programme de Formation au Management d'Europe centrale et orientale.
Diplôme de management.

1998-2005 Université de (ville) (Pologne), faculté d'économie, spécialisation en commerce international.
Diplôme : Ingénieur commercial.

Commentaire :

SUR LA FORME ET LES RUBRIQUES DU CV • Ce candidat a la volonté de travailler dans un contexte international et l'indique d'emblée aux recruteurs. La mise en valeur (marquée par le gras) des fonctions occupées montre bien son évolution professionnelle, de « chargé de clientèle » à « contrôleur de gestion international ».

SUR LE FOND • La présentation des expériences professionnelles montre un souci du détail et de l'organisation nécessaires à l'exercice de la profession du candidat, et décline pour chacune d'entre elles un aspect international qui donne une cohérence au profil. La description du niveau en langue est également un bon repère pour le recruteur, confirmé par la dernière formation (un MBA suivi à distance avec une université américaine).

ILS ONT DIT… « Un candidat qui met l'accent sur sa formation et son expérience internationales doit être *a priori* prêt à accepter une grande mobilité géographique. À moins qu'il ne précise être intéressé par le contexte mondial de l'activité, plus que par l'expatriation »

• Une consultante en recrutement.

SECRÉTAIRE DE DIRECTION GÉNÉRALE

Prénom Nom
Adresse
Code postal
Tél. 01.00.00.00.00.
ou 01.00.00.00.00. (professionnel)
E-mail : nom@mail.fr
Date de naissance : (38 ans)

FORMATION

(date) DEEM (en cours CIF)
Diplôme Européen d'Études de Management (Bac+4)

Juin 2006 BTS Bureautique et Secrétariat de Direction/option A
Bac STT avec mention

Juin 1993 BEP Sténodactylo

Langues Anglais

Connaissances informatiques : Mac et PC Word/Excel/Power Point/Access/Pagemaker

EXPÉRIENCE PROFESSIONNELLE

1996 à ce jour...

20 ans d'expériences acquises au sein de la société Nom de la société (Nom du groupe)

Depuis 2012

- SECRÉTAIRE DE DIRECTION attachée à la Direction Générale, aux Affaires Internationales et Juridiques.

2009 à 2012

- SECRÉTAIRE ET ASSISTANTE à la Direction Administrative et Juridique, en charge des :
  - **Dossiers « Export » :** relations banques, Coface, DREE.
  - **Dossiers « Juridique » :** suivi des contentieux Affaires - Comptes-rendus
  - **Dossiers « Affaires » :** comité d'Analyse des Risques liés aux Affaires Export/France.

2004 à 2008

■ SECRÉTAIRE ET ASSISTANTE à la Direction de la Communication, avec l'organisation et le suivi :

- **Communication interne :** Développement d'une campagne Qualité « Mesure du Coût de la Non Qualité dans l'entreprise », flash, journal d'entreprise, journées « portes ouvertes ».
- **Communication externe :** Communiqués de presse, relations extérieures, journées clientèle. Expositions et publicités des compétences et innovations de l'entreprise.

1998 à 2003

■ ASSISTANTE À LA DIRECTION DES RESSOURCES HUMAINES, avec la gestion et le suivi :

- **Formation professionnelle :** Gestion du plan de formation inter/intra-entreprise, déclaration fiscale, taxe d'apprentissage.
- **Expatriation :** Gestion administrative.
- **Assurance Société :** Suivi des Polices et des contrats d'assurance/Ventilations des primes d'assurances incendies/pertes d'exploitation, mission).
- **Intérim/Régie :** Gestion des contrats des personnels extérieurs (recrutement, facturation, ventilation, etc.).
- **Dossiers militaires :** Habilitée Confidentiel Défense : gestion administrative des dossiers.

DIVERS

Sports : Danse/Karting (Commissaire de piste).

Loisirs : Lecture.

Commentaire :

SUR LA FORME ET LES RUBRIQUES DU CV • Ce CV appartient à une candidate qui a l'habitude de présenter des rapports, et de mettre en page divers documents, ce qui se voit. En bleu à l'origine, ce CV est à la fois clair, précis, concis. En bref, pratiquement parfait au point de vue mise en page.

SUR LE FOND • En considérant l'âge de la candidate, on pourrait être surpris de voir indiquée la formation en premier lieu sur son CV, avant l'expérience professionnelle. En regardant de plus près, on comprend mieux pourquoi elle a fait ce choix. Il s'agit d'une personne qui a évolué dans l'entreprise et qui a suivi, en parallèle, des formations adéquates. Du BEP au niveau Bac + 4 : le pas est suffisamment important pour être souligné d'emblée. La candidate n'a d'ailleurs pas terminé sa progression, qui se traduit même par une volonté de reconversion. Désirant prendre des responsabilités en management, elle suit une formation supérieure dans le cadre d'un CIF (congé individuel de formation).

ILS ONT DIT... « Il faut savoir montrer sa marge de progression, exprimer son projet par rapport aux postes qu'une entreprise peut proposer. Le recruteur doit voir cette évolution dans le CV. »
• Le consultant d'un cabinet de recrutement.

ASSISTANTE DE DIRECTION

Prénom Nom
Adresse
E-mail : nom@mail.fr

ASSISTANTE CABINET D'ARCHITECTE

EXPÉRIENCES PROFESSIONNELLES

2012-2013 : Assistante de Direction (nom du cabinet, adresse)

✓ Constitution dossiers de candidature concours - *coordination avec les BET*
✓ *Sélection traitement et diffusion d'appels d'offres*
✓ Interface comptable- entreprise
✓ *Préparation des pièces comptables*
✓ Suivi cotisations sociales et impôts
✓ Accueil clients- *accueil téléphonique- filtrage d'appels- prise de rendez-vous*
✓ Classement et archivage – recherches Internet
✓ Rédaction compte rendu de chantier

Mars 2011-juillet 2012 : Assistante de Direction (nom du cabinet, adresse)

✓ Constitution de dossiers de candidatures pour concours
✓ *Sélection des appels d'offres sur Internet*
✓ *Traitement et diffusion appels d'offres aux bureaux d'études*
✓ Suivi cotisations sociales
✓ Accueil clients- *accueil téléphonique*
✓ Classement et archivage dossiers
✓ Préparation ordre de service
✓ Rédaction compte rendu de chantier

Août 2010 : Assistante stagiaire Société (nom de la société) (assurance et expertise maritime)

✓ Préparation des rapports d'expertise maritime
✓ Traduction en anglais des rapports et travaux de bureautique classique

Juillet 2010 : Assistante juridique stagiaire cabinet (nom du cabinet)

- ✓ Gestion administrative et comptable
- ✓ Accueil clients-accueil téléphonique
- ✓ Travaux de bureautique
- ✓ Classement et archivage-actualisation des classeurs juridiques

2008-2009 : Assistante de Direction société (nom de la société, lieu)

2003-2007 : Assistante Administrative BHI (Côte-d'Ivoire)

- ✓ Suivi des dossiers clients
- ✓ Chargée des relations avec les partenaires P&I
- ✓ Préparation des documents comptables
- ✓ Chargée de relations avec les partenaires P&I

FORMATION

Mars 2010-Sept 2010 : Formation d'Assistante juridique CCIP- Advancia Paris

- ✓ Technique de secrétariat et de l'assistanat
- ✓ Démarches au palais
- ✓ Classement documentation juridique
- ✓ Suivi dossiers clients
- ✓ Interface société – comptable
- ✓ Outils de gestion pour l'assistanat
- ✓ Bureautique, NTIC
- ✓ Environnement économique, juridique et de gestion
- ✓ Rédaction d'actes
- ✓ Technique professionnelle de spécialisation
- ✓ Anglais juridique et secrétariat en anglais

2003 : Master de Droit Université d'Abidjan

2002 : Licence en Droit privé Université d'Abidjan

COMPÉTENCES

Gestion administrative et comptable de société

Droit des sociétés

- ✓ Formalités de constitution/dissolution des sociétés
- ✓ Augmentation du capital social
- ✓ Recouvrement des créances

Droit Civil

Droit commercial

✓ Rédaction d'actes

ATOUTS

Dynamique, organisée

LANGUES

Anglais lu, parlé, écrit

Informatique : Word, Excel, Powerpoint

Commentaire :

Cette candidate a une formation juridique qu'elle a exploitée au début de sa vie professionnelle, puis s'est orientée peu à peu, au fil de ses recherches, vers l'assistanat en cabinet d'architecture, dans un contexte assez difficile : ses deux employeurs successifs n'ont pas pu conserver son poste faute de commandes en nombre suffisant.

SUR LA FORME ET LES RUBRIQUES DU CV • C'est net et sans bavure, la présentation est soignée et sans fioritures, ce qui est conseillé pour ce type d'emploi qui demande une grande rigueur.

SUR LE FOND • La présentation des matières étudiées lors de sa formation est assez judicieuse : elle prend le même soin à les détailler que les tâches effectuées lors de ces différentes expériences professionnelles. Ce qui pourrait sembler un peu « lourd » prend sens quand on constate qu'elle a changé d'orientation en passant du juridique à l'assistanat de direction. Aujourd'hui à nouveau en poste dans une entreprise spécialisée dans le bâtiment pour un poste d'assistante de direction, elle n'aura plus l'utilité, si elle doit rechercher à nouveau un emploi, de continuer ainsi à détailler sa formation. Elle aura suffisamment d'expérience professionnelle pour ne pas revenir sur cette question.

ILS ONT DIT... « Pour une petite entreprise comme la nôtre, le fait d'embaucher une assistante avec une formation juridique à la base complétée par une formation d'assistante était intéressant. Elle avait intérêt à placer les deux en avant. »

FONCTION PUBLIQUE

Prénom NOM

Né le 00/00/20.. à Ville

Adresse, téléphones, mail

ATTACHÉ TERRITORIAL (concours 19.., ville)

Depuis juillet 2002 – Contrôleur des établissements médico-sociaux pour personnes âgées et handicapées adultes

Adjoint au Chef du Bureau du (nom du bureau) depuis janvier 2004.

1. Tutelle de 15 établissements de 100 lits en moyenne et budget de XX M d'euros (jusqu'à 500 lits et budget > à X M euros).

- contrôle budgétaire
- inspection suite à plaintes
- contentieux tarifaire
- créations d'établissements : instruction des dossiers CROSS
- conventions d'aide sociale, instruction des demandes de subventions et de garantie d'emprunt
- services d'insertion professionnelle pour les handicapés (avec : nom des organismes)
- mise en œuvre des conventions tripartites et de la réforme de la tarification dans les (nom des établissements)
- Encadrement d'une équipe de 6 contrôleurs dont 2 attachés et 4 S.A.

2. Convention avec 13 (nom des établissements) du CAS ; 20 USLD de (nom de l'organisme) ; établissements privés non habilités ; 5 établissements créés dont 2 conventionnés.

- Participe au Comité départemental de pilotage de la réforme avec 2 médecins (noms des organismes concernés) + 3 administratifs (1 contractuel recruté ad hoc et 1 inspecteur ; 1 représentant de (nom de l'organisme).
- Visites et comptes rendus conjoints.

nov 1999 - juin 2001 COORDONNATEUR DE NUIT DU SAMU SOCIAL

Coordination (de 21 h à 5 h) des 6 équipes mobiles, des 3 centres d'hébergement d'urgence (gérés par 3 institutions différentes : Nom des institutions) et des 2 centres de «lits infirmiers» (nom des établissements) au sein de la régulation.

La régulation assurait le standard et «présélectionnait» les urgences, les régulateurs transmettaient les informations aux équipes mobiles et donnaient l'orientation vers le centre idoine (hébergement ou lit infirmier).

Restitution des informations le matin au (nom de l'organimse, à nom de la ville) et dans les centres d'accueil :

Une assistante sociale pouvaient recevoir les hébergés de la nuit dans 2 centres. Un médecin bénévole y intervenait quotidiennement.

déc 1997-nov 1999 ADJOINT AU DIRECTEUR DE LA SECTION du (numéro de l'arrondissement) du Centre d'action sociale.

Pas de fonction prédéfinie, ni de délégation spécifique, sauf pour les allocations financières au titre de l'aide sociale à l'enfance.

Section du (numéro de l'arrondissement) : nombre d'habitants

Section du (numéro de l'arrondissement) : X agents dont x à la Mairie et x dans x résidences (foyers-logements médicalisés) et x logements conventionnés APL pour personnes âgées.

Répartis en services administratifs et services de prestations au public (xxx personnes / jour).

Outre une délégation générale de signature, sous l'autorité du Directeur, l'adjoint avait pour fonction de répondre aux problèmes spécifiques aux services recevant le public.

Prestations d'aide légale et d'aides facultatives (cartes Émeraude - transports gratuits pour personnes âgées - remboursement de la carte orange, CMU, allocations financières d'urgence)

Travail analytique sur les allocations financières d'urgence.

FORMATION UNIVERSITAIRE

Diplômé de l'Institut d'Études Politiques de (Ville) - mention AB

HOBBIES

Voyages depuis 1992 (Europe de l'Est et Russie, Afrique du Sud, Yémen, Birmanie-Laos, Éthiopie, Argentine, Mauritanie ...)
Avion (brevet de pilote privé + qualification de nuit ; 180 heures de vol)
Échecs

BILAN DES COMPÉTENCES DÉVELOPPÉES AU COURS DE MON ACTIVITÉ PROFESSIONNELLE

Points positifs	Points d'amélioration
Aptitude à répondre aux situations impromptues	Organisation
Adaptabilité	Gestion
Bon pour un exposé oral préparé	Difficultés pour intervenir en public (émotivité)
Capacités analytiques et rédactionnelles	Sens de la pédagogie
Autonomie et indépendance	Difficultés d'argumentation, et à imposer son point de vue
Capacité d'écoute et de répartie	Difficultés à orchestrer un débat

Commentaire :

SUR LA FORME ET LES RUBRIQUES DU CV. Comprenant des informations classées, détaillées, et même numérotées, ce CV entre dans la catégorie des candidatures traditionnelles, voire un peu austères ! Cependant, étant fonctionnaire de la Ville de Paris, ce candidat potentiel a selon ses propres propos peu d'occasions de le présenter. Le résumé du bilan de compétences qui suit le CV n'est pas destiné aux employeurs potentiels, mais lui sert de base pour un choix éventuel de postes adapté à ses qualités (ou défauts !) dans l'avenir et à choisir des formations dans les domaines où il est le plus faible.

SUR LE FOND. Bien que triste, ce CV est efficace car il montre une bonne capacité d'adaptation du candidat et met en valeur des débuts très « dynamiques » et novateurs dans le secteur social. Une vocation claire à garder et prendre des responsabilités dans le secteur social (il est devenu adjoint au chef de bureau lors de son dernier poste) favorise un regard attentif sur ce CV. Depuis, le candidat a encore changé de poste. Il reste dans le secteur social, mais a rejoint une direction financière.

ILS ONT DIT... « Le CV est demandé dans le cadre d'une mobilité, mais pas toujours obligatoire. Cela dépend en fait du niveau de "notoriété" du candidat et de son grade. Plus celui-ci est élevé, plus le candidat sera connu et moins il aura besoin de détailler son *curriculum.* »

• Un fonctionnaire de la Ville de Paris.

Cadres dirigeants

Comment se présenter et résumer ses expériences quand on a, ou que l'on a eu, d'importantes responsabilités dans une entreprise ? Des centaines de cadres, anciens dirigeants de PME ou membres du « top-management » de grandes entreprises, se sont retrouvés, un jour, dans la situation de chercher un nouvel emploi. Mettre en valeur ses propres atouts quand on a soi-même eu des responsabilités de recrutement pourrait apparaître comme la plus simple des tâches. Ce n'est pourtant pas le cas. CV sur cinq pages, longues justifications des raisons pour lesquelles on a quitté ou l'on quitte une entreprise... les responsables et cabinets de recrutement déplorent souvent la propension des cadres dirigeants à trop détailler.

Sur certains CV en effet, apparaissent non seulement le nombre d'enfants, mais aussi le statut « social » du candidat (marié, voire divorcé!). Or, ce n'est pas à l'épaisseur d'un dossier, ni aux indications très personnelles, que l'on mesure l'adéquation d'un profil, fût-il polyvalent, à un poste donné. Les recruteurs seront plutôt attentifs aux facultés de la personne à synthétiser ses expériences, à émettre des propositions claires à des employeurs choisis. « J'ai été aidé en faisant un bilan de compétences, témoigne un cadre dirigeant. Ce bilan m'a permis de recentrer ma candidature, d'extraire les plus, les moins, de faire une sorte de synthèse. Ensuite, il a fallu mettre celle-ci à la sauce marketing. C'est comme en cuisine : on fait une réduction de sauce, qu'on place au congélateur. À partir de cette recette de base, on recrée tout le temps, il faut ajouter de nouveaux ingrédients après chaque expérience... »

UN CV CARTE DE VISITE

PATRICK BATET a connu une période de chômage de quatre mois. Après une expérience d'une vingtaine d'années dans une grande entreprise industrielle, durant laquelle il était passé d'ingénieur à cadre commercial avant de devenir directeur d'une filiale, cet homme de 44 ans a dû, pour la première fois de sa carrière, se mettre en concurrence avec d'autres cadres sur un marché du travail externe. « Débarqué » de son entreprise, il a immédiatement entamé ses démarches de recherche d'emploi, en travaillant d'abord sur son profil.

PREMIÈRE ÉTAPE : RÉALISER SON CV, selon des normes dont il se souvenait vaguement, depuis l'école d'ingénieurs et les recherches de stages. Expériences détaillées, formations, même les loisirs trouvent leur place dans ce véritable roman professionnel. Il arrive vite à noircir des pages et des pages... Exercice intéressant pour lui-même, certes, mais bien peu convaincant pour une entreprise.

DEUXIÈME ÉTAPE : il appelle un conseiller en carrière, spécialiste du « top-management » sur les conseils d'un ami. Le choc est assez brutal : après un entretien approfondi, ce spécialiste lui conseille, entre autres recommandations sur sa recherche d'emploi, de résumer sa candidature en dix lignes. « Il m'a convaincu que je ne devais pas me positionner comme en recherche d'un emploi, mais comme faisant une proposition de collaboration à l'entreprise. Considérant mon profil, les responsabilités que j'avais eues, il estimait que je devais présenter ma candidature comme une "chance" pour les employeurs, et surtout traiter d'égal à égal avec eux, parler le même langage. »

TROISIÈME ÉTAPE : comme les entreprises passent une annonce dans la presse pour recruter un candidat, Patrick Batet a résumé son profil de poste en quelques mots avant

UN CV CARTE DE VISITE

de l'adresser à des employeurs triés sur le volet. « J'ai ciblé des entreprises de taille moyenne, spécialisées en hautes technologies, mais ayant au moins dix ans d'existence. Je ne visais pas les start-up, pas assez solides de mon point de vue. Je me suis arrangé pour connaître les noms des responsables des entreprises et des directions que je visais, afin de m'adresser directement à eux. J'accompagnais ma carte de visite d'une courte lettre motivant mon choix de m'adresser à telle ou telle entreprise (j'ai souvent utilisé mon réseau pour obtenir des informations sur elles). Enfin, je leur proposais des dates de rendez-vous, à plus ou moins brève échéance. Sur 15 envois ciblés, j'ai obtenu 10 réponses, et trois entretiens. L'un d'eux a été le bon. »

> **Patrick Batet**
> Directeur opérationnel, manager commercial
> 15 ans d'expérience dans le domaine
> des télétransmissions embarquées
>
> *Postes visés :*
> *– adjoint d'une direction générale*
> *– directeur d'une division opérationnelle.*
>
> Adresse, tél, mobile, E-mail

SAVOIR TIRER PARTI DE L'EXPÉRIENCE

Dans leur dossier de candidature, les cadres expérimentés doivent à tout prix éviter de se présenter sous un jour trop favorable, en utilisant des superlatifs et en se parant trop ostensiblement de toutes les qualités de manager. Pardonnable pour une candidature de commercial débutant, ce style devient vite insupportable quand on a affaire à des personnes d'expérience. Celles-ci risquent d'être fragilisées face au regard d'un recruteur ou d'un consultant en recrutement, qui, de toute façon, les poussera dans leurs retranchements en entretien pour connaître les difficultés rencontrées dans les postes précédents. Inutile donc de présenter une candidature trop lisse et trop brillante.

Tous les détails comptent. Difficile pour tout chercheur d'emploi, l'épreuve de l'entretien pour un cadre qui a eu des responsabilités importantes est souvent délicate à négocier. Le candidat doit s'y préparer à l'avance. « Dans les cabinets de recrutement, le consultant qui vous reçoit note les moindres détails, y compris vestimentaires, reconnaît un consultant en recrutement. Vous devez vous blinder avant d'entrer, lui laisser le moins de chance possible de vous déstabiliser. Être bref, concis dans votre présentation, y compris sur le CV et la lettre de motivation. Il faut partir avec l'idée qu'un cadre ayant déjà eu des responsabilités de dirigeants de haut niveau est un atout pour une entreprise, particulièrement quand il a la cinquantaine : il n'a pas d'ambition démesurée, car il n'a plus rien à prouver en termes de réussite et il a un savoir-faire certain... ».

Nous avons choisi de reproduire dans ce chapitre des extraits seulement de candidatures de cadres expérimentés. Car si le détail de certaines expériences est parfois présenté de manière intéressante, l'intégralité de la candidature est souvent un peu fastidieuse, et dans tous les cas peu « reproductible » par d'autres candidats. Les deux premiers CV (page 304 et 305) illustrent deux manières possibles de mettre en avant ses missions, résultats et réalisations ; dans le troisième CV (page 307), c'est la précision du projet professionnel présenté qui peut être souligné et dans le quatrième CV (page 309), la mise en valeur de la progression professionnelle.

METTRE EN AVANT SES RÉSULTATS

Nom Prénom
Adresse
Code postal
Tél. : 01.00.00.00.00.
E-mail : nom@mail.fr

■ EXPÉRIENCES PROFESSIONNELLES

Depuis septembre 2013

Directeur de Centre de Profit
Nom de l'entreprise, ville

- Membre du comité de direction.
- Responsable d'une unité autonome de 59 personnes composée d'ingénieurs commerciaux, de chefs de projets, d'ingénieurs et techniciens, de contrôleurs qualité et de superviseurs de fabrication.
- Responsable devant le directeur de la division V. de la réalisation des objectifs de l'unité (prise de commandes, CA : 13,7 M€, marge brute : 16 %).
- Responsable de la mise en œuvre de la politique commerciale et marketing dans les différents pays de la zone.
- Mise en place d'une représentation au Brésil, négociation avec des agents locaux, recherche de partenaires industriels.
- Développement de la zone Moyen-Orient.
- Négociation des aspects techniques, commerciaux, juridiques, fiscaux et du financement des contrats.
- En 2010, dans le cadre de la décision d'externalisation de la production, participation à la mise en œuvre d'un plan social.

Septembre 2010-septembre 2013

Président-Directeur Général
Nom de l'entreprise, secteur, nombre de salariés

- Montage du dossier de reprise de l'entreprise via une société holding, négociation des financements et recherche de capital-risqueurs (fonds propres : X K€; concours bancaire : X K€; capital risque : X K€).
- Redressement de l'entreprise suite au départ du président directeur général précédent (CA 2009 : X K€; CA 2011 : X K€, CA 2012 : X K€).
- Mise en place de nouveaux logiciels informatique dans l'entreprise (comptabilité générale, comptabilité budgétaire et analytique).
- Mise en place d'une organisation qualité et certification ISO XXX.
- Négociation de la cession en 2013.

Mettre en avant ses résultats

Prénom Nom
Adresse
Code postal
Tél. 01.00.00.00.00.
E-mail : nom@mail.fr

MISSIONS RÉALISÉES

2012-2014 - Nom de l'entreprise (depuis 2011 : appartient au groupe Y).

(Chiffre d'affaires de 7,6 M€ - 70 salariés).

DIRECTEUR GÉNÉRAL DES VENTES ET ASSISTANT DU DIRECTEUR GÉNÉRAL

Objectif : **participer à l'essor de l'organisation et au développement d'une nouvelle division**

Réalisations :

- Accroissement des ventes de 6 % au cours de la première année.
- Coordination de la production et l'élaboration du budget de l'entreprise.
- Conception d'un plan de restructuration et de rationalisation des coûts (économie de 200 000 euros par année).
- Conception d'un plan stratégique de ventes dont les principes ont été appliqués à toutes les entreprises du groupe.
- Mise en œuvre d'une politique et d'une structure d'opération qui a engendré une réduction de 40 % du nombre de cas litigieux en l'espace d'un mois.
- L'entreprise a été vendue en 2011 au Groupe Y.

2009-2010 nom de l'entreprise - service concerné.

(Chiffres d'affaires de 6,5 M€ - 100 employés).

Fabriquant de pneus.

DIRECTEUR GÉNÉRAL

Objectif : **relancer et stabiliser cette nouvelle direction acquise par le groupe.**

Réalisations :

Dès la première année :

- Atteinte à 200 % des objectifs fixés pour un an.
- Augmentation de la productivité.
- Renégociation de la convention collective.
- Réorganisation des équipes de travail.
- Fermeture de services non rentables (économie annuelle de 90 000 €).
- Récupération du chiffre d'affaires perdu.

Commentaire :

Les deux CV présentés ici (des extraits seulement) illustrent les possibilités de présenter la réalité de ses précédents emplois de manière factuelle, en décrivant précisément les activités et les résultats obtenus. Les phrases doivent être courtes, le style percutant. Il est conseillé de commencer par des verbes d'action (voir la première partie, page 67).

SUR LA FORME ET LES RUBRIQUES DU CV • Un défaut très courant apparaît dans les CV de cadres dirigeants, ayant connu des expériences riches en responsabilités et en émotions : la tendance à raconter l'histoire de l'entreprise de A à Z et à laisser parfois déborder ses sentiments, en écrivant par exemple : « Je suis arrivé au moment où le directeur commercial connaissait de grandes difficultés pour réorganiser son service, j'ai donc, avec l'aide d'un expert spécialisé en management de la vente, travaillé au redressement de la situation. » Il sera temps, lors de l'entretien de recrutement, d'expliquer plus avant chacun des événements importants qui ont jalonné sa carrière.

BIEN PRÉCISER SON PROJET PROFESSIONNEL

Nom Prénom
adresse
tél. domicile : 05.00.00.00.00.
E-mail : nom@mail.fr
Situation maritale

Manager des petites unités industrielles

OBJECTIF PROFESSIONNEL :
Prendre les rennes d'une PME ou d'une filiale d'un groupe industriel placées face à des enjeux stratégiques en matière d'innovation ou de développement international.

EXPÉRIENCES PROFESSIONNELLES

2009-2014 Au sein de Nom de l'entreprise, leader dans le domaine de l'automobile :
– directeur R&D, puis directeur marketing stratégique en charge du développement international d'une division de 45,7 M€ de CA,
– manager d'une unité de production (6,1 M€ de CA, 40 personnes sur 3 sites),
– directeur général d'une filiale spécialisée dans la gestion des déchets (1,7 M€ de CA).

2003-2008 Au sein de l'entreprise X, leader dans le domaine de la fabrication de pièces d'avion :
– directeur marketing d'une unité de 100 M€ de CA,
– chef de fabrication d'une unité industrielle de 95 personnes.

OUVERTURE INTERNATIONALE

- Maîtrise de l'anglais et de l'allemand.
- Nombreux séjours professionnels à l'étranger : Mexique, Grande-Bretagne, Afrique de l'Ouest, USA, Portugal, Canada, Espagne, Allemagne...
- Manager et coordinateur d'un programme européen (budget : 1 million d'euros, deux pays concernés).

Commentaire :

Ayant eu des expériences répétées dans le même cadre d'intervention (de petites unités à gérer dans de très grands groupes), ce candidat a pu faire la preuve de ses capacités dans ce type de structures et y affiner son projet professionnel.

SUR LA FORME ET LES RUBRIQUES DU CV • Âgé d'un peu plus de quarante ans, le candidat a tout intérêt à détailler les éléments de son CV qui concernent cet objectif de carrière. Également intéressé par le développement international, il réunit dans une même rubrique les expériences qui l'ont conduit à être en contact avec l'étranger. La cohérence de ce CV et l'assurance du candidat quant à la voie qu'il a choisie ne peuvent que rassurer une entreprise.

METTRE EN VALEUR UNE PROGRESSION PROFESSIONNELLE

20 ans d'expérience,
7 ans de management,
8 postes dans le groupe X en 15 ans.

Depuis 2011 Entreprise P (ville) **Directeur commercial adjoint**

- Réorganisation et plan de restructuration du service commercial basé sur la constitution de « pôles régionaux », en relation avec le directeur général de l'entreprise.
- Gestion des responsables des équipes de vente produits.
- Recrutement des chefs de région.
- Mise en œuvre des partenariats marketing et commerciaux.

2009-2011 Entreprise P (ville) **Directeur commercial de la région Grand Ouest**

- Recrutement, management, animation et développement des services commerciaux.
- Formation et motivation des services de télémarketing et téléventes

2007-2009 Entreprise P (ville) **Directeur commercial Vendée**

- Création de la direction et recrutement des équipes, marketing produits, management des ventes.

2005-2007 Entreprise P (ville) **Chef de produit « grands comptes »** au siège de l'entreprise.

- Organisation de la « verticalisation » des opérations marketing.

Commentaire :

SUR LA FORME ET LES RUBRIQUES DU CV • Ce candidat est resté, tout au moins jusqu'à ce jour, fidèle à une même entreprise. Graphiquement et très simplement, il est parvenu à montrer sa progression rapide (nous publions ici seulement les dernières étapes de ce parcours, celles qui le voient devenir manager). Il développe sa dernière expérience (il aurait cependant pu aller plus loin concernant les résultats de sa direction), mais n'omet pas les autres, en indiquant en gras les titres des fonctions. Sa progression apparaît ainsi immédiatement au regard.

Carrières internationales

L'anglais est devenu, en matière de recherche d'emploi internationale, la langue de référence. Bien plus, le « modèle américain » a fortement influencé, au cours de ces dernières années, les candidatures françaises. Plusieurs raisons expliquent cela. Tout d'abord, les échanges, de plus en plus courants, entre les universités ou les écoles du monde entier. Quel étudiant de grande école de commerce n'a pas effectué, au cours de sa formation, un séjour à l'étranger pour y suivre des cours ou effectuer un stage en entreprise ? Ensuite, l'intérêt, tout particulièrement pour les jeunes cadres, d'envisager à un moment donné de leur carrière un passage dans un autre pays, ou tout au moins un contact avec d'autres entreprises.

Le modèle américain

Certains directeurs des ressources humaines ou responsables de recrutement ont d'ailleurs exercé les mêmes fonctions dans plusieurs pays alternativement, et ont tendance à chercher un « modèle » de candidature. Aujourd'hui, les candidatures de chercheurs d'emploi allemands, par exemple, qui sont de véritables dossiers, avec résumé des travaux réalisés, lettres de recommandations, CV sur plusieurs pages ne sont plus vraiment de mise en France, de même que les candidatures très « rédigées » des Italiens. Ainsi, un Français cherchant aujourd'hui un emploi à l'étranger, et ce, quel que soit le pays, peut se référer au modèle anglo-saxon et plus spécifiquement américain.

Simplicité, sobriété, clarté sont partout des valeurs sûres, amplifiées avec l'utilisation d'Internet dans la recherche d'emploi. Mais en conservant, quel que soit le pays, la bonne habitude d'adresser une lettre de motivation, courte, concise, et adaptée à chaque employeur. Ces grands principes s'appliquent partout !

Dans ce chapitre, nous vous présentons à la fois des exemples de candidatures de Français ayant tenté leur chance à l'étranger après avoir traduit ou adapté leur CV et des exemples de candidatures d'étrangers qui ont postulé en France.

Attention aux traductions littérales ! Dans tous les cas, les candidats doivent se garder de traduire mot à mot leur CV français en anglais (ou vice versa). Pour illustrer les écueils liés à ce genre d'exercice, nous reproduisons d'ailleurs ici successivement des CV simplement traduits (page 313) et d'autres adaptés en fonction des spécificités et des habitudes anglo-saxonnes (page 317) ou françaises (page 320).

Privilégiez les verbes d'action. Pour vous aider à rédiger votre CV en anglais, vous pouvez aussi vous aider de la liste de verbes d'action présentée dans la première partie, pages 67 et 68.

Prénom Nom
adresse
+33 (0)1.00.00.00.00.
E-mail : nom@mail.fr

EDUCATION

- Galilée Institute, University of Paris XIII.
- **Master en Génie Informatique**, 2006.
  A five-year degree in Computer engineering enabling students to enter the Ph.D. program to continue research or to start professional experience.
  Including a project for establishing timetables (scheduling).
- **Master 1 d'Informatique**, 2005.
  A four-year degree equivalent to a Master's degree in Computer Sciences.
  Including a project concerning virtual images and their treatments.
- **Licence d'Informatique**, 2004.
  A three-year degree equivalent to a Bachelor of Science degree in Computer Sciences. Including a project for a « Scrabble » game.
- **Electronic Engineering Faculty, (université, ville).**
- **Three years of Electronic Engineering** 1995-1998.

PRACTICAL EXPERIENCE

Systems : DOS, Unix.
Languages : C, C++, PASCAL, Prolog, Lisp, SQL, notions on ADA and Smalltalk.
Methods : MERISE, SADT.
Softwares : SYBASE, DBASEIV, OpenWindow, Sunview, Xwindows, Motif, XfaceMaker, Word (Mac and Dos), MacDraw.
Hardwares : PC, MAC, SUN Stations in Ethernet Network.

LANGUAGES

Trilingual : English, French and Italian.

PROFESSIONAL EXPERIENCES

- **Nom du centre de recherches, ville, France.**
  Transfer of a resolving constraints system form C on Sun to C++ on PC, nov-dec 04.
  Working on a prouve system for logical programs, apr 04-oct 04.
- **Nom de la maison d'édition, ville, France.**
  – Computer Department
  Conception of a document describing precisely the database of Nom de la maison d'édition for external and internal use, mar 00-jul 00.
  Administrating the operating system and programming, jul 02-sep 02.
  Updating the database, jul 98-jun 02.
  – Commercial Department
  Salesman in different exhibitions for students' books, mar 98-nov 00.

SOCIAL EXPERIENCES

Member of the Association (Nom de l'association, buts...).
Member of the « Club Espace Cinéma ».
Sports : Basket-ball, ping-pong and swimming.

Commentaire :

Il s'agit d'un premier CV réalisé en anglais par le candidat au moment de sa recherche de premier emploi. « C'est plus une traduction de mon CV français qu'une candidature vraiment faite selon les critères américains, explique le candidat. J'ai plus tard demandé à une amie qui avait fait ses études aux États-Unis d'apporter quelques modifications. Les grandes différences avec mes candidatures suivantes aux États-Unis, sont le titre du CV (il faut faire apparaître clairement son objectif professionnel) et le titre de certaines rubriques : mieux vaut indiquer " Professional Skills " (équivalent de « compétences ») que " Professional Experience " ».

Pour bien différencier ses expériences et un peu « occuper l'espace » de ce CV de débutant, le candidat a créé plusieurs rubriques. La description des études est intéressante pour un recruteur non obligatoirement au fait des contenus des programmes français. Cependant, quelques verbes indiquant plus clairement les « savoir-faire » que le candidat a acquis à cette occasion auraient été les bienvenus.

Ingénieur

Prénom Nom
Adresse
France
Phone : (33-1)0.00.00.00.00.

Mr T
Nom de l'entreprise
adresse

Paris, March 4th 2013

Dear Mr T,

Currently, I am a software engineer at Nom de l'entreprise. I work on the development of security systems (access control, video surveillance...).

Preparing for the next stage of my professional career, I am looking for an evolution which involves an international dimension. For this dimension, the USA represent the best environment for the advanced level of computer sciences.

When I discussed this with Mr D, Senior Director at Nom de l'entreprise en France, he advised me to contact you and inquire about the possibilities of my finding a job in software development at Nom de l'entreprise USA for a certain period of time (by internal mobility within the Group [Nom du groupe]).

You can find enclosed my resume for your review. I am eager to meet you personaly to discuss my qualifications as well as the opportunities that may exist within Nom de l'entreprise USA at the present time. Should you need, prior to an interview, any further information, please feel free to contact me by phone or by mail. Also I would like to inform you that I will be spending my holidays in California this summer, and I can be reached from July 29 until August 17 at :

Prénom Nom
Adresse aux U.S.A.
Phone : (714) 000 00 00 - Fax : (714) 000 00 00
E-mail : nom@mail.fr

I'm looking forward to hearing from you soon.

Sincerely yours,

Signature

Commentaire :

Dans certains grands groupes, les candidats à l'expatriation ont tout intérêt à faire eux-mêmes « leur marché » interne pour avoir une chance de boucler leurs valises. Ce candidat met les moyens pour convaincre.

• Il écrit sur relation (en l'occurrence, il s'agit d'un chef de département d'une filiale importante du groupe en question).

• Il explique pourquoi il a pour objectif professionnel de se rendre aux États-Unis et il indique une adresse en Californie (où il a de la famille).

Sa candidature n'est pas restée lettre morte. Ayant été contacté, il a profité de son séjour estival pour rendre visite à Monsieur T. Cependant, une restructuration du groupe à cette époque a favorisé la mobilité de cadres plus expérimentés. Des propositions intéressantes en France ayant été faites au candidat, celui-ci a reporté son expérience internationale à plus tard (voir l'exemple suivant).

INGÉNIEUR

OBJECTIVE

Seeking a challenging position in Sales, Marketing or Business Development, which has the potential for growth and reward.

PROFESSIONAL EXPERIENCE

➤ SALES MANAGER North America **June 11 - Present**

Nom de l'entreprise, (ville), France

Prospecting of new projects in our traditional market.

Development of North American market and orientating customers to our products.

Conception of systems to answer customers' needs.

Managing proposal preparations as RFP's specifications.

Direct negotiations with customers to finalize contracts.

➤ AREA SALES MANAGER (Middle East) **June 09 - May 11**

Nom de l'entreprise, (Nom du groupe), (ville), France

Development of new markets and identification of new clients.

Conception of systems to answer customers' needs.

Made offers as tender specifications.

Direct negotiations with customers to finalize contracts.

Prospecting of new projects in current traditional market.

➤ SOFTWARE ENGINEER **January 07 - May 09**

Nom de l'entreprise, (Nom du groupe), (ville), France

- Duties involved the development of various security and video surveillance systems (C language under Unix, Assembler 68000, psos, Windows NT, Visual Basic).
- Security system of Nom de l'entreprise
- Security system of Nom de l'entreprise et du pays
- Security system of Nom de l'entreprise et du pays.

➤ SOFTWARE ENGINEER **April 06 - December 06**

Nom du centre de recherches, (ville), France.

Migration of a Constraints Resolving System, Form C under Unix to Visual C++ under Windows.

Created an User Interface (Xwindows) for a logical programs verification system (Prolog on SUN).

➤ SOFTWARE ENGINEER/ADMINISTRATOR **July 00 - July 05**

Nom de la maison d'édition, Paris, France

Responsible for the administration, operation and programming (C under Unix).

Database management (Sybase under Unix).

EDUCATION

- Galilée Institute, University of Paris XIII
  Master professionnel 2
  en Génie Informatique **2005-2006**
  Five-year degree in Computer Engineering enabling students to enter the Ph.D. program to continue research or to start professional experience; including a six-month project for establishing timetables and scheduling.
- Maîtrise d'Informatique **2004-2005**
  Four-year degree equivalent to a Master's Degree in Computer Sciences; including a four-month project concerning virtual images and their treatments.
- Licence d'Informatique **2001-2004**
  Three-year degree equivalent to a Bachelor of Science degree in Computer Science; including a two-month project for a « Scrabble » game.
- Electronic Engineering Faculty, University of (ville) **1995-1997**
  Three-year program of Electronic Engineering.

COMPUTER SKILLS

Systems : DOS, Unix, Windows, Windows NT, Real Time System (psos).

Languages : C, C++, SQL, Visual Basic, Visual C++, and notions in Java.

Methods : MERISE, SADT.

Softwares : Microsoft Office, SYBASE, Sunview, Xwindows, XfaceMaker.

Hardware : PC, MAC, SUN Stations.

LANGUAGE SKILLS

English, French and Italian.

Commentaire :

Il s'agit du deuxième CV réalisé par le candidat (voir page 317). Il a donc indiqué cette fois un objectif professionnel et est devenu beaucoup plus précis dans le récit et la description de ses expériences.

- Il privilégie les verbes d'action.
- Il place le nom des fonctions qu'il a occupées avant le nom des entreprises dans lesquelles il a travaillé.
- Il a changé le terme « experience », trop calqué sur le français, pour « skills », afin d'introduire une idée de compétences, et surtout de savoir-faire acquis au cours des expériences, mieux considéré aux États-Unis.
- Il a indiqué les dates correspondant à chaque étape de sa vie professionnelle à droite de la page, car c'est ainsi qu'elles se présentent en général dans les CV américains.

CHARGÉ D'ÉTUDES MARKETING - CV AMÉRICAIN

Prénom Nom
adresse
Ph. : 01.00.00.00.00.
E-mail : nom@mail.fr

WORK EXPERIENCE

Nom de l'organisme de formation, New York, NY. January-June 2008

Market Research Analyst

Analyzed quantitative and qualitative research for the purpose of creating and improving products and services offered by Nom de l'organisme de formation. Reported market research data by presenting findings and proposing recommendations. Researched competitive intelligence product information using on-line databases. Provided administrative and strategic support to the Market Research Department.

Nom du cabinet d'études, Paris, France. May-August 2007

Consultant for the International Transport and Foreign Markets Department

Conducted a research project on air transport deregulation in Europe. Designed and analyzed questionnaires distributed to companies in the air freight market. Collected and analyzed traffic data from different air transport authorities in Europe. Compiled and wrote a market analysis report published and sold by Nom de l'entreprise.

Tour de France Society, Paris, France. July 2006 & July 2005

Marketing Assistant

Assisted in the direct marketing of newspapers and magazines for the Tour de France. Responsible for maintaining and controlling inventory for sales accounts. Ranked second in 2000 out of 25 employees, based on sales and inventory turnover.

Nom du cabinet de consultant, London, United Kingdom. October 2005-May 2006

French liaison officer for an international conference on human ressources in London.

EDUCATION

• Master of Business Administration - International Management. October 2008
• First year in France, University of (ville). Second year, NY University, NY.
International Marketing, Business Strategy, Accounting Information Systems.
• Entrepreneurship : Consulting for small businesses.
• Master of Economics (four-year degree), University of (ville), (ville), France.
July 2006
• Courses part of the ERASMUS program (European exchange program).
• Final year of BA Economics degree, (ville) University, (ville), United Kingdom.
• Business Strategy, Business and Economic Forecasting, Econometrics, Macroeconomics.
• Licence ès Sciences Économiques. University of (ville), France. June 2003
• Accounting, Financial Analysis, Statistics, Microeconomics, International Finance.

SKILLS AND INTERESTS

Computer skills : Windows, Word, PowerPoint, Excel, Lotus, SPSS, SAP-HR, TSP, and the Internet.

Languages : French : native language.
English : fluent.
Spanish : written and spoken.

Activities : Nom du groupe musical, Brooklyn, NY. Assisted in the development, organization, and promotion of various night club events in New York City.

Member of the Business Association of the University of Economics in (ville) (1999-2000). In charge of establishing contacts between the Business Association and prospective enterprises.

Hobbies : Squash, tennis, scuba diving, running, cinema, drawing.

Chargé d'études marketing
CV traduit en français

Nom Prénom
adresse
ville
Tél. : 01.00.00.00.00. (répondeur)
E-mail : nom@mail.fr

Née le
Nationalité : Française
Permis B

EXPÉRIENCES PROFESSIONNELLES

Janvier-Juin 2008
USA

Nom de l'organisme de formation, New York.
Département Études de Marché

– Analyses qualitatives et quantitatives afin de développer et améliorer les produits et services éducatifs proposés aux sociétés par (nom de l'organisme de formation).

– Consultant pour le développement de nouveaux produits sur Intranet. Préparation et évaluation du test pilote.

– Études de concurrence par la recherche d'informations on-line.

Mai-Août 2007
France

Nom de l'entreprise, Paris.
Direction de l'Approche des Marchés Extérieurs

Réalisation d'une étude de marché : « Acteurs et enjeux du transport aérien en Europe. » Rapport publié et vendu par l'entreprise

Juillet 2006 & 2005
France

Société du Tour de France

Promotion, diffusion et vente de la presse lors du Tour de France cycliste. Gestion des stocks. Classée (chiffre d'affaires) 2nde en 1998, sur 25 vendeurs.

Octobre 2005-Mai 2006
Royaume-Uni

Nom du cabinet de consultant, Londres.

Prise de contacts en vue d'une conférence sur les centrales thermiques à Londres.

FORMATION

2006-2008	**Master Franco-Américain d'Affaires Internationales**
France/USA	**Programme MBA** (Master of Business Administration - International Management). Première année en France, Centre Franco-Américain de Management International, IAE de (ville). Seconde année aux États-Unis, N.Y University, New York.
1999-2006	**BA Economics degree,** Kingston University, Kingston. Programme ERASMUS.
Royaume-Uni	**Master 1 Sciences Économiques.** Université de (ville)
	Spécialisation : Économie Industrielle et Internationale.
2004-2005	**Licence ès Sciences Économiques.** Mention Assez Bien. Université de (ville)
France	Spécialisation : Politique et Stratégie de la Firme.

LANGUES :

Anglais	Anglais britannique et américain courants.
Espagnol	Bonne maîtrise.

INFORMATIQUE :

Windows, Word, Lotus, Excel, SPSS, TSP, PowerPoint.

ACTIVITÉS PARALLÈLES

Vie associative	**Nom du groupe musical**, New York. Planification, organisation et coordination de différents événements musicaux à New York. Conception de la stratégie marketing.
	Prospection pour la Junior Entreprise de Sciences Économiques de (ville).
Loisirs	Cinéma. Peinture (aquarelles). Squash. Tennis. Plongée.

CHARGÉ D'ÉTUDES MARKETING
CV AMÉRICAIN ADAPTÉ EN FRANÇAIS

Prénom Nom
adresse
Tél. 06.00.00.00.00.
E-mail : nom@mail.fr

Née le
Nationalité : Française
Célibataire

EXPÉRIENCES PROFESSIONNELLES*

Janvier-juin 2008 USA — (nom de l'organisme de formation) New York.

◆ **Organisme de formation professionnelle pour les cadres - Département Marketing**

Études de faisabilité pour le développement de nouvelles formations (veille concurrentielle, analyse du marché).
Études de suivi des produits (analyse de la satisfaction client, préconisations stratégiques et opérationnelles d'adaptation des formations).

Mai-août 2007 France — **Nom de l'entreprise**, Paris.

◆ **Direction de l'Approche des Marchés Extérieurs : Chargée d'études**

Réalisation d'une étude : « Acteurs et enjeux du transport aérien en Europe. » Rapport publié et vendu par l'entreprise.

FORMATION

Octobre 2006-octobre 2008 France/USA — **Master Franco-Américain d'Affaires Internationales.** Programme **MBA (Master of Business Administration - International Management).**

2005-2006 Royaume-Uni — **Master 1 de Sciences Économiques**. Université de (ville) Programme ERASMUS à Kingston (**BA Economics degree**, Kingston University).

DIVERS

LOISIRS	Cinéma. Peinture. Tennis. Squash. Plongée.
LANGUES	Anglais courant. Bonne maîtrise de l'Espagnol.
INFORMATIQUE	Windows, Word, Lotus, Excel, PowerPoint, X'Press.

*[Nous n'avons pas repris les dernières expériences]

Commentaire :

SUR LE CV TRADUIT EN FRANÇAIS • La démarche de cette candidate est inverse de celle du candidat précédent. Ayant eu une expérience aux États-Unis, elle a littéralement traduit son CV de l'américain au français. Or, « l'expérience américaine ne correspond pas à l'expérience française, estime-t-elle aujourd'hui. Après plusieurs années aux États-Unis, j'avais des difficultés pour la traduire avec des termes différents. J'avais un poste d'analyste en études de marché qui couvrait beaucoup de domaines, alors qu'en France, cette fonction est souvent spécialisée par secteurs. En plus, ma formation ne correspondait pas forcément à mon poste. On s'attendait par exemple à ce que j'ai fait l'ENSAE. »

SUR LE CV ADAPTÉ EN FRANÇAIS • Il s'agit du second CV en français de la candidate, qui, après quelques années d'expérience en France, a pris du recul sur son expérience américaine et a pu établir des points de comparaison entre les deux pays. Elle a notamment compris que l'équivalent de la société dans laquelle elle avait travaillé à New York, qui proposait des « produits et services éducatifs », était en fait un gros organisme de formation en France. « J'ai commencé aussi à considérer mon CV en fonction de mon projet professionnel. Ce que je préférais dans le marketing, c'était le côté analyse, pas le côté commercial, promotion de produits. J'ai donc mis l'accent sur cet aspect de ma formation et de mon expérience. »

Cette expérience difficile de traduction de CV a servi de leçon à la candidate. « Quand j'ai eu à postuler notamment en Grande-Bretagne, j'ai fait attention à bien choisir les mots, qui n'expriment pas toujours les mêmes choses dans les deux langues, ou ne s'écrivent pas de la même façon. Par exemple, centre s'écrit *center* en américain et *centre* en anglais. »

CHEF DE PRODUIT
CV FRANÇAIS D'UN CANDIDAT AMÉRICAIN

Nom Prénom
adresse
tél. : 01.00.00.00.00.
e-mail : nom@mail.fr
Nationalité : américaine (carte de résident)

EXPÉRIENCE PROFESSIONNELLE

Nom de l'agence de communication (ville), France

(dates) - CHEF DE PRODUIT - ÉDITIONS

- Encadrement et coordination des activités de l'agence de publicité, des chefs de produits et des chefs de fabrication pour assurer la création, réalisation, impression et livraison des brochures clientèles
- Développement et recommandation d'une stratégie marketing et communication
- Gestion de tous les aspects de la création et réalisation des brochures (brief créatif à l'agence, recommandation des maquettes, séance photo, adaptation pour tous pays...)
- Gestion des budgets : 5 000 euros

RESPONSABLE INFORMATION

- Synthèse et coordination des informations produit destinées aux filiales européennes
- Élaboration d'une plate-forme marketing pour le lancement d'un nouveau produit

(nom de la même agence de communication, filiale aux USA)
RESPONSABLE MARKETING SENIOR

- Recueil et synthèse des informations produit et marché nécessaires à la définition du positionnement : l'analyse des ventes au niveau national, des stratégies et des positionnements prix des produits concurrentiels

Analyste d'études

- Analyse des données marché et clientèle afin de préparer une synthèse des attentes clientèle pour développer les stratégies de communication.

LANGUES

Anglais : langue maternelle

Français : courant

FORMATION

Bachelor of Arts, French Language and Literature (dates) - Mention très bien (nom de l'université, ville)

COMPÉTENCES INFORMATIQUES

Windows, Word, Excel, Adobe Acrobat, Power Point

Chef de produit - CV américain

Prénom Nom
tél : +33- (0)1.00.00.00.00.
e-mail : nom@mail.fr
Nationality : American (French working papers and residency permit)

EXPERIENCE

Nom de l'entreprise, Paris, France

(date) - Present - MANAGER CONSUMER

- Lead and coordinate the advertising agency account team, product planning managers and production group for the creation, production, printing and delivery of consumers brochures

- Recommend and implement an overall marketing and communications strategy for all brochures and publications

- Create and produce brochures for several major product lines

- Manage all aspects of brochure production including photography, layout, adaptation and printing contracts

- Manage production budget of 5 000 euros ($ 2,5 millions)

(dates) - MANAGER, PRODUCT INFORMATION

- Supervised the editing and production of product information updates for all European subsidiaries

- Developed the European marketing platform for a new product launch

(filiale aux États-Unis de la même agence de communication)
(dates) SENIOR MARKETING AND PRODUCT ANALYST

- Produced and analysed competitive sales, price and product reports which were used to examine industry strategies and trends

(dates) PRODUCT PLANNING AND RESEARCH ANALYST

- Evaluated syndicated industry data, summarized findings for development of advertising strategies and product positioning

EDUCATION

Bachelor of Arts, French Language and Literature, date (university)

LANGUAGES

English - mother tongue
French - fluent

COMPUTER SKILLS

Windows , Word, Excel, Adobe Acrobat, Power Point

RELATIONS PUBLIQUES
CV FRANÇAIS D'UN CANDIDAT AMÉRICAIN

Prénom Nom
adresse
Tél. : 01.00.00.00.00 E-mail : nom@mail.fr
Date de naissance : ...... Nationalité : américaine
Situation de famille : célibataire

FORMATION

(dates) Nom de l'université, France

Diplôme de Bachelor of Arts en Relations Internationales et Sciences Politiques. Notes : ......

EXPÉRIENCES PROFESSIONNELLES

(dates) Nom du centre de recherche - (ville), France

Responsable de la gestion d'un fichier de membres à l'échelle mondiale; développement d'une stratégie de recherche de fonds pour des projets du centre; contribution à la préparation de la Conférence mondiale de Promotion de la santé.

(date) Nom de l'agence, Paris, France

Responsable du Bureau International, chargée de la correspondance avec des agences de presse dans le monde; traduction d'articles du français vers l'anglais.

Compétences informatiques : Maîtrise des logiciels Microsoft Word, Excel, Lotus 123, Lotus Approach, Access, Power Point.

Voyages/cultures du monde : Égypte, Angleterre, France, Allemagne, Côte-d'Ivoire, Espagne, Suisse, États-Unis.

RELATIONS PUBLIQUES - CV AMÉRICAIN

Nom Prénom
adresse
Tél. : 01.00.00.00.00.
E-mail : nom@mail.fr
Date of Birth :
Nationality : American
Marital status : single

EDUCATION

(dates) Nom de l'université, Paris, France

Bachelor of Arts Degree in International Affairs with Minor in Philosophy.
GPA : Date of Graduation :
Awarded the Long Term Student Service Award in (date).

PROFESSIONAL EXPERIENCE

(dates) Nom du centre de recherche - Ville, France

INTERN - Responsible for coordinating the global membership drive, conducting Internet research for project funding, and helping to organize the World Conference to be held in Paris in (date)

(dates) Nom de l'entreprise - Paris, France

INTERN - In charge of the International Desk at this photo press agency.
Responsabilities included handling all international correspondence with press agencies and translating all French to English texts for feature stories and photo captions.

Languages • English : mother tongue, French : fluent, Spanish : beginner

Computer skills • Word, Excel, Wordpro, Lotus 123, Netscape, Lotus Approach, Access, Power Point.

Travel • Egypt, England, France, Germany, Ivory Coast, Spain, Switzerland, United States.

Journaliste
CV français d'un candidat américain

Nom Prénom
adresse
Tél. : 06.00.00.00.00.
E-mail : nom@mail.fr
Nationalité américaine

FORMATION

(dates)	Nom de l'université, France **Bachelor of Arts** en Relations Internationales (diplôme équivalent à bac+3) Félicitations du jury (« Dean's List ») durant les 3 ans
(dates)	Nom de l'université, USA **High School Diploma** (diplôme d'études secondaires) Félicitations du jury (« National Honors Society »)
Langues	Anglais (langue maternelle). Français (courant).

EXPÉRIENCE PROFESSIONNELLE

(dates)	Nom de la société, Paris, France **Rédactrice :** - rédaction de rapports en anglais (environ 40 à 70 pages) faisant suite à des conférences et colloques internationaux spécialisés.
(dates)	Nom de la radio, Paris, France **Stagiaire,** Programme de production radiophonique Journaliste : - rédaction d'émissions de radio en langue anglaise destinées à différents pays.

CENTRES D'INTÉRÊT

(dates)	nom de l'organisme de formation Formatrice bénévole d'anglais
(dates)	Études du mandarin.
Informatique	Maîtrise de Windows, Word.

JOURNALISTE - CV AMÉRICAIN

Prénom Nom
adresse
Tél. : 06.00.00.00.00.
E-mail : nom@mail.fr
Nationality : American

EDUCATION

(dates) University
Bachelor of Arts
Major in International Affairs
Dean's List (dates)
Graduation and degree to be received (date)

(dates) Nom de l'école, ville
High School Diploma, Received (année)
National Honors Society

Languages English (native proficiency)
French (fluent)

EXPERIENCE

(dates) Nom de l'entreprise, Paris - **Writer**
• Responsible for attending international conferences, corporate meetings and seminars and producing comprehensive reports.

(dates) Nom de la radio, Paris - **Intern at Radio Production Program**
• Wrote radio programs on a wide variety of topics that were subsequently broadcast throughout other countries.
• Carried out official correspondence including letters expanding radio program.

ACTIVITIES AND INTERESTS

(dates) **Nom de l'organisme de formation** Paris-based continuing education association.
Volunteer English Instructor.
Currently studying mandarin at the (nom de l'université).

Computer Skills Proficient knowledge of Windows, Word.

COMMERCIAL EXPORT
CV FRANÇAIS D'UN CANDIDAT FRANCO-BRITANNIQUE

Prénom Nom
adresse
Tél. : 01.00.00.00.00./ Fax : 01.00.00.00.00.
E-mail : nom@mail.fr
Nationalités Française et Britannique
Mobilité : France et étranger

FORMATION :

(dates) **Nom de l'université**, Paris, France
Dual Bachelor of Arts en Économie Internationale
et en Gestion Internationale (diplôme équivalent à bac + 3)

(dates) **Lycée M**, ville, France
Baccalauréat français

LANGUES :

– **Parfaitement bilingue Anglais et Français** (Langues maternelles)
– **Espagnol** (Bonnes connaissances)

EXPÉRIENCES PROFESSIONNELLES :

(dates) **NOM DE L'ENTREPRISE, ville, USA.**
Directeur Export : Exportation de médicaments, textile, téléphones cellulaires et cigarettes
– Négociations avec clients et fournisseurs potentiels
– Études de marché (droits de douane, taxes, normes, coûts de transport, recherche de fournisseurs et de clients)
– Établissement des offres de prix et factures

(dates) **NOM DE L'ENTREPRISE, VILLE, FRANCE.**
Responsable Export : Exportation de matériel de télécommunication (radios...), distributeurs automatiques et matériel électroménager
– Recherche de fournisseurs et négociations (prix, quantités, Incoterms). Traitement des documents bancaires et douaniers (LTA, EX1), envoi de produits par transitaires ou par sociétés de livraison
– Recherche de clients européens et émission d'offres dans le cadre de la sous-traitance de produits en plastique

COMPÉTENCES INFORMATIQUES :

Maîtrise des logiciels Windows, Word, Excel, MS Works.

COMMERCIAL EXPORT - CV ANGLAIS

Prénom Nom
adresse
Tel : +33.1.00.00.00.00/ Fax : +33.1.
E-mail : nom@mail.fr
Willing to travel/relocate
Nationality : French and British

EDUCATION :

(date) **Nom de l'université,** Paris, France
Dual Bachelor of Arts degree
Major in International Economics and International Business Administration

(dates) Lycée, ville, France
French Baccalauréat (Business oriented)

LANGUAGES :

– **Perfectly fluent in English and French** (Native languages),
– **Spanish** (Conversational)

EXPERIENCE :

(dates) **NOM DE L'ENTREPRISE, ville, USA.**
Export Manager : Exports of medicine, textiles, cellular phones and cigarettes.
– Negociated with potential clients
– Issued quotations, market research (customs duties, taxes, norms, transport costs, sourcing of suppliers and clients)

(dates) **NOM DE L'ENTREPRISE, VILLE, FRANCE.**
Export Executive : Exports of telecommunications devices (PABX, radios...), vending machines and kitchen appliances.
– Responsible for sourcing and negociating (price, quantity, payment terms) with suppliers.
– Issued Bank and customs documents (LTA, EX1), coordinated with transport and delivery companies
– Responsible for sourcing European clients and issued quotes for the subcontracting of plastic products manufactures.

COMPUTER SKILLS :

Proficient in Windows, Word, Excel, MS Works.

INGÉNIEUR COMMERCIAL - CV EN FRANÇAIS APRÈS UNE FORMATION ET UNE EXPÉRIENCE AMÉRICAINE

Adresse
Code postal
Tél. 04.00.00.00.00.
E-mail : nom@mail.fr

Prénom Nom

État civil Célibataire - Nationalité française

ÉTUDES

2009	Nom de l'université Dallas **MBA - Master of Business Administration** Obtenu avec mention Commerce International.
2007	Nom de la même université **Bachelor of Business Administration** (bac+4) Obtenu avec trois mentions : Management, Finance et Commerce International.
2005	Nom du college **Associate in Arts in Business Administration 2** «Highest Honors and Distinction », mention Très Bien.

EXPÉRIENCE

Nom de l'entreprise Mai 2010 - mars 2011	Ville française Ingénieur Commercial ◆ Responsable du développement d'un portefeuille Grands Comptes en France et à l'étranger. ◆ Conseil en systèmes d'information, analyse des projets, proposition de modèles d'offre. ◆ Négociation des contrats commerciaux relatifs aux formations et ventes de logiciels.
Nom de l'entreprise Juin - Déc. 2009 - temps partiel -	Dallas Manager Informatique ◆ Responsable d'une équipe de 5 assistants et d'un laboratoire informatique de 120 PC. ◆ Création de sites Internet pour l'entreprise.

Février - Sept. 2009 - temps partiel -	**Assistante Informatique** - Nom de l'entreprise ◆ Assistance technique aux utilisateurs et maintenance du matériel informatique. ◆ Démonstration de logiciels (Microsoft Power Point, Netscape Communicator).
Juin - août 2009 - temps partiel -	**Conseiller d'orientation** ◆ Conférences d'accueil des nouveaux étudiants, présentations de cours et filières. ◆ Réorientation d'étudiants en difficulté dans leur cursus universitaire.
Janvier - avril 2009	**Nom de l'organisateur du salon** Chef de Projet International - International Council Manager ◆ Responsable commercial des VIP au 2e Salon International de l'Immobilier de Dallas ◆ Conception et rédaction de documents commerciaux en Anglais, Espagnol et Français.
Juin 2004 - juin 2007	Nom de l'association d'étudiants. Dallas Association nationale d'étudiants en Commerce **Présidente du Ve District** (comprenant plus de 20 universités et instituts) ◆ Présidence et organisation de Conférences rassemblant plus de 100 étudiants et professeurs. ◆ Recrutement et management d'une équipe de 5 adjoints à la direction du District.
Langues	**Parfaitement trilingue Français/Anglais/Espagnol :** a vécu, étudié et travaillé 8 ans aux USA.
Informatique	Connaissances approfondies de Windows 98, de divers logiciels (Word, Excel, Power Point, Works, etc.) sur PC et Macintosh, et création de sites Internet.

Commentaire :

Cette candidate, de nationalité française mais ayant suivi toute sa formation universitaire aux États-Unis, n'a pas traduit son CV de l'anglais au français, mais l'a réalisé directement selon des critères correspondant à ce qu'elle pense être la « norme » en France. Elle est en cours d'emploi, et vit sa première expérience professionnelle dans une grande entreprise sur notre territoire. Ce CV est intéressant d'une part parce qu'il est mis en page de façon très simple et très lisible, et qu'il traduit la volonté de la candidate de donner des repères au recruteur quant à sa formation et ses expériences américaines. C'est particulièrement conseillé quand on postule, par exemple, dans une entreprise qui n'a pas vocation internationale, et dont les recruteurs n'ont pas forcément de références en matière de formation à l'étranger. Indiquer les niveaux correspondants (bac+2, bac+4) est ainsi une marque d'attention vis-à-vis de l'entreprise.

PARTIE 3

Votre CV et votre lettre à la carte

La réalisation d'un CV et la rédaction d'une lettre de motivation sont souvent l'occasion de solliciter l'avis de l'entourage. Demandant à chacun comment il procède, on aimerait obtenir une réponse simple, qui permettrait d'ordonner presque automatiquement les idées sur la page. Bien évidemment, jamais personne ne pourra apporter cette recette miraculeuse. Mais ce n'est pas une raison pour ne pas piocher, ici et là, des idées qui vous correspondent. Nous avons donc extrait de candidatures qui n'étaient pas, par ailleurs, des modèles de A à Z, des « morceaux choisis » de CV et de lettres de motivation afin de présenter un éventail des possibilités de présentation et de formulation. À vous de choisir, en fonction de votre personnalité et de vos souhaits professionnels, ceux qui vous conviennent le mieux !

Sommaire

Des idées pour votre CV

Comment mettre en valeur son état civil, ses expériences, sa formation, ses langues, ses compétences diverses sur un CV ? Nous avons sélectionné, parmi les centaines de CV qui nous ont été transmis, des exemples de présentation ordinaires et d'autres plus singulières, afin que vous puissiez, au besoin, puiser des idées, connaître ce qui est, *a priori*, le plus efficace et, pourquoi pas, vous en distinguer. Ces présentations restent dans l'ensemble classiques.

Commencer son CV

Votre état civil peut être présenté de façon simple ou plus approfondie. Votre CV peut aussi commencer par un titre qui présente vos objectifs professionnels ou vos points forts.

Leur avis sur… la mise en page du CV

« La mise en page baroque, c'est fini. Il faut une simplicité de mise en page, des formats standard. Et surtout éviter de mettre trop de polices de caractères différentes, et dans tous les sens. En revanche, il est bon de mettre un peu de gras, par exemple pour différencier le nom de l'entreprise. » • Le responsable de recrutement de Sopra.

De manière classique

Sans risque, ces présentations d'état civil disent l'essentiel en peu de mots. « L'essentiel, c'est le nom, le prénom, l'adresse et le numéro de téléphone, estime le responsable de recrutement de Sopra. Le numéro de téléphone portable, quand on postule pour être consultant par exemple, est indispensable. » Les mentions de l'origine et de la nationalité ne sont pas obligatoires, mais peuvent par exemple prouver la connaissance parfaite d'une langue.

Bruno Martin
50, rue de la Source
13001 Marseille
Tél./Fax : 04.00.00.00.00
e-mail : nom@mail.fr
Célibataire, 34 ans
Nationalité française (Origine italienne)

Bruno Martin
34 ans
50, rue de la Source
13001 Marseille
Tél. : 06.00.00.00.00
Nationalité : française
E-mail : nom@mail.fr

Bruno Martin
50, rue de la Source - 13001 Marseille
Tél. 06.00.00.00.00 ; 04.00.00.00.00. E-mail : nom@mail.fr

Monsieur Bruno Martin	Célibataire
50, rue de la Source	34 ans
13001 Marseille	
Tél. 04.00.00.00.00	
E-mail : nom@mail.fr	

Bruno Martin
50, rue de la Source, 13001 Marseille
Tél. personnel : 04.00.00.00.00
Portable : 06.00.00.00.00
E-mail : nom@mail.fr

Né le 29 avril 1975
Célibataire, permis B

De manière approfondie

Les indications sur la vie maritale, le nombre d'enfants, leur âge (voire leur autonomie) ne sont pas obligatoires. Elles ne sont plus un signe de « stabilité », et pourraient même, quand elles sont affichées ainsi, prendre une trop grande importance. « En donnant ce type d'indications, on incite le recruteur à "rebondir" sur des éléments qui finalement concernent d'abord la vie privée du candidat, et non sa vie professionnelle », estime un consultant en cabinet de recrutement.

En revanche, la mobilité géographique, à condition qu'elle soit réelle, est une indication intéressante pour le recruteur.

Bruno Martin
Né le 29 avril 1985,
Français,
marié, 2 garçons de 1 et 3 ans

50, rue de la Source, 13001 Marseille - France
Tél./Fax/Répondeur : 04.00.00.00.00 ; 06.00.00.00.00
E-mail : nom@mail.fr

Bruno Martin
50, rue de la Source
13001 Marseille
Tél./rép domicile : 04.00.00.00.00
E-mail : nom@mail.fr
Né le 29 avril 1965
Marié, 2 enfants (autonomes)
Mobilité géographique

EN INDIQUANT SA FONCTION OU SON OBJECTIF PROFESSIONNEL

Nous avons déjà eu l'occasion de le préciser au cours de cet ouvrage : placer un en-tête avec un nom de fonction très précis comporte le risque de limiter ses perspectives professionnelles.

Cependant, placer une indication de profil comme « commercial » ou « ingénieur développement » peut permettre au recruteur de savoir rapidement « dans quelle pile » il placera votre candidature.

De même, indiquer un « objectif », surtout quand on envoie une candidature spontanée, peut être une bonne méthode pour se faire remarquer. Autre possibilité, placer en en-tête ses principales compétences pour les mettre en valeur, ou encore les langues maîtrisées, si, comme l'un des exemples ci-dessous le présente, on est véritablement multilingue.

Bruno MARTIN, 50, rue de la Source, 13001 Marseille
Tél. 04.00.00.00.00. - E-mail : nom@mail.fr

Commercial

Bruno Martin
50, rue de la Source
13001 Marseille
Tél. 04.00.00.00.00
E-mail : nom@mail.fr

15 ans d'expérience commerciale export
Langues de travail : français, anglais, allemand, italien, espagnol, russe.
Objectif : directeur international des ventes

Bruno Martin
50, rue de la Source
13001 Marseille
Tél. 04.00.00.00.00

25 ans d'expériences acquises au sein de la société D, dont 15 dans les ressources humaines

---

Bruno Martin
50, rue de la Source
13001 Marseille
Tél./Fax : 04.00.00.00.00.
Mob. :
E-mail : nom@mail.fr

Né le 29/04/72
Nationalité française

Responsable commercial export

Profil : bilingue français - allemand
Expérience dans la distribution de pièces automobiles à l'export, le management, les ventes, le marketing

Bruno Martin
50, rue de la Source
13001 Marseille
Tél. 04.00.00.00.00.

DOUBLE COMPÉTENCE :
Juriste en droit social - Spécialiste des ressources humaines

Présenter ses expériences et ses compétences

Là encore, vous avez le choix entre une description simple de vos expériences (en commençant par la dernière) et une présentation plus synthétique qui résume toutes vos compétences et connaissances acquises.

En misant sur la sobriété

À partir de trois ou quatre ans d'expérience professionnelle, il est conseillé de mettre en valeur ses périodes de travail en entreprise dans une première rubrique.

Plusieurs possibilités existent, mais certains éléments doivent ressortir de façon évidente : le nom de la société (et le cas échéant, le nom du groupe auquel elle appartient), sa taille, son secteur d'activité, la ou les fonctions que l'on y a occupées. Les dates doivent apparaître de façon claire, et de préférence le plus précisément possible (faites le total des mois ou des années passées dans une fonction, indiquez éventuellement le type de contrat).

EXPÉRIENCES PROFESSIONNELLES	
Décembre 2010- octobre 2011 (10 mois)	**Nom de l'entreprise** Contrat à durée déterminée Description précise des tâches.
Juillet 2011- décembre 2010 (6 mois)	**Nom de l'entreprise** Mission Description précise des tâches.
Mars 2010 - juillet 2009 (5 mois)	**Nom de l'entreprise** Stage de fin d'études Description précise des tâches.

EXPÉRIENCE PROFESSIONNELLE	
(Dates)	**Nom de l'entreprise**, taille, ville, pays Chef de projet : description précise du poste Responsable technique : description précise du poste Chef de service d'ingénierie : description précise du poste.

En présentant ses compétences et connaissances

La rubrique « compétences », comme nous avons pu le constater à la lecture de certains CV présentés dans cet ouvrage, doit être créée à bon escient. Elle peut se justifier quand on désire mettre en valeur des connaissances dans un domaine spécifique (technique, managériale...) ou bien, comme le montre le dernier exemple ci-dessous, pour présenter des verbes d'action en les faisant suivre d'exemples précis. La rubrique « compétences » correspond alors aux « skills » des CV anglo-saxons.

COMPÉTENCES TECHNIQUES

Méthodes :	Merise
AGL de modélisation :	AMC Designer, SilverRun
Normes :	ISO (...)
Suivi de Projet :	MS Project
Architectures :	Architecture n-tiers, client léger, Client/Serveur, réseaux micro, composants objet
OS :	Windows, MS/DOS
SGBDR :	SQL Server 7.0
Base de données :	SQL, Btrieve
Outils de développement :	Visual Basic 7, Interdev 7, CLARION for Windows
Langages :	SQL, XML, XSL, WML
Middleware :	MTS Microsoft Transactional Server
Internet :	– langages : ASP, Javascript, VBscript, HTML/DHTML – plates-formes : Microsoft IIS/ASP – navigateurs : Internet Explorer, Netscape
Composants / Librairies :	ActiveX DLL, COM/DCOM
Méthodes d'accès aux données Microsoft :	ODBC, RDO, ADO, RDS, OLEDB, COM/DCOM
Outils de restitution :	Crystal Report, DataReport, Clarion Report Writer
Réseaux :	TCP/IP

COMPÉTENCES

• **Intervenir dans un contexte difficile**
Exemple : augmentation du chiffre d'affaire de 10 % dans un marché en régression de 15 %.
(nom de l'entreprise, durée de l'expérience concernée...)

• **Réaliser des études de marchés pour identifier les besoins de la clientèle** (exemples).

• **Gérer et développer un portefeuille de clients**
(exemples).

• **Fidéliser une clientèle**
(exemples de taux de pénétration).

• **Négocier, vendre des contrats**
(exemples de contrats).

• **Élaborer, en amont, des plans d'action en fonction d'une stratégie commerciale définie** (exemples de plan d'action et de résultats).

Présenter la rubrique formation

On peut dans une même rubrique présenter à la fois sa formation initiale et ses stages de formation continue.

En « remontant » à la formation initiale

Débuter la description de sa formation à partir du bac, quand on est débutant, n'est pas obligatoire, sauf peut-être en cas de mention « bien » ou « très bien ». Quand on a une expérience professionnelle, même courte, il est inutile de remonter jusqu'au lycée, sauf dans certains cas particuliers :
– quand la formation secondaire s'est déroulée en dehors de France, car l'immersion dans un autre pays est souvent considérée comme un point positif, pour la connaissance d'une langue, l'ouverture d'esprit, les capacités d'adaptation ;
– quand le déroulement de la formation initiale est révélatrice d'une façon de progresser et d'évoluer. Voir mentionnés sur un CV successivement « BEP, bac, DUT, école d'ingénieurs » témoigne d'un fort investissement du candidat, susceptible d'intéresser un employeur. *A contrario,* indiquer que l'on a fait une classe préparatoire est également intéressant, tout au moins en début de carrière. Ensuite, vous devrez montrer d'autres indices de votre volonté de progresser par la description de vos expériences.

FORMATION

2009-2011 : Master 2 d'économie statistique, université, ville. Mention bien

2007-2009 : Master 1 d'économie université, ville.

2006 : Diplôme de Bachiller (équivalent espagnol du baccalauréat français) avec mention bien.

FORMATION

2008-2010 DESS commerce international, université, ville.
Séminaires : Asie, Moyen-Orient, pays d'Europe centrale et orientale.

2007-2010 École supérieure de commerce, spécialisation finance
Suivi de cours de finance internationale durant 6 mois à Washington.

2006-2007 Classe préparatoire HEC, après un baccalauréat S (mention bien).

En présentant ses stages et formations professionnelles

Vous pouvez indiquer vos stages et formations dans la mesure où ils sont en rapport avec les postes auxquels vous postulez ou que vous avez exercés. Ils doivent montrer non pas votre intérêt pour la formation en tant que telle, mais, une fois encore, votre évolution et les moyens que vous avez engagés pour parvenir à vos objectifs. Dans la mesure du possible, il est conseillé de mettre en parallèle formations et expériences en entreprise.

FORMATION

- Diplôme de l'École supérieure de commerce de (ville).

FORMATION CONTINUE

Stages de management :

– management des hommes et des organisations, (année) 5 jours, nom de l'organisme de formation.
– management des objectifs et appréciations, (année) 10 jours, nom de l'organisme de formation.

Stages de vente :

– techniques de négociation, (année), 5 jours, nom de l'organisme de formation.
– vente « motivationnelle » (année), 6 jours, nom de l'organisme de formation.

PRÉSENTER SES CENTRES D'INTÉRÊT

Que vous les présentiez sous une rubrique « divers », « centres d'intérêt », « passions », etc., peu importe. Vos activités extraprofessionnelles sont intéressantes à présenter si :
– elles correspondent vraiment à une réalité, c'est-à-dire si vous pouvez leur adjoindre un élément prouvant au recruteur que vous êtes vraiment passionné ;
– et, surtout, si elles apportent une indication sur vos engagements, ce qui vous tient à cœur, dans vos vies personnelle et… professionnelle. Ce peut être pour donner une idée de votre personnalité, ou, plus prosaïquement, pour expliquer à l'avance pourquoi vous serez indisponible le week-end…

En dehors de ces deux cas, la rubrique « Centres d'intérêt » n'est pas indispensable. « Il faut être prudent, ajoute en outre ce consultant en recrutement. Si vous indiquez "golf" ou "pétanque", le recruteur pourra éventuellement en tirer des conclusions sur vos origines sociales. Rester discret est préférable. »

SPORTS

Course de fond, judo (ceinture noire).

LOISIRS

• Équitation de compétition en saut d'obstacles (champion de Bretagne par équipe en 2010).

DIVERS

Ski, football (entraîneur dirigeant une équipe d'adolescents).

En présentant ses voyages, engagements associatifs, culturels...

Les séjours à l'étranger ne peuvent intéresser le recruteur que si ils sont véritablement significatifs, révélateurs d'un niveau de langue et/ou d'une ouverture sur l'extérieur. Vous pouvez alors, comme dans le premier exemple, les placer sous une rubrique « connaissances linguistiques ».

Les engagements associatifs peuvent être sujets à débat : il faut savoir si on désire prendre le risque de dévoiler trop d'éléments sur sa personnalité. En début de carrière, il est toujours bien vu de préciser que l'on a été président d'une junior entreprise, par exemple. Après cinq ans d'expérience, ce n'est plus utile. En revanche, vous pouvez alors indiquer votre adhésion à un groupement professionnel, une association de cadres, etc.

CONNAISSANCES LINGUISTIQUES

- Anglais : niveau correct. Séjours linguistiques en Angleterre et en Irlande.
- Espagnol : bon niveau. Séjours réguliers en Espagne.

VIE ASSOCIATIVE

- Fondateur de la commission recrutement à l'école Y.
- Adhérent à la commission éducation de l'association des chefs d'entreprise X.

EXTRAPROFESSIONNEL ET LOISIRS

- 2012/2013 : membre de l'association des directeurs financiers et contrôle de gestion.
- 2014 : enseignant à l'école de commerce et gestion de M., option marketing vente.

Des idées pour votre lettre

Convaincre, en quelques mots, en quelques phrases, « accrocher l'attention » du recruteur, quand on sait que ce professionnel voit passer entre ses mains des dizaines de candidatures qui, elles aussi, cherchent à séduire, n'est pas la plus simple des tâches.

La lettre de motivation peut être perçue comme une simple formalité, comme une carte de visite jointe au CV avec quelques mots d'accompagnement ou au contraire être l'expression d'un véritable désir d'intégrer une entreprise. C'est à vous de le décider. En sachant que choisir de ne pas soigner sa lettre de candidature comporte le risque de ne pas se faire remarquer, et donc, de rester anonyme. Celui que vous prendrez en la peaufinant sera juste de ne pas être lu, parce que tous les recruteurs ne sont pas attachés à ce document. La lettre sert en effet souvent dans un deuxième temps au recruteur, pour infirmer ou confirmer une impression donnée par le CV. Rares sont les employeurs qui commencent par consulter la lettre, mais ils existent néanmoins.

Trois grands paragraphes. Vous avez tout intérêt à « rythmer » votre propos en trois temps et à structurer votre lettre en autant de paragraphes :

1. trouver une « accroche » ou une entrée en matière « choc », pour donner envie au recruteur d'aller plus loin ;
2. donner des exemples de ce que vous avez déjà réalisé ;
3. faire le lien avec l'entreprise à laquelle vous écrivez.

Commencer sa lettre

Après avoir inscrit vos coordonnées, la date et « Madame, Monsieur », c'est là que vous butez. Évitez de commencer votre lettre en parlant de vous et de votre diplôme (« Diplômé de l'école X...»), mais essayez plutôt de partir des besoins de l'entreprise. Si vous avez le sens de la formule, n'hésitez pas non plus à interpeller votre lecteur.

Avec une phrase « choc »

C'est osé, mais souvent profitable. Comme le journaliste commence à écrire un article de journal en espérant que le lecteur ira jusqu'au bout, vous pouvez tenter une première phrase qui donne envie de poursuivre et d'en savoir plus.

> *Monsieur,*
>
> *J'ai lu avec étonnement et intérêt l'offre d'emploi que votre entreprise a fait paraître le 30 avril 2011. Étonnement, parce que je vous ai adressé, il y a un mois, une candidature spontanée qui correspondait exactement au poste que vous proposez aujourd'hui. Intérêt, parce que, comme vous l'aurez compris, mon expérience et ma formation me portent « naturellement » à faire acte de candidature. [...]*

Madame,

Vous allez certainement être surprise en recevant mon CV. Comment un ingénieur ayant jusqu'alors passé sa vie professionnelle dans la production agroalimentaire pourrait-il être intéressé par le poste de chef d'agence que vous proposez ? J'ai suivi, à l'issue de mes études, un mastère de management ouvert aux ingénieurs désirant créer leur entreprise. J'ai l'occasion tous les jours, dans ma fonction actuelle, de gérer une équipe, avec des objectifs qui ne sont pas commerciaux, mais qui nécessitent de la rigueur, des qualités de dirigeant, et le respect de la politique de l'entreprise. [...]

En partant du besoin de l'entreprise

Évoquer, en début de lettre, le besoin précis d'une entreprise, sans nécessairement citer la source qui vous a permis de connaître ce besoin, peut être une bonne façon de commencer. Il ne s'agit pas, comme le font trop de candidats, de dire à l'entreprise dans quel domaine elle travaille, mais de signifier que l'on connaît ses besoins précis. Auxquels, bien sûr, on se propose de répondre…

Monsieur,

Ouvrir 30 magasins dans les dix années à venir est le projet de votre société. Le mien est de devenir responsable de l'un de ces magasins. [...]

Monsieur,

Le directeur général de votre entreprise l'a déclaré le 19 avril 2014 dans (titre du journal) : le groupe doit se diversifier et, pour ce faire, investir dans une politique de recherche/développement active. [...]

DONNER DES EXEMPLES

La passion pour un secteur d'activité, une marque, une entreprise, même si elle est vraie, ne peut être la seule raison qui vous pousse à adresser votre candidature à une entreprise. Tout au moins, ce sera rarement la seule retenue par cette société pour s'intéresser à vous. Dans la mesure du possible, il faut donner un ou deux exemples de réalisation réussie en rapport avec les activités de l'entreprise. Ne noyez pas le recruteur avec un luxe de détails : mieux vaut un exemple bien choisi que plusieurs qui alourdiront la lettre et seront, de plus, une répétition du CV !

> *Monsieur,*
>
> *[...]*
>
> *J'ai permis à l'entreprise X, dans le cadre de ma dernière mission, d'augmenter ses ventes de 40 % dans la zone géographique sur laquelle vous cherchez à vous implanter. [...]*

> *Madame,*
>
> *[...]*
>
> *Dans le cadre de ma dernière expérience, j'ai eu l'occasion de réaliser l'audit de plusieurs filiales du groupe financier Y, et d'établir avec la direction générale un plan d'action pour améliorer les résultats. La mission que vous proposez dans l'annonce (référence) me semble tout à fait correspondre à cette dernière expérience. [...]*

FAIRE LE LIEN ENTRE VOUS ET L'ENTREPRISE

Vous, moi, pourquoi vous et moi… C'est l'ordre qu'il est conseillé de respecter dans la rédaction d'une lettre. Ne partez pas du principe que vous avez besoin de cette entreprise, ni qu'elle a besoin de vous, *a priori,* surtout si vous êtes un cadre très expérimenté. Faites une offre de service, montrez que l'intérêt serait partagé.

> *Monsieur,*
>
> *[…]*
>
> *Je m'adresse à vous parce que, comme j'ai pu vous l'exposer, mon profil et mon expérience me semblent bien correspondre aux exigences du poste et de votre entreprise. Si, comme moi, vous pensez qu'une rencontre serait profitable, et dans la mesure où vous recherchez (toujours) un candidat pour le poste de commercial je vous propose que nous nous rencontrions.*
>
> *Dans l'attente, veuillez agréer… […]*

Rebondir après une période de recherche d'emploi

Comment parvenir à garder espoir (et parfois la tête hors de l'eau) quand, malgré un bon CV, voire une expérience internationale de longue durée, on rencontre de sérieuses difficultés à retrouver un emploi ? Il n'existe évidemment pas de recette miracle, mais quelques constantes. Tout d'abord, une phase de prise de conscience indispensable : le sort ne s'acharne pas spécialement contre vous, la situation du marché de l'emploi explique certainement en grande partie ces difficultés que vous rencontrez.

Ensuite, une analyse des moyens utilisés pour votre recherche est indispensable. Trop souvent, l'envoi de centaines de candidatures tous azimuts rassure provisoirement. « J'avais le sentiment du devoir accompli, témoigne ce jeune cadre. J'envoyais chaque jour une dizaine de CV à des entreprises, c'était devenu presque automatique. » Comme l'ont été les réponses des sociétés en question, sollicitées sans véritable conviction !

Ne pas s'isoler est une nécessité. Clubs de chercheurs d'emploi, réseaux d'anciens, présence sur les réseaux sociaux, amis, voire activités associatives… il est conseillé de faire feu de tout bois pour garder contact avec la réalité et faire jouer le maximum de contacts. N'hésitez pas à dire autour de vous que vous êtes à la recherche d'un emploi, à faire circuler votre CV. Mais attention : ne vous dévalorisez pas. Trop de demandeurs d'emploi, choqués par leur situation inattendue, partent défaitistes et évoquent leur situation comme on fait l'aumône... Restez ferme dans vos ambitions, ouvert à la discussion.

Mettez en valeur toutes vos compétences. À travers les CV et lettres de motivation décryptés d'Hélène, nous avons voulu illustrer le parcours possible d'un cadre à la recherche d'un emploi. Et la possibilité d'explorer d'autres pistes, comme elle l'a fait en se formant puis en passant du secteur privé au secteur public.

METTRE « À PROFIT » UNE PÉRIODE DE CHÔMAGE

Suivre une formation peut être une bonne solution pour ne pas se déconnecter de la réalité du marché du travail. À condition qu'elle ne soit pas choisie au hasard et pour passer le temps, car il ne sert à rien d'accumuler les diplômes. Ajouter une ligne ou deux à un CV qui traduisait une période d'inactivité de plus de six mois peut être un plus.

En rentrant de Londres où elle était analyste financier, Hélène, âgée d'une trentaine d'année, vit une période de recherche d'emploi infructueuse. Elle décide alors d'analyser son parcours au regard du marché de l'emploi en France aujourd'hui. Une compétence complémentaire en contrôle de gestion lui semble être un atout. Déjà titulaire de plusieurs diplômes obtenus pour l'essentiel à l'étranger, elle estime qu'un Mastère complémentaire obtenu en France et comprenant un stage sera de plus un bon moyen pour se remettre en selle.

Poursuivre sa recherche d'emploi. Le fait de suivre une formation ne doit pas empêcher un candidat de poursuivre sa recherche. Rester en phase avec le marché du travail, ne serait-ce que dans le cadre d'une recherche de stage est essentiel. Hélène continue ainsi de consulter les offres, notamment par l'intermédiaire de l'APEC. Elle répond ainsi à une annonce passée par une société recrutant un analyste financier.

Offre d'emploi pour un poste de « Business Analyst »

Entreprise

Nous sommes un cabinet d'avocats de notoriété internationale, spécialisé dans le droit des affaires. Nous comptons parmi nos clients français et étrangers, des intervenants majeurs du monde économique et financier.

Nous recrutons un : Business Analyst H/F Bilingue Anglais.

Poste

Type de contrat : CDI

Rattaché à la Direction Financière et en étroite collaboration avec les associés, votre mission consiste en :

- l'élaboration des business plans des départements juridiques;
- l'établissement des budgets et des prévisions;
- l'implémentation du business plan et le suivi du budget : en collaboration avec les fonctions marketing, ressources humaines et finance.

Profil

H/F. Jeune diplômé d'une École de Commerce/Sciences Politiques, vous justifiez d'une première expérience d'analyste ou de contrôleur de gestion acquise de préférence en cabinet d'audit ou de conseil. Doté de réelles capacités d'analyse, de communication et d'une forte réactivité, vous êtes polyvalent et capable d'être force de proposition. Votre sens du service, votre ouverture d'esprit et votre flexibilité feront la différence. Poste basé à Paris. Ne tardez pas pour adresser lettre, CV et rémunération souhaitée.

Réponse à l'offre de « Business Analyst »

Paris, le 22 décembre 2013

À l'attention du cabinet de recrutement

Objet : Business Analyst (référence de l'offre)

Madame,

Votre annonce concernant le poste de business analyst a retenu toute mon attention, car ce dernier exige une première expérience en tant qu'analyste/contrôleur de gestion, une très bonne culture économique et financière et la parfaite maîtrise de l'anglais.

Après une expérience en tant qu'analyste financier à Londres lors de laquelle j'ai acquis de solides compétences en analyse et modélisation financières, ainsi qu'une forte réactivité et une bonne culture économique et financière, j'ai entrepris un Master Systèmes d'information et contrôle de gestion. Cette formation m'a permis d'élargir mes connaissances en informatique et de développer les compétences techniques nécessaires au contrôleur de gestion (élaboration et suivi de budgets, analyse des écarts, techniques de consolidation).

Je vous propose que nous nous rencontrions à l'occasion d'un entretien afin d'apprécier l'adéquation entre mes compétences et le profil recherché par votre client.

Veuillez agréer, Madame, l'expression de ma considération distinguée.

Signature

CV POUR LE POSTE DE « BUSINESS ANALYST »

Nom prénom
adresse

E-mail :
Portable : 06 00 00 00 00
Née le 00/00/19.

CONTRÔLEUR DE GESTION BILINGUE ANGLAIS

EXPÉRIENCE PROFESSIONNELLE

Février 2013-Mai 2013

STAGE CONTRÔLE DE GESTION (nom de l'organisme).
Mission d'analyse des frais de fonctionnement

Mars 2010-Janvier 20012

ANALYSTE FINANCIER JUNIOR (nom de l'entreprise, Londres)

- Équipe de recherche sur les actions pétrolières
- Analyse financière et rédaction de rapports de recherche sur les entreprises (nom des entreprises)
- Forecasting et construction de modèles financiers (sous Excel) pour faciliter l'analyse financière des entreprises (nom des entreprises)
- Présentation de la recherche de l'équipe aux clients institutionnels français

Mars 2008-Mars 2010

ANALYSTE SPECIALISÉ PÉTROLE (nom de l'entreprise, Londres)

- Développement d'une base de données financières et opérationnelles
- Analyse et présentation des bilans, comptes de résultats et cash flows sous format IAS/IFRS (normes comptables internationales)
- Rédaction de « Pétroguide », une publication présentant le profil et les statistiques des principaux pays producteurs et consommateurs de pétrole
- Formation et encadrement de quatre analystes juniors

Juin 2007-Janvier 2008

ORGANISATEUR DE CONFERENCES (nom de l'Institut, Londres)

Tax and Legal Division

• Organisation d'une conférence sur le planning fiscal international pour les investissements en (pays) et en (pays)

• Organisation de conférences sur le droit et la législation des entreprises en (pays)

Mai 2006-Mai 2007

COORDINATEUR DU SUPPORT CLIENTS (nom de l'entreprise, Londres)

Coordination et mise en place de procédures pour le support des clients russes, américains et anglais

Janvier 2006-Avril 2006

TRADUCTEUR FINANCIER (nom de l'entreprise, Paris)

Traductions de rapports d'analystes et de rapports annuels de l'anglais vers le français

FORMATION

Sept. 2012-Oct. 2013	Mastère Systèmes d'information et contrôle de gestion (SICG) Formation continue à l'Institut de gestion de (ville) (Groupe IAE)
Juin 2010	SFA Securities Representative : Certification en finance
Décembre 2009	ACCA Certified Diploma in Accounting and Finance Diplôme en comptabilité/finance délivré par l'ordre des experts-comptables anglais. Université de Westminster, Londres
Sept. 2004- Nov. 2005	Masters in Russian and East European Studies Master sur la transition des pays d'Europe Centrale et de la CEI d'une économie socialiste vers une économie de marché Centre for Russian and East European Studies, Université de Birmingham

Sept 2000-Juin 2004 Maîtrise sciences économiques option économie industrielle et internationale
Faculté de sciences économiques de l'Université de (ville)
Année de Maîtrise à Kingston University, Surrey, Royaume-Uni (Erasmus)

LANGUES

- Bilingue anglais
  2004 – Cambridge Certificate of Proficiency in English, grade A en traduction
- Très bonne maîtrise du russe : traduction de programmes de conférences d'anglais en russe. Plusieurs séjours en Russie et au Kazakhstan

INFORMATIQUE

- Word, Excel, PowerPoint
- Business Objects
- VBA Excel, VBA Access, ASP (Projet ASP pour [entreprise, région])

LOISIRS

- **Musique classique** : bassoniste à l'Orchestre universitaire de (ville)
- **Sports :** jogging, ski

Commentaire :

En plaçant son stage de quatre mois sous la rubrique « expérience professionnelle », mais en spécifiant bien qu'il s'agit justement d'un stage, Hélène reste honnête. Il s'agit là de ne pas trop mettre en évidence le « trou » d'environ un an pendant lequel elle a recherché un travail sur le sol français. Un temps de recherche d'emploi assez classique malheureusement au cours de ces dernières années, et qui s'explique également par sa spécialisation... Elle valorise sa formation actuelle, mais insiste tout de même plus sur son expérience londonienne de six ans, répondant en cela aux critères de l'offre tant au point de vue connaissance de la langue anglaise (le bilinguisme est exigé) que pour ce qui concerne les compétences demandées en analyse financière.

FAIRE « ÉMERGER » DES CENTRES D'INTÉRÊT

Un candidat a souvent plusieurs facettes : un savoir, voire un goût de l'analyse et de la recherche issu de ses études et/ou de ses centres d'intérêt, et une pratique de terrain qui l'ont parfois éloigné de ce savoir dit « théorique ». La césure entre les deux est courante. Lors d'une période de recherche d'emploi, il est conseillé de faire ressurgir certaines compétences et acquis parfois oubliés quand on est submergé par le quotidien d'un travail stressant. Le fait de reprendre des études, comme Hélène, facilite cette approche.

Prendre le temps de se documenter et de se cultiver. C'est peut-être par cette capacité à ne pas être « seulement » un demandeur d'emploi que vous parviendrez à intéresser, voire à convaincre. Se tenir au courant de l'actualité en lisant les journaux, se rendre à des conférences et « replonger » dans ses cours ou dans des ouvrages traitant, par exemple, du domaine dans lequel vous souhaitez exercer représentera un plus non seulement pour alimenter un argumentaire dans une lettre de motivation mais aussi pour vous préparer à des rencontres avec des professionnels ou à un entretien d'embauche.

Saisir les occasions de rencontres avec des professionnels. Montrer dans sa lettre que l'on est en phase avec les préoccupations et les tendances du moment, d'une entreprise et/ou d'un secteur d'activité est devenu un « plus » évident. Vous pourrez, par exemple, changer votre fusil d'épaule dans le cadre d'une recherche d'emploi. Si les entreprises du secteur privé embauche peu dans votre domaine, qu'en est-il du secteur public ? Hélène a ainsi choisi d'élargir son champ de recherche, suite à un stage bien vécu dans un conseil général pendant sa formation. En découvrant de nouveaux horizons, elle a pu modifier sensiblement sa recherche d'emploi.

Lettre pour un poste de chargé de mission

Prénom Nom
adresse
Tel : 00 00 00 00 00
E-mail : nom@mail.fr

À l'attention de (Prénom, nom)

Objet : Chargé de mission confirmé

Madame,

Les politiques sociales sont devenues l'un des enjeux majeurs de la politique gouvernementale et nécessitent une nouvelle approche pour parvenir à un consensus constructif entre les acteurs impliqués, notamment entre les décideurs politiques et les différents partenaires sociaux. Cette mission exige donc à la fois de fortes compétences en gestion/management public et l'apport d'idées nouvelles contribuant à améliorer la cohésion sociale.

Économiste de formation, j'ai décidé d'orienter ma carrière vers les sciences de gestion en débutant un Mastère Systèmes d'information et contrôle de gestion qui s'achèvera en octobre. Un stage dans une collectivité territoriale dans le cadre de cette formation m'a convaincue de l'intérêt des outils de gestion pour accroître l'efficacité des politiques sociales, notamment dans un contexte de décentralisation. En effet, le transfert de compétences exige une gestion plus moderne et une rationalisation des institutions mettant en œuvre ces politiques.

Mon master portant sur la transition économique des pays d'Europe de l'Est vers une économie de marché fut l'occasion de nombreuses réflexions sur les différentes politiques sociales, les difficultés de leur mise en oeuvre et leurs conséquences. Mon mémoire portait notamment sur les politiques mises en place pour pallier les conséquences sociales de la transition dans deux secteurs économiques importants à l'époque en Russie, le charbon et l'acier. Je serais donc maintenant très motivée pour rassembler mes capacités rédactionnelles, mon expérience professionnelle acquise en entreprise ainsi que mon sens de la synthèse au service du Commissariat Général au Plan.

Veuillez agréer, Madame, l'expression de ma considération distinguée.

Signature

Commentaire :

Hélène a le désir, comme elle le précise dans sa lettre, de réunir toutes ses compétences et a placé sa formation dans une « démarche » construite, susceptible d'intéresser l'organisme pour lequel elle postule. Elle aurait cependant pu détailler un peu plus ce que son « expérience professionnelle en entreprise », qui représente l'essentiel de son CV, peut apporter à l'employeur potentiel. Sa candidature n'a pas obtenu de suite, cependant Hélène s'est située dans une nouvelle approche du marché de l'emploi. Le secteur public, dans lequel elle avait effectué un stage, lui a permis d'appréhender une nouvelle réalité, et d'envisager de postuler dans le secteur public. Grâce à l'envoi de la lettre de motivation qui suit, elle a été recrutée dans un conseil général pour un poste en contrôle de gestion. Son nouveau diplôme et sa nouvelle connaissance d'un secteur lui ont ouvert des portes. Déjà mobile (son expérience d'expatriation lui a permis d'envisager cette possibilité), elle a accepté sans difficulté de partir dans un département rural, loin de la capitale.

Lettre pour un poste de Contrôle de gestion

Prénom Nom
adresse
Tel : 00 00 00 00 0
Portable : 06 00 00 00 00
E-mail : nom@mail.fr

Paris, le 15 octobre 2013

Monsieur le Président du Conseil Général du
(nom du département)
Direction des Ressources Humaines et des Moyens
adresse

Objet : Contrôleur de gestion

Monsieur,

Le Conseil Général du (Département) recherche un Contrôleur de gestion ayant une première expérience dans une collectivité territoriale et très motivé pour mettre en place les outils de contrôle de gestion.

Mon expérience de quatre ans en analyse financière à Londres, complétée par un Master Systèmes d'information et contrôle de gestion, me permet de maîtriser les différents aspects de la finance tout en ayant les compétences requises pour le contrôle budgétaire et l'analyse des résultats. Lors de mon stage au Conseil Général de (département), qui a abouti à la rédaction d'un rapport destiné à la Direction générale, j'ai mis en place des tableaux de bord, proposé de nouveaux indicateurs de gestion et utilisé le logiciel de reporting Business Objects.

Je suis maintenant très motivée par un rôle de contrôleur de gestion qui me permettrait de mettre en valeur mes qualités relationnelles et mon expérience dans une collectivité territoriale. C'est pourquoi le poste que vous proposez correspond tout à fait à mes aspirations.

Je vous propose de nous rencontrer lors d'un entretien afin d'apprécier l'adéquation entre mes compétences et le profil que vous recherchez.

Veuillez agréer, Monsieur, l'expression de ma considération distinguée.

signature

Le choix de l'originalité

À l'heure des candidatures épurées et/ou des CV où la sobriété le dispute à la concision, peut-on se permettre d'innover ? Couleur, format, typographie… sont autant d'éléments sur lesquels on peut jouer pour s'éloigner de la norme. Mais, comme vous avez pu le constater à la lecture de certains commentaires de spécialistes, trop d'originalité nuit parfois. Pour une première raison bien simple à comprendre : une entreprise, quand elle recrute, recherche des candidats sur des critères assez précis, tout au moins susceptibles « d'entrer dans des cases » assez identifiées. Peut-on à la fois manifester le désir d'intégrer une société et prendre le risque de montrer sa différence de manière très ostensible ? En dehors des secteurs (carrières artistiques, publicité…) où l'on juge un candidat d'abord sur son sens de la formule et sa maîtrise des logiciels et techniques graphiques, il est donc déconseillé de proposer des candidatures trop originales.

Trouver le « petit plus » graphique. Les CV que nous avons sélectionnés ici ne sont pas dans ce cas. Ils parviennent, pour la plupart d'entre eux, à allier clarté et « petit plus » graphique susceptible de faire la différence. Ce sont des fichiers informatiques qui, enregistrés au format PDF, peuvent être ouverts avec le logiciel gratuit Adobe Acrobat. Ils peuvent ainsi être adressés sans difficulté par Internet en fichier joint ou être publié sur son blog ou site internet. Attention, à l'impression les images ne sont pas toujours nettes.

Le choc des mots. Enfin, l'originalité peut aussi se traduire en mots, et un candidat être distingué pour son propos et son style.

[redacted]

Création, relookage, réalisation, suivi de fabrication

Presse
grand public, professionnelle, institutionnelle et universitaire…

Edition
livres pour enfants, guides pratiques, romans, ouvrages universitaires…

Internet
- participation à la réalisation de sites ;
- habillage graphique et ergonomie.

Maîtrise des logiciels PAO
XPress, Illustrator, PhotoShop.

Maîtrise de l'informatique Mac
maintenance et dépannage hard et soft, veille technologique, prescription investissement informatique (ordinateurs, périphériques, logiciels, réseaux).

Depuis juin 2004
Directeur artistique aux éditions Hors Limites. Encadrement d'une équipe de cinq personnes.
- *Aviation Design* (mensuel grand public sur l'aéronautique) : établissement de la charte graphique.
- Refonte graphique de *Ailes Magazine* (aviation légère et ulm).
- Lancement de *Drop Zone International*, revue sur le parachutisme en anglais.

Janvier à juin 2004
- Piges régulières à Future France : *Jeux Vidéo Magazine, PC Achats*… et chez *Santé Magazine*.
- Missions d'intérim dans des agences de communication et des studios de création.

Octobre 1997 à décembre 2003 – Ciem (Paris)
Responsable de supports presse mutualiste :
- *Objectif et Action Mutualistes* (250 000 ex.) : refonte graphique des quinze éditions régionales ;
- *Réponse* (trimestriel de la Mutualité interprofessionnelle), refonte graphique ;
- *Combat Social* (trimestriel de la Mutualité de la Seine-Maritime, 300 000 ex.), refonte graphique.
Création de logos, de couverture de magazines et de livres ; réalisation de lettres d'information, de plaquettes, de brochures et d'affiches. Responsable informatique (20 postes).

Décembre 1993 à septembre 1997 – Free-lance à la Réunion.
- Pour les villes de Saint-Denis et de de Saint-Paul : magazines, affiches, programmes, expositions.
- Éditions Azalées : livres pour enfants, romans, guides touristiques, ouvrages sur la nature.
- Agence Équinoxe : plaquettes, affiches, annonces presse (PQR et magazine), catalogues et mercuriales, formateur PAO.
- Réalisation d'un guide sur la Réunion, plaquettes de prestige, journaux d'entreprises et institutionnels, catalogue de peinture, lettres d'information, mailings.

Mars 1992 à novembre 1993 – Responsable de la Siéré (Réunion). Principaux clients : Crédit Agricole de la Réunion, Mutualité de la Réunion, ville de Saint-Denis.

Juillet 1990 à février 1992 – Assistant chef de studio à la Ciem (Paris).

A partir de sept. 1989 – Free-lance. Numéro zéro d'une revue de gastronomie et d'un magazine économique sur l'Afrique.

Mars 1988 à août 1989 – *Equip'Hôtels* (mensuel professionnel).

Avril-juin et octobre-décembre 1987 – Cedic-Nathan (livres sur la micro-informatique).

De juillet 1987 à fin 1991 – Piges régulières à *Télé Star* et *Télé Star jeux*.

Janvier à mars 1987 – Stage à Bayard-Presse jeunes.

Nationalité française. Permis B.

Commentaire :

Trois courbes bleues « encadrent » ce CV, c'est une petite touche discrète montrant la maîtrise (et non l'abus) des logiciels de graphisme. Les compétences sont placées à gauche du document, l'essentiel des informations sur l'expérience et les entreprises se trouve au centre.

EXPÉRIENCES PROFESSIONNELLES

Depuis 2001	Opérateur PAO : Pragma Compo (studio de création et de photogravure), Paris 13e
Déc. 2000	Stage de photogravure : Pragma Compo, Paris 13e
Sept. 1997	Stage de conception et d'exécution graphique : Art'Mony (studio de création), Paris 5e
2005	Assistant de production : Chrono Image (infographie), 92
2004	Stage d'exécution graphique : Push (conception d'emballage de luxe), Paris 7e
2004	Assistant de production : Éditions Tyrana (livres d'histoire), Paris 13e

FORMATIONS

2000	Formation d'agent d'exécution graphique au CNA CEFAG, Paris 20e – diplôme obtenu
1994-1995	Formation d'opérateur PAO, DAO, infographie, maquette traditionnelle au CNA CEFAG, Paris 20e – diplôme obtenu
1991-1993	BEP administration commerciale et comptable au lycée Jacques-de-Vaucanson, Paris 13e – diplôme obtenu

Logiciels maîtrisés sur Mac et PC : XPress, Photoshop, Illustrator

EXPÉRIENCES ET FORMATIONS ANNEXES

1998-2000	Agent de protection de personnes : Prosec Protection, Paris 16e
Juil. 1998	Stage d'agent de protection de personnes : Prosec Formation, 77
1993-1995	VSL au sein du 1er Régiment Parachutiste d'Infanterie de Marine, 64
fév. 1995	Animateur sportif au stade de Montrouge, 92
1995	Opérateur de saisie à la Grande Messagerie du Livre, Paris 13e
1993	Stage chez EDF-GDF au service comptabilité, Paris 17e
1994	Stage au ministère de l'Éducation nationale, Paris 6e

LOISIRS

Pratique les arts martiaux, le tennis et la course d'endurance
Dessin et peinture

Commentaire :

Discrètes, les touches de couleur (l'adresse, les rubriques et leurs cadres sont en bleu) permettent de souligner les éléments importants (état civil, adresse, titre des rubriques, logiciels maîtrisés…). Les traits donnent un cadre à l'ensemble, mais beaucoup plus ouverts que des encadrés classiques.

graphiste print & web

expérience

multimédia

Graphiste print et web : création et réalisation de magazines, plaquettes, brochures, suivi dossiers clients de la conception au flashage ainsi que conception et réalisation de pages Web et d'écrans cd-rom
Artidia Communication (2000 à ce jour)

Infographiste Web : création et réalisation d'un site Intranet, analyse de l'existant : vérification contenu et arborescence Retouche photo, intégration et gestion de l'interactivité Alcatel, mission pour Adecco (1998)

Infographiste Multimédia : création d'écrans pour un CD-Rom, selon charte graphique existante
Eurokapi Multimédia (2000)

Concepteur multimédia off-line : création d'une carte de vœux interactive Conception des écrans et de l'interactivité Infographie : Photoshop 3, Powerpoint 6 Intégration et programmation : Director 5
A2L Multimédia : production multimédia on-line/off-line (1996)

Infographie et pao

Maquettiste PAO : intérim, mise en page de documentation technique, Sagem, mission pour Manpower (1999) création et réalisation d'un catalogue Adep, mission pour Adecco (1998) Secteurs Communication et Edition
Conception et réalisation de plaquettes et supports publicitaires : Ventura, X' Press, Illustrator
Befom : agence de communication publicitaire (1993-1994)
Graphi-Concept : agence de communication institutionnelle (1989)

Infographiste 2D : Dessin Anime assiste par Ordinateur, dessin et animation sur Toonbox logiciel développé par l'INA
Institut National de l' Audiovisuel (1992)

Assistante de publicité : communication suivi dossiers clients, conception et réalisation des maquettes Newcom
Conseil : agence de communication institutionnelle (1990)

bureautique

Secrétaire bureautique : intérim, Permanence Européenne - Adecco - Manpower (1998)

Secrétaire de direction bilingue : intérim, Ikéa mission pour Manpower (1993) BMF mission pour Manpower (1993)
Banque Populaire mission pour Manpower (1993)

Accueil et standard bilingue : Yamaha Musique France: importateur d'instruments de musique (1984-1988) Hôtel
Club Temps Libre : club de vacances (1983)

compétences

Infographie : Photoshop 5.5, Illustrator 8, Freehand 7
PAO : X'Press, InDesign, Ventura, Page Maker, Word, Excel, Powerpoint
Multimédia : Director 6 (intégration uniquement), Dreamweaver 2, HTML, Image Ready
Langues : bon niveau d'anglais et notions d'Italien
Formations :
1996 en conception réalisation multimédia : conception d'un scénario interactif, traitement de l'image sous Photoshop, intégration sous Director 5, création de sites web
2001-2001 : en 1ère année de DUEG d'Arts Plastiques à la Sorbonne par l'intermédiaire du Cned.

centres d'intérêt

Pratique du chant au sein de diverses formations musicales depuis 1990
Ecriture, Peinture, Agencement intérieur : bricolage et décoration

36 ans
française
célibataire
permis b
voiture personnelle

Commentaire :

Ce CV, simple en apparence, fourmille de petits détails qui en font un document vraiment original. La candidate a utilisé plusieurs couleurs (peut-être un peu trop pâles à l'impression), a tracé des filets asymétriques partant des titres de rubrique, en décalant à chaque fois le début du texte à droite.

Nom prénom

études sur l'image et experience international

Née à Alep le 1er Janvier 1978
Nationalité Syrienne

[redacted]
7500[redacted] Paris

Tél : +(33) 06 [redacted]
Mél : [redacted]@yahoo.com

FORMATION

2003/04 DEA d'Art des images et art contemporain, Université Paris 8.
Titre du mémoire : Peinture et carré, une trajectoire dans l'abstraction.
Mention Bien.

2002/03 Maîtrise Arts Plastiques, Université Paris 8.
Titre du mémoire : Ébauche d'un catalogue raisonné
à l'Atelier de Pierre Tal Coat, Mention Très bien.

2001/02 Licence d'Arts Plastiques, Université Paris 8.

1996/00 Diplôme des Beaux-Arts de Damas (Syrie)
Section communication visuelle,
Projet de diplôme : Signalétique et charte graphique
du Musée National de Damas, Mention Bien.

1995/96 Baccalauréat Littéraire au Lycée Français de Damas (Syrie),
Mention Assez-Bien.

EXPÉRIENCES PROFESSIONNELLES

2002 Graphiste au Musée du Louvre,
Section des travaux muséographiques et signalétiques :
- Projet de l'exposition : Les Artistes des Pharaons 2002.
- Cartels pour la base de donnée Internet du Louvre.

1998/01 Enseignante en Arts Plastiques au Collège Français de Damas à temps partiel.
Animatrice d'atelier pour adultes de dessin et techniques de peintures.
Restauratrice de porcelaine et faïence : Chinoise et Ottomane.

1998 Peinture à l'ENSBA.

1997 Graphiste dans une agence de publicité Ebla Group (Damas)
- Conception de logo, carte de visite, brochure, calendrier...

LANGUES & DIVERSES COMPÉTENCES

Arabe littéraire : Bilingue.
Anglais : Lu, écrit, parlé.
Espagnol : Lu, écrit, parlé.

Maîtrise informatique IBM / Macintosh:
Adobe Photoshop, Illustrator, Excel, Word, Page maker.

CENTRES D'INTÉRÊTS

Peinture & Expositions :
2003 Galerie de la Légion d'Honneur, (Saint-Denis) à l'occasion du printemps des poètes, peintures.
Galerie de la présidence de lU'niversité Paris VIII, encres sur papier
2002 Galerie L., Paris, encres sur papiers et collages
2000 Musée National de Damas, projet de signalétique.

Commentaire :

Ce CV est assez exemplaire dans sa forme, à la fois simple et graphique, et dans l'affirmation de la personnalité de la candidate. La mise en page laisse une grande place à la photo, qui attire immédiatement le regard, de même que les liserés (rouges et noirs sur le document original). Le choix des typographies, de la mise en page visent à une grande visibilité des formations et des expériences, les dernières étant inscrites en rouge. La nationalité est totalement affirmée, par son indication et le lieu naissance de la candidate, d'origine syrienne. Cependant, étant actuellement en France et parlant français, c'est l'arabe littéraire, l'anglais et l'espagnol qu'elle indique dans la rubrique langues.

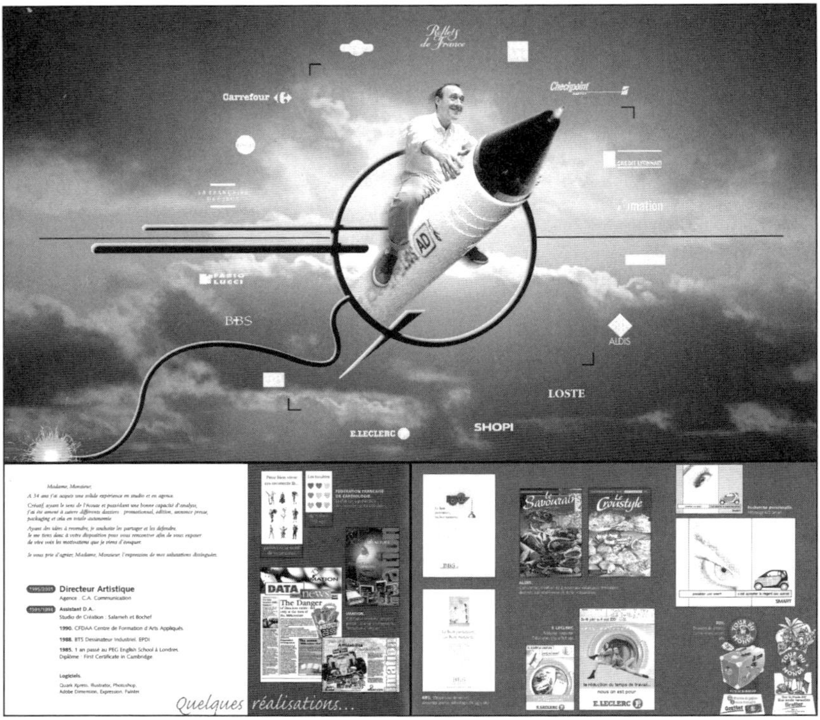

Commentaire :

C'est le plus « délirant » et le plus osé des CV que nous avons consultés. Il se présente comme une plaquette publicitaire sur quatre pages. Sur la une, le candidat s'est représenté chevauchant un stylo-bâton de dynamite, sur le modèle de l'affiche du film *Le Baron de Munchausen*. À l'intérieur, le candidat explique ce qu'il recherche, retrace rapidement son parcours et surtout décline toutes les marques sur lesquelles il a déjà travaillé. Le succès est au rendez-vous : « J'ai envoyé cinq candidatures, j'ai obtenu quatre entretiens », dit-il.

Index des candidatures

J

M

R

S

Index général

NOTES

NOTES

NOTES

NOTES

Direction
Jean-Louis Hocq

Coordination éditoriale
Nathalie Riché

Édition
Benoît Bontout

Fabrication
Emmanuelle Laine

Maquette, mise en page
Nord Compo

Couverture
Julia Philipps

ISBN : 978-2-263-06626-9
Code éditeur : S06626/02
Dépôt légal : juillet 2014
Imprimé en France par La Nouvelle Imprimerie Laballery en mars 2016

Retrouvez-nous sur www.solar.fr

Solar | un département **place des éditeurs**

place
des
éditeurs